U0743689

"他者视域下习近平新时代中国特色社会主义思想研究评析"（2022AH030052）阶段性成果

安徽省高校优秀青年人才支持项目（gxyq2022020）结项成果

延续奇迹

他者视域下的中国未来改革战略研究

王庆超 ◎ 著

天津出版传媒集团

天津人民出版社

图书在版编目（CIP）数据

延续奇迹：他者视域下的中国未来改革战略研究 /
王庆超著. -- 天津：天津人民出版社，2023.8
ISBN 978-7-201-19675-6

Ⅰ. ①延… Ⅱ. ①王… Ⅲ. ①中国经济－经济体制改
革－研究②政治体制改革－研究－中国 Ⅳ. ①F121
②D6

中国国家版本馆 CIP 数据核字(2023)第 156334 号

延续奇迹：他者视域下的中国未来改革战略研究
YANXU QIJI: TAZHE SHIYU XIA DE ZHONGGUO WEILAI GAIGE ZHANLUE YANJIU

出　　版	天津人民出版社
出 版 人	刘　庆
地　　址	天津市和平区西康路 35 号康岳大厦
邮政编码	300051
邮购电话	（022）23332469
电子信箱	reader@tjrmcbs.com
责任编辑	佐　拉
装帧设计	汤　磊
印　　刷	天津新华印务有限公司
经　　销	新华书店
开　　本	710 毫米×1000 毫米　1/16
印　　张	15.5
插　　页	2
字　　数	200 千字
版次印次	2023 年 8 月第 1 版　2023 年 8 月第 1 次印刷
定　　价	89.00 元

目录
CONTENTS

前　言

改革开放是党在新的历史条件下带领全国各族人民进行的新的伟大革命。这场伟大革命，从党的十一届三中全会到现在走过了 45 年极不平凡的历程。实践证明，改革开放是当代中国最鲜明的特色，是我们党在新的历史时期最鲜明的旗帜。党的十八大以来，以习近平同志为核心的党中央，面对改革进入攻坚期和深水区的新形势，以前所未有的决心和勇气推进全面深化改革，作出了一系列重大战略部署，推动党和国家事业取得历史性成就、发生历史性变革，中国特色社会主义进入新时代，改革开放开启新征程。

全面深化改革不仅是实现中华民族伟大复兴中国梦的题中应有之义和必然选择，也将给世界带来新机遇。习近平总书记在访问欧洲期间曾在多地多次强调："中国全面深化改革，不仅将为中国现代化建设提供强大推动力量，而且将为世界带来新的发展机遇。"①中国全面深化改革将给世界发展带来的新机遇，至少可以从以下四个方面去展望：

①　习近平：《出席第三届核安全峰会并访问欧洲四国和联合国教科文组织总部、欧盟总部时的演讲》，人民出版社，2014 年，第 45 页。

一是一个充满活力和效率的中国经济将成为带动世界经济增长更有力的"火车头"。党的十八届三中全会通过的《中共中央关于全面深化改革若干重大问题的决定》（以下简称《决定》）开宗明义地指出，"要紧紧围绕使市场在资源配置中起决定性作用深化经济体制改革"[①]，让市场来进一步激发社会活力和效率。市场在配置资源中的作用从原来的"基础性"提高到"决定性"的两字之差意义重大。它不仅继续向世界表明中国市场化取向改革的坚定意志，以稳定世界对中国发展市场经济的信心，而且表明中国将借助开放力量和世界市场倒逼改革以提高中国发展活力和效率的坚定决心。无疑，随着公平开放透明的市场规则的建立，不仅会坚定外商来华扩大投资的信心，也必将鼓励更多中国企业"走出去"，从而推动全球实体经济发展。

二是一个城乡一体化快速推进和居民收入快速增加的中国市场将为世界经济增长创造巨大潜力。破除城乡"二元经济结构"和收入分配不公，是中国全面深化改革的主要任务。《决定》鲜明地指出，"必须健全体制机制，形成以工促农、以城带乡、工农互惠、城乡一体的新型工农城乡关系，让广大农民平等参与现代化进程、共同分享现代化成果"[②]。因此，一个不断共同富裕起来的 14 亿多人口的大市场，必将是世界经济增长的最强大的需求动力。

三是一个更加全面开放和承担更多国际责任的中国力量将为促进世界各国共同发展，缩小发展鸿沟提供物质支撑。全面对外开放是我国全面深化改革的又一重要任务。《决定》特别鲜明地提出，"必须推动对内对外开放相互促进、引进来和走出去更好结合，促进国际国内要素有序自由流动、资

---

① 《中国共产党第十八届中央委员会第三次全体会议文件汇编》，人民出版社，2013 年，第 19 页。

② 《中国共产党第十八届中央委员会第三次全体会议文件汇编》，人民出版社，2013 年，第 39 页。

源高效配置、市场深度融合"①,以更高的国际视野,实施更加主动的对外开放战略,以沿海、内陆、沿边合作开放为框架,加快形成全方位、多层次、宽领域的对外开放新格局。领域更宽、层次更高的新一轮对外开放,必将为世界各国提供大量投资机会和广阔市场,成为推动世界经济发展的强大引擎。

四是一个坚持走中国特色社会主义全新发展道路的中国将给世界上许多发展中国家选择符合自身实际的发展道路带来启示,为世界和平发展注入强大正能量。"万物并育而不相害,道并行而不相悖。"习近平主席访问欧洲期间再次对世界表明了中国坚持走适合自己特点的发展道路的坚定意志。中国改革取得的实实在在的成就,也为世界提供了一个全新的思考维度。"中国道路"的真谛是"自主发展、开放发展、和平发展、合作发展、共赢发展"。中国走出的这样一条发展道路,具有很强的可复制性。因此,随着旨在完善中国特色社会主义制度的全面改革的深化,许多制约中国经济科学发展的不协调、不平衡、不可持续的矛盾以及制约发展活力的体制藩篱将得到破除,中国特色社会主义制度会更加稳固,"中国道路"的正能量将进一步释放。对此,马里巴马科大学教授科内一语中的:"中国在中国特色社会主义道路上的快速和平崛起,为整个世界提供灵感。""中国同世界共舞,中国全面发展将使世界受益,追求进步的中国值得许多国家学习。"②

"二十多年无人能及的增长使得中国从一潭死水转变为经济发电站,以惊人的速度从世界上其他地方吸收商品和资金。加拿大、澳大利亚和其他主要资源生产国搭乘这列快车实现了自身的极大繁荣。如今,这个庞大的红色机器处在重要转折点。用一位批评家的话说,它是否已经成为世界上

---

① 《中国共产党第十八届中央委员会第三次全体会议文件汇编》,人民出版社,2013 年,第43 页。

② 《全面深化改革将给世界带来新机遇——国际社会高度关注中国两会对推动经济发展的积极作用》,《人民日报》,2014 年 3 月 5 日。

最大的泡沫经济体，一个即将被拆穿的巨大骗局？或者说它真的是一个正在苏醒、将要主宰世界的巨人，是迄今为止唯一成功地以资本主义模式作为维持社会秩序和确保共产党牢牢掌权的手段的共产党国家？"①加拿大《环球邮报》网站一篇文章开篇就提出了这样的疑问：中国为何能够持续高速发展，它的秘诀究竟是什么，它又将发展到何处去？这是许多国外学者迫切希望破解的一个谜题。正是在这样的背景下，中国改革开放逐渐成为一个被国际社会广为讨论的话题。

一个国家的发展认知往往呈现出二元结构，除了来自本国，即主体是其内部"自我"，还包括来自外部的"他者"。"他者"一词来源于西方后殖民理论，由列维纳斯等人提出的"他者"理论将视野从主体个人转向"他人"。对于国家来说，"他者"视域作为一种独立于本体外的视角，本国发展情况在他国学界的整体呈现，则构成他国视域中的本国发展认知。

尽管从时间上看，国外学者关于中国改革开放，特别是关于全面深化改革的研究还相对年轻，但是综观世界各地的学术成果，无论是数量还是质量都十分可观。在国外汗牛充栋的研究成果中，有的客观理性，多年跟踪调研，以拉近中国与世界的距离为宗旨，在国际视野的作用下，发挥"旁观者清"的优势，认真审视评价中国的改革，用科学而善意的方式提出各种可行性意见建议，把当代中国问题研究内化为自己的学术责任与良心；有的则带有浓厚的意识形态偏见和固有的思维定式，以哗众取宠为目的，不负责任地揣测、肆意歪曲乃至诋毁中国的历史、现实和前途以从中获利；还有的为了追求不切实际的"历史终结"，甚至与一些组织机构合谋，在学术研究的幌子下，试图影响并改变中国的现行制度体制。这些学术话语共同构成了国外当代中国全面深化改革研究的总体图景。由此就衍生出一系列问题：国外

---

① 《中国经济面临的挑战与机遇》，《参考消息》，2011 年 6 月 20 日。

学者怎么看待中国全面深化改革？国外学者为什么这样看待中国全面深化改革？国外关于中国全面深化改革的看法对中国国内学者有哪些启发？中国学者如何应对？为了探求这些问题的答案，有必要将国外学者关于中国全面深化改革各个方面的研究作为分析对象进行解构，通过"国外研究的再研究"把复杂矛盾的、零星碎片化的国外学术话语进行系统整合。从表面上看，国外研究既有客观理性，也有肆意诋毁；既有"片面的深刻"，也有"全面的平庸"；既有高度赞扬，也有极力贬低。无论是哪一种，国外学者的观点都反映了他们对中国全面深化改革的认识，通过对他们观点的梳理，有助于我们更好地了解国际社会对中国全面深化改革的认知和态度，也有助于我们认识中国全面深化改革的优势与不足，从而有的放矢，不断发展和完善中国特色社会主义，树立中国特色社会主义的良好国际形象。

第一章 他者视域下中国未来改革战略研究之若干基本问题

时代是思想之母，实践是理论之源。唯有激荡的大时代、宏阔的大实践才能孕育创生博大精深的思想理论。当代中国正经历着我国历史上最为广泛而深刻的社会变革，也正在进行着人类历史上最为宏大而独特的实践创新。中国特色社会主义进入新时代，这是一个需要理论而且一定能够产生理论的时代，是一个需要思想而且一定能够产生思想的时代。尽管思想观点未必完全正确，但他者视域下中国未来发展战略研究成果正是在这样的伟大时代中应运而生、顺势而成。随着越来越多国家地区的科研学术机构和个人加入中国全面深化改革研究的行列，相关研究成果更加丰富多样。我们不禁要问：他们是谁？因何研究？立场为何？这一系列基本问题需要我们尽可能完整、准确地去探寻。

第一节 研究的时代背景

一、延续奇迹:中国进入全面深化改革时期

党的十九大报告指出,经过长期努力,中国特色社会主义进入新时代。这一时期,经济发展进入新常态,经济发展转向新的增长点,是为实现"两个一百年"奋斗目标和中华民族伟大复兴的中国梦开启里程碑式的新起点。在这一阶段,中国将实现经济社会发展全面转型升级,全面进入科学发展轨道;全面推进经济建设、政治建设、文化建设、社会建设和生态文明建设"五位一体"的社会主义现代化建设及国防和军队现代化建设,全面深化经济、政治、文化、社会和生态体制改革,全面推进依法治国。在这一时期,我国经济社会发展的阶段性特征体现在:

一是我国正处于实现中华民族伟大复兴的关键时期。在改革开放以来取得的重大成就基础上,我国发展站到了新的历史起点上。社会生产力水平总体上显著提高,国家经济实力、科技实力、国防实力、综合国力、国际影响力显著提升。我们具备过去难以想象的良好发展条件,但也面临着各种可以预见和难以预见的困难和问题,环境形势变化之快、改革发展稳定任务之重、矛盾风险挑战之多、对我们党治国理政考验之大前所未有。以习近平同志为核心的党中央,以巨大的政治勇气和强烈的责任担当,直面重大挑战、重大风险、重大阻力、重大矛盾,统筹推进"五位一体"总体布局,协调推进"四个全面"战略布局,在改革创新中爬坡过坎,在攻坚克难中奋勇前行,推动党和国家事业取得历史性成就、发生历史性变革。我们正处于近代以来最好的发展时期,从来没有像今天这样接近民族复兴的伟大梦想。

　　二是中国共产党在革命性锻造中坚定地走在时代前列。中国共产党是一个善于领导社会革命的党,更是一个勇于进行自我革命的党。一路走来,我们党在带领人民进行伟大社会革命的同时,不断进行伟大自我革命,这是我们党不断从胜利走向新的胜利的关键所在。在新的"赶考"路上,党面临的执政环境和社会条件发生深刻变化,一个时期以来党内存在的积弊严重损害党的形象、侵蚀党的执政基础。如何永葆先进性和纯洁性、永葆青春活力? 如何永远得到人民拥护和支持? 如何实现长期执政? 这是我们党必须回答好、解决好的根本性问题。以习近平同志为核心的党中央,勇于面对党面临的重大风险考验和党内存在的突出问题,坚持和加强党的全面领导,推进全面从严治党,以顽强意志品质正风肃纪、反腐惩恶,消除了党和国家内部存在的严重隐患,实现了管党治党从宽松软到严紧硬的深刻转变,党的创造力、凝聚力、战斗力显著增强,为建设坚强有力的马克思主义政党,确保党长期执政和国家长治久安提供了根本保证。

　　三是科学社会主义在 21 世纪的中国焕发出强大生机活力。社会主义在中国的实践发展,推动中华民族实现了历史上最广泛、最深刻、最伟大的社会变革。20 世纪 80 年代末 90 年代初,世界社会主义遭受严重曲折。有人宣称"历史已经终结"于资本主义制度,还有人妄称社会主义中国也将随着"多米诺骨牌效应"而倒下。但我们挺直了腰杆,顶住了冲击,经受住了考验,科学社会主义在曲折中奋起。进入新时代,以习近平同志为核心的党中央,带领全党全国各族人民推动中国特色社会主义事业取得举世瞩目的伟大成就,以不可辩驳的事实彰显了科学社会主义的鲜活生命力。人们正在见证"历史终结论"的终结,"中国崩溃论"的崩溃,"社会主义失败论"的失败。中国特色社会主义道路越走越宽广,使世界上正视和相信马克思主义和社会主义的人多了起来,使世界范围内两种意识形态、两种社会制度的历史演进及其较量发生了有利于马克思主义、社会主义的深刻转变,中国特色社会主义成为振兴世界社会主义的中流砥柱。

四是中国全面深化改革进入新的阶段。党的十八届三中全会通过了《中共中央关于全面深化改革若干重大问题的决定》，标志着我国改革进入了深水区和攻坚阶段。习近平总书记提出："我们要坚持改革开放正确方向，敢于啃硬骨头，敢于涉险滩，敢于向积存多年的顽瘴痼疾开刀，切实做到改革不停顿、开放不止步。"①党的十八届三中全会对我国全面深化改革作出了全局性的战略部署，涉及 15 个领域、330 多项重大改革举措。但应当看到，我们面临的改革，无论是在深度上，还是在广度上，都是过去任何时期、任何阶段所无法比拟的，改革事业已进入不进则退的关键阶段。新常态下，我们必须一鼓作气，把握当下，汇聚起全面深化改革的强大力量，进一步释放改革红利，切实做到改革不停顿、开放不止步。

二、国际共识：世界正经历百年未有之大变局

习近平总书记指出："世界正处于大发展大变革大调整时期，和平与发展仍然是时代主题。世界多极化、经济全球化、社会信息化、文化多样化深入发展，全球治理体系和国际秩序变革加速推进，各国相互联系和依存日益加深，国际力量对比更趋平衡，和平发展大势不可逆转。同时，世界面临的不稳定性不确定性突出，世界经济增长动能不足，贫富分化日益严重，地区热点问题此起彼伏，恐怖主义、网络安全、重大传染性疾病、气候变化等非传统安全威胁持续蔓延，人类面临许多共同挑战。"②世界怎么了？应该怎么办？这是整个世界都在思考的问题，也是当代中国共产党人必须回答的时

---

① 《习近平谈治国理政》（第一卷），外文出版社，2018 年，第 348 页。
② 《习近平谈治国理政》（第三卷），外文出版社，2020 年，第 45 页。

代之问、世界之问。

一是世界经济低迷进入"峰值"状态，"西降东升"是国际战略形势的基本面。新冠肺炎疫情加快世界格局的演变，世界经济在大幅下行后有望出现恢复性增长，但复苏不稳定不平衡性凸显。发达经济体经济走势分化明显，新兴经济体和发展中国家复苏面临困难较多。我国对世界经济增长的引领带动作用不断增强，国际影响力、感召力、塑造力进一步提高。从中长期看，新兴经济体和发展中国家将加快实现群体性崛起，占世界经济比重将持续提升，国际力量对比将更趋平衡。

二是国际环境日趋复杂，不稳定性不确定性明显增加。伴随大国关系深刻调整，传统安全风险明显上升，恐怖主义、气候变化、重大传染性疾病、网络安全等非传统安全风险持续蔓延，传统安全和非传统安全因素相互交织，国际安全风险点增多，各国政治经济社会稳定面临新考验。地缘政治格局的不稳定不确定因素呈现增多趋势，大国博弈竞争加剧，地缘政治格局更趋复杂。一些主要经济体单边主义、保护主义与国内民粹主义相互呼应，内顾、自卷倾向有所加剧，冲击影响稳定发展的国际政治经济环境。霸权主义、强权政治依然存在，一些大国竭力渲染意识形态对立，借口人权、宗教等问题打击异己，动辄以制裁相威胁，国际关系中不公正不平等现象依然突出。

三是和平与发展仍然是时代主题，人类命运共同体理念深入人心。世界多极化、经济全球化、社会信息化、文化多样化深入发展，全球治理体系和国际秩序变革加速推进，各国相互联系和依存日益加深，和平发展的大势日益强劲。国际社会面临"治理赤字、信任赤字、和平赤字、发展赤字"四大挑战，解决应对气候变化、加强公共卫生治理等全球性难题必须开展全球行动、全球应对、全球合作，共同走和平共处、互利共赢之路已成为不可阻挡的时代潮流。以习近平同志为核心的党中央深刻洞悉国际格局演变的规律，准确把握世界潮流浩荡的脉动，积极推动构建人类命运共同体，为解决世界经济、国际安全、全球治理等一系列重大问题提供了新的方向、新的选择。中国发展理念、发展道路、发展模式的影响力吸引力显著增强,中国日益发挥着世界和平建设者、全球发展贡献者、国际秩序维护者的重要作用,前所未有地走近世界舞台中央。

在世界百年未有之大变局和新冠肺炎疫情全球大流行交织影响的大背景下,中国经济社会的持续快速发展不仅引起了发展中国家对中国全面深化改革的浓厚兴趣,也引起了发达国家对中国全面深化改革的高度关注。对于发达国家来说,关注中国全面深化改革,一方面是希望从中国的改革发展中汲取经验,以克服资本主义发展的弊病,尤其是 2008 年国际金融危机发生以后,许多西方国家的学者开始思考中国特色社会主义相对于西方资本主义的比较优势。瑞士苏黎世州银行北京代表处首席代表刘志勤指出:"这些年来,一些西方学者用西方的理论做依据,苦苦总结中国模式,希望能对中国的发展变化找出一个理论依据,并期望把这些理论与西方已存在的、固有的理论相比较。"①另一方面,一些西方学者希望通过剖析中国全面深化改革,以更好地应对中国给西方带来的挑战。在很多西方学者看来,中国的崛起已经对美国为主导的西方自由主义秩序构成了严峻的挑战,因此需要正视中国的崛起,重视研究中国改革方向。《华盛顿邮报》一篇文章曾忧心忡忡地谈道:"我们应该通过我们的国家利益这个镜头来看待中国。这不仅包括安全利益和经济利益,还包括我们在一个拥有开放的政治体系和持异议自由的世界中的利益。如果我们不像世界的其他部分一样认真地对待中国的新模式,我们可能会发现,站在历史错误一面的是我们自己。"②

----

① 刘志勤:《多讲中国精神,少论模式优劣》,http://www.huanqiu.com/www/337/2008-06/129513.html.

② Mann J.,A shining model of wealth without liberty,http://www.washingtonpost.com/wpd-yn/content/article/2007/05/18/AR2007051801640_2.html.

第二节　研究队伍和研究机构

他者视域下中国未来发展战略研究,从总体上属于国外中国研究的一个重要组成部分。在国外,当代中国研究是一个开放性的综合性学术研究领域,有关当代中国各方面的发展都包括在内,人文社会科学的各个学科都可以从事相关研究。就中国全面深化改革这一领域来讲,不仅经济学、政治学、社会学等学科的学者很容易将其纳入自己的学术事业中,而且社会科学各个学科的学者都有可能半路出家,转而投入这一方向的研究中来。20世纪70年代以来,先后有30多个国家陆续开展了对中国改革的学术研究,关注、研究中国改革,尤其是全面深化改革的研究队伍与研究机构数量不断增加。本书选取美国、欧洲、东亚及其他国家和地区的研究现状,尽可能完整地勾勒出国外关于中国全面深化改革研究队伍与研究机构的基本情况。

一、美国关于中国全面深化改革的研究队伍和研究机构

改革开放四十多年来,美国关于中国改革的研究从最初的萌芽发展到日益繁盛,甚至成为"显学",其历程可谓艰辛异常、精彩纷呈。经过长期发展,形成了各大学学派和智库学派百家争鸣的局面,在研究队伍和研究机构的发展上也呈现出一些值得关注的特点。

(一)研究队伍之现状

美国具有世界上人数最多的中国研究学者队伍,随着研究队伍的扩大,其人员构成也产生了一些变化。实际上,当前参与这一领域的研究队伍已经突破了单一的构成,变得更加多元化。在他们中间既有非官方机构的学

者,也有政府要员或者前政府官员;既有接受过专业学术训练的学者,也有商人、银行家、记者等各行各业的专家。限于篇幅,本书主要列举几位代表性学者。

傅高义,哈佛大学费正清东亚研究中心前主任、社会学家、汉学研究学者、美国著名中国问题专家,2013 年被授予"世界中国学贡献奖"。在傅高义的中国研究中,最能反映其研究功力的是对当代中国社会变革的研究。与大多数中国研究者不同,傅高义坚定地认为,必须勇敢地挣脱意识形态的藩篱,深入当代中国社会内部,做具体的个案研究,冷静地对这个复杂的社会做出实际的观察分析。在 2011 年出版的《邓小平与中国的巨变》一书中,傅高义认为:"邓小平是转型过程中提供全面领导的总经理(the general manager),在最高层提供稳定的领导","他是解决难题的人","邓小平时代开启了开放性的流动,对社会结构产生了更加深远的革命性影响"。对于中国在世界的定位,傅高义见解独到:"中国是亚洲的一个地区性大国",它正"从亚洲文明的中心走向世界大国"。傅高义对未来的中国寄予厚望,希望中国继承邓小平的精神遗产,继续坚持改革开放,而中美关系一定会在改革开放的基础上向前发展。2020 年傅高义去世,美国智库昆西国家政策研究所东亚项目主任史文称其为"倡导美国应以更理性和平衡方式思考中国的主要支持者,他的逝世对学界是一个重大打击"①。

沈大伟,乔治·华盛顿大学艾略特国际事务学院席格尔亚洲研究中心政治学与国际关系学教授、中国政策研究项目主任,主要从事中国事务、中美关系、国际政治和亚太地区安全问题的研究。沈大伟出版和主编著作多部,代表性编著如《纠缠的大国:美国和中国》《图解中国未来:国内与国际挑战》《中国走向全球:羽翼未丰的大国》《中国共产党:萎缩和适应》等。在

---

① 侯且岸:《从学术史角度认知傅高义》,《国际汉学》,2021 年第 1 期。

《中国走向全球:羽翼未丰的大国》一书中,沈大伟指出,虽然中国几乎将触角延伸到世界每个角落,俨然是一个"全球参与者",但中国并非名副其实的"全球性大国"。中国的全球影响力仍旧有限,仍然不能与美国并驾齐驱。①

李侃如,美国当代颇具影响力的中国问题专家,现任布鲁金斯学会约翰·桑顿中国中心主任,以及外交政策项目和全球经济与发展项目资深研究员,主要研究方向是中国的政治经济改革,中国外交决策、美国外交决策和亚洲安全问题,代表性著作有《治理中国:从革命到改革》《构建中国:经济和文化的相互作用》《中国的政治发展》《中国的政治发展:中美学者的视角》等。在《治理中国:从革命到改革》一书中,从缕析延绵两千多年的皇权专制制度入手,着重探讨中国共产党从革命党向执政党的转变历程,最后着眼于当下复杂的中国政治经济和社会现实,提出颇富创见的转型目标及策略。②

谢淑丽,美中关系和中国政治领域最具影响力的专家之一,现为21世纪中国中心的研究教授和主席,著有《中国经济改革的政治逻辑》《中国:脆弱的超级大国》等,其中《中国经济改革的政治逻辑》是研究中国经济改革的经典著作。在该书中,谢淑丽认为中国走出了一条不符合西方逻辑的经济路线,中国经济改革全面性的成果给西方带来了震惊。在她看来,中国所走的这条不同于西方逻辑而独具特色的路线恰恰是中国成功的关键。③

除上述几位学者外,研究中国的学者还有很多,如兰普顿、柯庆生、江忆恩、卜睿哲、傅泰林、巴里·诺顿、麦艾文等。他们中既有中国研究的泰斗级人物,也有知名智库领军人,抑或现今学术界的中坚力量,甚至有美国对华

---

① 许少民:《全球参与者、身份困境与全球性大国——评〈中国走向全球:羽翼未丰的大国〉》,《国际政治研究》,2013年第3期。

② 杨志军:《回归真实的中国政治世界——评李侃如的〈治理中国:从革命到改革〉》,《天津行政学院学报》,2011年第2期。

③ 刘元贺、孟威:《中国经济改革前后的三十年的内在政治逻辑——从谢淑丽的解读谈起》,《社会科学论坛》,2012年第8期。

政策参与制定者。我们应当清醒地认识到,这些从事中国研究的美国学者并非为中国而研究中国,他们的受众是美国公众和美国政府。但从他们的研究折射出的思想取向和见解却能深刻地影响到中国,给我们以重要的启示,进一步引发我们对自身问题的思辨。

(二)研究机构之现状①

对于当代中国的研究,是美国区域研究(area studies)中的一个重要部分。在美国的一千多个研究机构中,研究中国问题的机构有 250 个以上。除了美国中央情报局等官方设立的研究机构外,学术性研究机构可分为大学中的学系、项目和研究中心等机构以及智库等独立组织两类。

1. 美国大学系统里的研究机构

自 1955 年哈佛大学东亚研究中心成立后,以中国研究为方向的大学研究中心纷纷建立起来,中国问题研究的气氛日益活跃。美国大学系统内的研究中心、研究所这类机构会通过组织多学科的讲座、研究课题、研讨会、培训班等活动,为来自人文社会科学各学科和专业的师生提供交流知识、开展研究的平台,这体现了当代美国关于中国问题研究的跨学科性质。

哈佛大学涉及中国研究的机构多达十余所,其中比较著名的有东亚语言与文明系、东亚研究中心、哈佛燕京学社等。其中,1955 年创办的东亚研究中心现改名为费正清中国研究中心,是世界顶尖级的中国研究中心之一。该中心的学者创立了一系列研究近现代中国的模式,对中国历史的研究达到了全面深入精辟的程度。他们的研究结果在过去几十年里对美国的对华政策有一定的影响,甚至"当美国官方要修订中国政策或遇到棘手的中国事务时,往往会请教这些专家,而国会议员们也会请学者到议会听证"。除哈

① 吴筱筠:《新世纪以来美国关于中国特色社会主义经济的研究》,武汉大学 2014 年博士研究生毕业论文。

佛大学的费正清中国研究中心外,密歇根大学中国研究中心也是美国研究中国问题颇有影响的研究中心,是"美国最杰出的研究和了解传统与现代中国的人文和资料中心之一"①。该中心主要研究近现代中国的经济和社会结构,中国的政治、法律、文化和艺术。不少研究人员长期担任美国国家政策部门、公共机构以及世界银行或其他重要国际组织的咨询顾问。② 密歇根大学中国研究的迅速发展,主要原因在于"研究人员众多,研究设施优越,研究经费充裕"③。在美国西部,有四个中国研究中心。一个是加州大学伯克利分校中国研究中心,也是目前美国西部最有影响的中国学机构,有很强的研究力量;二是洛杉矶分校中国研究中心,在中国近代史和文化史研究方面很有特色,中国教育史资料的收藏是这个中心的特色;三是加州大学圣地亚哥分校的中国学研究中心,集中了这个学校的优秀中国学研究专家,在政治、经济、国际关系诸方面,都有不俗的成就;四是夏威夷大学中国研究中心,中国思想史研究方面有很多重要的成果。

此外,耶鲁大学东亚研究理事会、普林斯顿大学东亚系、哥伦比亚大学东亚语言与文化系、康奈尔大学亚洲区域中心、华盛顿大学东亚中心、芝加哥大学东亚研究中心、印第安纳大学中国政治与商务研究中心、丹佛大学美中合作中心、斯坦福大学胡佛战争、革命与和平研究所等均为关于当代中国问题研究的重镇。可以说,进行中国问题研究的研究中心遍布全美各州,但主要集中在美国东部,这与 20 世纪以来美国的中国研究机构的分布情况是一脉相承的。

---

① 朱政惠:《美国中国学研究重镇——密歇根大学中国学机构访问印象记》,《人民日报》(海外版),2001 年 9 月 26 日。

② 仇华飞:《美国的中国学研究》,中国社会科学出版社,2011 年,第 30 ~ 31 页。

③ 中国社会科学院情报研究所:《外国研究中国》(第二辑),中国社会科学出版社,1979 年,第152 页。

2. 智库及其他独立研究机构

智库(Brain Trust),也称"思想库"或"智慧库",是一种相对稳定的、独立于政府决策机制的政策研究和咨询机构。美国智库是美国关于中国问题研究的重要机构,许多智库已经成为美国政界、商界和普通民众了解中国、认识中国、研究中国的重要渠道。美国智库对中国的研究,大多集中在"中国崛起"和"美中关系"这两个课题上。一部分学者认为中国崛起是"必然的威胁",主张遏制和防止中国崛起;另一部分学者则认为中国崛起不是必然的威胁,但需要防止中国崛起为一个"威胁邻国和美国盟友及其利益的攻击性国家"。第二种观点的影响较大,并指导着美国政府的总体对华政策。

位于华盛顿特区中心的"布鲁金斯学会"成立于1916年,是美国最为老牌的智库之一,也是美国关于中国及亚洲问题的研究诞生的摇篮,其对于中国的研究目前主要由"约翰·桑顿中国中心"承担,聚焦中国的崛起及其对美国、中国邻国乃至整个世界的影响,并提供最前沿的研究、分析、对话及出版发行等服务;传统基金会成立于1973年,是美国最大、影响力最强的一个保守派智库,由于其保守的立场,传统基金会中有不少研究中国问题的专家持反华立场,多次提出"中国威胁论"的观点,并把所谓的"中国威胁"从传统的"军事威胁"扩大到"经济威胁""文明威胁";美国企业公共政策研究所成立于1938年,是美国保守派的重要政策研究机构,与布鲁金斯学会并称为美国华盛顿的"两大思想库",有"保守的布鲁金斯"之称,成员多为对华强硬的"中国通",如著名中国贸易问题专家巴菲尔德、中国军事问题重量级人物卜大年等;兰德公司,是独立的非营利性的研究组织,也是美国最重要的综合性战略研究机构和美国最大的咨询研究机构之一,涉华研究主要是中美关系、中国安全战略、中国军事等;对外关系委员会成立于20世纪初,是有影响力但无明显党派倾向的智库,对20世纪美国对外政策的发展有重要影响,对华态度总体积极,主张同中国合作;战略与国际问题研究中心也是华盛顿政府的重要思想智库，主要进行中美关系、台湾问题、中国政治等问题研究，立场中间偏保守。除此以外，属于智库性质的中国问题研究机构还有如卡内基国际和平基金会、彼得森国际经济研究所、美国国家亚洲研究局等。

非智库性质的学术机构还包括各种研究协会：美国亚洲协会是全美国最大的，也是世界上最有影响的亚洲问题研究协会组织，其关于中国问题的研究具有一定的权威性和影响力；美国学术团体理事会也是美国中国问题研究的一个重要学术组织机构，中国研究是该理事会所负责协调推进的人文和社会科学研究领域中的一项重要内容；当代中国研究委员会在美国现代中国学发展过程中起过重要作用；美中关系全国委员会也是开展中国研究的一个十分重要的机构，在中美关系的动态发展中发挥着巨大的作用。

贯穿于政界、学界、商界的美国智库和研究协会已经成为影响美国公共政策和社会思潮的一股重要而强大的软力量。与研究型大学的研究机构中所进行的关于中国问题的纯粹学术性研究不同，美国智库和研究协会具有鲜明的应用对策取向，已成为影响美国政府对华决策的重要影响力量，它们或出版著作、提交报告，或利用大众媒体形成舆论，或推动独立于政府的"双轨会谈"，或举办学术交流活动，等等，通过多种途径凸显其在美国对华政策上的影响力。客观上说，美国学者、机构对中国问题的研究，使越来越多的美国人了解当代中国经济、政治发展状况，有利于消除"中国威胁论"在美国乃至全世界的消极影响，为中国和平发展创造了良好的国际环境。

二、欧洲各国关于中国全面深化改革研究之队伍和机构

欧洲的当代中国研究并不是从传统汉学中自然发展而来的。直到20世纪60年代，古典研究仍然占据欧洲汉学的主导地位，很少有人关注现当代中国研究。直到80年代中期以后，主要大学的汉学院系和研究所才开始设置

现当代中国研究教职。如今,当代中国研究的力量越来越强,目前欧洲的中国研究主要集中在法国、英国、德国和俄罗斯。

(一)法国研究队伍和机构之现状

随着新中国的诞生以及美国中国学的迅速崛起,海外中国研究的"热点"逐渐从战前偏重中国古代文明和古代文化的研究,转向了战后偏重中国现当代问题的研究。正是在这一政治背景和学术潮流的影响下,法国当代中国的研究逐渐兴起。与美国、苏联、英国、德国等国家不一样,法国政府不曾采取坚决行动来推动对现代中国的研究。法国学者对中国问题的关注以及研究的紧迫感,更多的是源于他们自身的学术兴趣和思想发展的考虑。

1. 研究队伍之现状①

纪亚玛和谢和耐是学界公认的法国近现代中国史研究的先驱者。纪亚玛学识渊博、视野开阔,是一位严肃的中国革命史专家,他所创立的"中国中心"开辟了法国当代中国问题研究的先河。谢和耐是法国当代中国问题研究的一位十分重要的学者,他的学术背景、学术思想和研究成果对于推动法国当代中国问题研究的兴起和发展起到了举足轻重的作用。纪亚玛和谢和耐培养和影响了整整一代法国近现代中国问题研究专家和学者,功勋卓绝。

毕仰高是法国最著名的中国农民问题专家、中国近现代史研究的学术大师,曾担任法国汉学协会副会长。新中国成立后,毕仰高对中国一直保持着极大的兴趣和高度的关注,并从学术研究的具体领域推进法国当代中国问题研究的发展,主要论著有《中国革命的起源(1915—1949)》《冷眼看中国》《二十世纪中国史(1849—1990)》《迷失的革命:20世纪中国的历程》《法国的现代中国研究》等。法国当代中国问题研究专家白吉尔对其大加称赞:

---

① 阮洁卿:《法国"中国中心"与当代中国研究(1958—)》,华东师范大学2013年博士学位论文。

20世纪下半叶中有关现代中国研究的撰述，呈现着意识形态流变、各家各派众说纷纭的景象，而毕仰高的文章却始终象征了学术的坚实支柱和风向标的品质。

白吉尔是法国大学名誉教授，曾任法国社会科学高等研究院当代中国研究和资料中心主任，巴黎东方语言文明学院中国研究中心主任。白吉尔与毕仰高一样都关注现代中国的社会史，如果说毕仰高更多地研究中国的农村社会，那么白吉尔则是矗立在法国中国城市社会研究领域的一座"灯塔"。白吉尔对中国问题的研究涉及面很广，除城市社会研究外，还包括经济、政治、文化、资产阶级、市民社会等方面的内容，主要论著有《上海史：走向现代之路》《中华人民共和国从1949年到今天》等。谢诺对白吉尔的前沿研究给予了高度的评价，认为"她针对现代中国经济史领域的探讨，可贵地补充了施拉姆教授从意识形态角度以及我本人从政治与社会运动角度进行现代中国史的研究"。

巴斯蒂是法国乃至欧洲最具盛名的中国问题研究专家之一。她是最早参与"中国中心"研究团队的学者，曾与毕仰高共同担任"中国中心"副主任。巴斯蒂对近现代法中技术合作与转让的研究，考据严密、文思严谨，开辟了一块当时无前人涉足、极有前景的研究领域，主要论著有《技术转让的成功与失败：福州船政局（1866—1908）》《民国时期科学作为一门职业的发展》《福州船政局的技术引进（1866—1912）》等。

其他知名的法国中国问题研究学者还有进行中国哲学研究的于连、进行中国语言学研究的艾乐桐、进行中国宋代经济史研究的蓝克利、进行明史研究的贾永吉、进行中国思想史研究的汪德迈、进行丝绸之路和藏学研究的布尔努瓦夫人、进行中国考古和艺术研究的毕雪梅、进行敦煌学研究的戴仁、进行中国佛教史研究的华裔中国学家郭丽英等。综合看来，法国学者身上表现出的独立学术人格和学术传统与美国中国问题研究学者"讲究功利、实用,甚至不理会学术上的理智倾向的"学术个性具有明显的不同。正是法国学者这种执着耕耘的严谨、庄严的学术精神,使他们至今依然保持着在世界中国研究领域的崇高荣誉。

2. 研究机构之现状

20 世纪 60 年代末起,法国现代大学制度逐渐得到确立,大学独立的研究职能得以发展。不少大学增设了中文专业,也有一些大学创设了东亚研究中心或中国研究中心。1980 年后,法国汉学协会(1980 年)、法国汉语教师协会(1984 年)、法国现代中国研究中心(1991 年)、东亚学院(1993 年)等相继成立。同时,历史悠久、以传统汉学研究为主的法兰西公学汉学讲座、巴黎东方语言文化学院等科研机构的一些研究内容也逐渐延伸至当代。现将法国当代中国研究的几个主要机构做简要介绍:

法国远东学院(EFEO)成立于 1900 年,其前身是法国在越南的考古研究中心。1902 年,研究中心由西贡迁往河内。1956 年,本部迁往巴黎,在行政和财政上受国民教育部监控。研究中心在河内期间几乎成为所有东来的著名中国学家的必经之地,马伯乐、戴密微、石泰安、谢和耐等均曾被派往这里担任该院的研究员。法国远东学术研究院除巴黎本部外,在印度、日本等地还设有分部,或有特派驻地研究员。在中国的研究中心有三处,分别设立在北京、香港和台北。该学院定期出版刊物有《法国汉学》,主要译介法中两国汉学研究领域代表性论著。此外还有《法国远东学院学报》《亚洲艺术》《远东亚洲丛刊》等。

近现代中国研究中心成立于 1996 年,又名"中国中心",隶属于法国社会科学高等研究院。该中心的学术指导思想旨在从事"长时期内社会科学"的研究,重点发展方向分别是"领土与空间研究""政治建设研究""所有制的发展研究""知识与技术研究""地域人类学研究""现代语言文化研究"等。可以说,该中心聚集了一批近现代中国问题研究的青年学者,培养了一大批当代中国问题研究的有生力量，有力地推动了当代中国研究的发展，促进法国当代中国研究"作为一门学科创立起来"。

法国现代中国研究中心成立于 1991 年，是法国外交部、国家科研中心、法国驻外研究学院三方合作建立的混合单位，它的总部设在香港，是"唯一一家欧洲设立在中国完全以现代中国研究为宗旨的研究机构"。该中心主要研究中国经济空间的重组、政治和司法改革、就业与国家现代化、私营企业与企业家阶层的出现、互联网的发展、台湾地区的政治与社会变化等。主要出版物是双月刊的《神州展望》，为法国当代中国学者的研究成果能使更广大的读者阅读到，扩大其在国际上的影响力发挥了重要作用。

法国是世界上最早对中国开展研究的国家之一，亦是最早将汉学列入学术体系的国家。但是第二次世界大战后，由于各种原因，法国对当代中国的研究在较长的一段时间里，举步维艰，进展迟缓，远落后于美国。随着 20 世纪 70 年代末中国的改革开放以及中法学术界交往的日益频繁，法国当代中国学取得了长足的发展。经过数十年的积累与发展，可以毫不夸张地说，法国研究人员、学者对当代中国问题的思考和学术成果并不逊色于美国学者。"即使在今天，法国的汉学和中国学仍然在世界上具有领先水平和领先地位。"①

（二）英国研究队伍和机构之现状

与美国和法国的中国研究相比，英国的当代中国问题研究一直未被引起足够的重视。就英国来说，有关中国方面的研究，无论是研究方向还是从事研究的人数都是随着对中国研究的定义的变化而发生变化的。近年来，随着中国研究范围的扩大和研究水平的提高，英国的中国研究机构也增多

---

① 朱政惠：《求真、求实、求新——巴斯蒂教授的中国学研究成就及其特点》，《学术研究》，2000 年第 11 期。

起来,特别是一些大学相继开设了当代中国问题研究的系科。一些没有开设当代中国问题研究系科的大学也设立了与之相关的课程,出现了一批研究中国的学者。大多数的高校和中国建立了稳定的联系,如它们安排学中文的大学生到中国的一些大学里学习一年,作为其学位课程的一部分,已是很普遍的事情了。

1. 研究队伍之现状

英国中国问题研究的奠基人是哈隆教授和索切德教授,这两位教授在伦敦大学与赛蒙教授共同开创了有关中国问题的研究方法,但是他们偏重于中国的科举制和中国先秦古代文化的研究。而其他一些中国问题研究专家则主要来自外交官,他们基于自身的体会和与众不同的经历,从不同的角度研究中国的社会、政治及经济情况。但他们大都缺少有关中国问题研究的方法论知识和其他一些基础训练。

施拉姆是伦敦大学现代中国研究所第一任所长,长期从事毛泽东生平和毛泽东思想的研究,是当前西方国家在这方面颇有影响的著名学者,著有《毛泽东的政治思想》《毛泽东性格中的中国和列宁主义成分》《中国不断革命论文件集:辩证思想与现实的辩证法》《中共意识形态中的政党》《三中全会以来的中国观念与策略》《中国十三大以后》等著作。施拉姆认为,20 世纪有影响的人物中很少有人超过毛泽东:毛泽东受其他思想影响很大,但主要的还是马列主义;毛泽东的所作所为是与中国的时代精神相结合的;毛泽东的思想是一元化,要靠群众路线来完成;毛泽东动摇了中国古老的家长式的和阶层化的世界,开辟了一条出现新思想、新组织的道路;毛泽东在许多方面把中国推向了前进。应该说,施拉姆对毛泽东的评价是相当中肯的。

李约瑟是剑桥大学博士,生前曾任该校冈维尔和凯厄斯学院院长、国际科学史和科学哲学联合会科学史分会会长、东亚科学技术史图书馆馆长、英国皇家学会会员、中国科学院和丹麦皇家科学院外籍会员。他主持的《中国科学技术史》受到世界学术界的好评,打破了西方人长期坚持的中国历史上无科学的观点,使西方人意识到中国文化在世界历史上有着独特的地位,使中国辉煌的古老文明广为西方人所知。

杜德桥是英国学术院院士、牛津大学学院院士,曾任牛津大学中国学研究所所长,主攻中国古典文学、宗教和神话,也对传统中国社会史有浓厚的兴趣。杜德桥力图把古典文学、神话和民俗、宗教、历史等结合起来进行跨学科研究,著有《西游记:16世纪中国文学发展研究》《妙善的传说》等。杜德桥对中国古典文学的研究,实际上也是对中国古代社会生活史、文化史的研究。

马丁·雅克是英国著名学者、知名中国问题专家。马丁·雅克是西方世界解读中国最著名的声音之一,以独到的眼光剖析了中国发展模式和西方模式的根本异同,指出21世纪西方将不再占据主导地位,中国崛起改变的将不仅是世界经济格局,还将彻底动摇西方社会的思维和生活方式。马丁·雅克的论著《当中国统治世界:西方世界的衰落和中国的崛起》和《大国雄心:一个永不褪色的大国梦》的出版,引起了西方知识界的关注,其大胆的预测也正开始得到验证,中国国家领导人曾在公开演讲中谈及他的著作。

其他知名学者还有研究晚清和民国时期社会经济史的晁时杰、研究中国近代史的科大卫、研究国际关系的纽贝、研究现代汉语的托恩、研究近代文学的伯拉特、研究唐史的麦大维、研究中共党史的班迪班等。随着中英文化交流的进一步加强和中国对外开放事业的发展,将会引起越来越多的英国学者对中国问题进行研究的兴趣,英国当代中国问题研究将会有更大的发展。

2.研究机构之现状

冷战后,英国的中国研究,特别是现当代中国研究获得了新的发展,这一方面表现为从事传统汉学研究的重要大学通过新建、改建或扩建机构等方式来加强当代中国研究的实力,这主要包括牛津大学、剑桥大学和伦敦大学亚非学院等;另一方面,20世纪90年代以来,其他大学也出现了新建专门的中国研究机构的趋势,主要包括利兹大学、诺丁汉大学、威斯敏斯特大学、曼彻斯特大学等。

牛津大学作为英国历史最悠久的大学,也是最早开始进行汉学研究的英国大学之一。自1995年以来牛津大学就把现当代中国研究分别置于社会科学不同学科领域内,但其研究重点已开始明确指向现代中国,包括20世纪以来的中国社会、政治、经济等。2008年5月,牛津大学成立了跨学科的"中国中心"。由于牛津大学已形成"当代中国研究遍及整个大学"的情形,"中国中心"的建立是对中国研究方面的人文与社会科学资源的一次有力整合,力图建立国际领先的中国研究基地。

剑桥大学作为欧洲汉学研究的重镇,一直保持着传统汉学研究的主导地位。1994年,剑桥大学建立东亚研究系,下设中国研究中心,该中心主要以语言、历史等人文学科为主,经济等社会学科为辅,研究具有古今并重、以古为主、文史兼顾、以史为先的特点,但尚未建立起类似于牛津大学"中国中心"这样的跨学科研究机构。剑桥大学有供中国学研究用的大学图书馆,收藏有10万多册中文书籍,还有供学习用的东方学院附属图书馆。

伦敦大学的当代中国研究所是英国关于中国问题的主要研究中心,属于亚非学院的一部分,但学术研究工作是完全独立的。研究所的所长施拉姆是美国人,研究中国现代思想问题;另一中国问题研究专家霍尔研究中国现代史上的云南军阀的活动。《中国季刊》由该所主办,被认为是当今世界上中国研究的主要发表园地。它侧重于新中国成立后的中国问题研究,有时也发表有关新中国成立前的历史研究文章,但主要涉及的是中国共产党的历史研究。伦敦大学亚非学院之所以成为中国问题的研究重心,一个因素在于他们拥有相当丰富的中国资料收藏:图书馆的三楼与四楼至少有17

万册的中国图书,近千种的中文期刊。

达累姆大学是英格兰东北部中国学研究的中心,中国研究已有 50 余年的历史。1999 年,达累姆大学东亚系成立了"当代中国研究所",开展对中国社会、文化和经济领域的研究。2004 年,当代中国研究所移交政治系。在政府与国际事务系有两位研究中国对外关系的学者:中心主任科尔主要研究中俄、中欧关系和能源问题,张伟雄主要研究中国政治经济及东亚国际关系等。

利兹大学于1963 年在文学院建立了中文系,后易名为东亚研究系,主要出版物为《利兹东亚研究论文》。与传统的系强调古典研究不同的是,这个系的中国研究从一开始就与社会科学的某些专业相结合,将重点放在现代中国研究上。在以后的发展过程中,这个系的研究领域从中国研究扩展到日本研究、蒙古研究、亚洲太平洋研究和东南亚研究。2004 年 9 月,东亚研究系与国际商业中心及其他系联合成立了"当代中国研究所",著名汉学家费立民任当代中国研究所主任,主要研究中国农村经济发展和城市化等问题。

诺丁汉大学虽不是英国传统汉学研究的重镇,但在当代中国研究方面却显示出重要的作用,其"当代中国学学院"推动了"跨领域对当代中国的社会科学研究",该院还被认为是"除牛津和剑桥大学,伦敦以外的中国政治研究中心"①。2003 年该院建立了"中国政策研究所",这是"英国唯一的专门致力于分析中国政策的思想库",其目标是成为英国和欧洲最大的当代中国研究、教学和政策分析中心。

此外,在研究机构方面,还包括爱丁堡大学的亚洲研究学院,其研究重点主要集中在中国文学艺术等领域;威斯敏斯特大学 1989 年成立的民主研

---

① [德]魏思齐:《不列颠(英国)汉学研究的概况》,《汉学研究通讯》,2008 年第 5 期。

究中心主要从事当代中国社会与文化的研究;谢菲尔德大学 1996 年成立的中国研究中心主要涉及历史与社会科学方面的研究;曼彻斯特大学的中国中心主攻当代中国政治、文化、企业、外交等问题。

综合看来,英国的中国问题研究开始很早,但进展缓慢,第二次世界大战以后至现在是英国中国问题研究的发展时期。这个时期,英国的中国学从传统的文学、历史研究转向当代中国社会、政治、经济等方面的研究。中国问题研究也不再局限于大学的中文系,社会科学领域的众多专业都开始进行与中国有关问题的研究。英国政府对中国问题的研究一直很关注。1945 年以后一共发布了 5 个涉及中国问题的报告。在引导中国研究的发展方向时,英国政府及其相关的基金会尤其注重政策性课题(如生态环境、资源、全球安全、人口移动、商贸关系等),并极力推动与中国学术界的机构性合作。

(三)德国研究队伍和机构之现状

德国是从事中国研究的主要国家之一,中国的历史和文化一直是德国传统汉学重要的研究领域和内容。第二次世界大战结束后,德国又一次陷入了分裂的状态,民主德国和联邦德国由于政治原因,在战后中国研究领域走上了不同的道路,研究状态的相互隔绝、研究成果的大相径庭也成为当代德国中国问题研究的一个着眼点。德国统一后,中国研究正在经历着一个转型期,以研究中国现代社会经济、当代文学和现代汉语为主的当代中国研究逐渐取代了以研究中国古代文化的传统汉学研究而成为研究的主流。德国大学接近三分之一都设立了汉学系,但除教授传统的汉学内容外,对当代中国进行研究的部分似乎更受欢迎。

1. 研究队伍之现状

与德国中国研究转型相对应,相关研究学者大致可以分为两大类:一类热衷于近现代中国研究,重点关注中国现阶段所存在的现实问题;另一类在适应这种社会转型，适当地参与研究当代中国的同时，又尊重和坚持德国汉学的传统，在自己的兴趣领域继续耕耘。当然，无论是传统汉学研究学者，还是当代中国研究学者，他们都是从不同维度研究中国，对于客观认识中国具有彼此不可替代的价值。由于德国的中国研究仍处于转型变迁时期，相关学者的研究领域未能形成清晰的界限，这与德中两国的政治、经济、文化等都有着千丝万缕的联系，因而很难对某一学者的研究领域进行严格的界定。鉴于此，本书以论著为主线，简要概述德国学者关于中国问题研究的现状。

（1）经济学方面的研究

波鸿大学的沃尔夫冈·克勒纳教授主攻中国发展研究，并曾作为外国专家为中国的经济体制改革项目提供咨询服务，主要著作有《关于寻求适用于东亚的自由市场经济制度性政策方案的一些想法——社会市场经济概念对中国和日本的意义》和《转型过程与混合体制的可运作性——以中国为例》。吉森大学经济系教授是阿敏·搏内特较早对中国的经济改革进行系统研究，著有《贫困存在的原因及其解决的办法——以中国的西南地区为例》《共产主义体制下的社会主义市场经济——中国经济改革综述》《新疆维吾尔自治区——市场经济制度性政策与区域经济问题的研究》等。杜伊斯堡大学的卡尔斯腾·赫尔曼－皮拉特教授重点研究中国转型问题和一般经济发展状况，主要论著有《中国的市场经济》《中国省与地区经济发展状况》等。此外，迪特·森哈斯的《中国下一步怎么走？》、汉斯－H.巴斯的《大陆与台湾的经济合作——潜力与局限性》、阿西姆·古托夫斯基的《人民中国的利益群体与经济政策性的改革措施》等，均为有关中国经济问题的论著。

（2）政治学、法学方面的研究

柏林大学政治学和汉学教授埃贝哈德·赞德施奈德以中国政治为研究对象，著有《1969至1985年间人民中国的军队与政治》《政治系统的稳定与转型——从政治学的角度看系统转型理论》《中国电脑空间：技术变革与政治效应》等。特里尔大学政治学所教授塞巴斯蒂安·海勒曼也极为关注中国政治、经济体制改革，著有《转变中的中国政治系统》《人民中国的政治系统》《中国和俄国的经济改革政策》等。科隆大学现代中国所的罗伯特·霍伊泽尔主要研究中国的法律问题，著有《从比较的观点看人民中国的刑法》《中国法律文化入门》《人民中国的环境保护法》《人民中国的"社会主义法制国家"与行政法》等。此外，柏林大学的罗梅君以政治史为研究重点，主要著作有《政治、经济和文化：关于德中关系的研究》《19 世纪的德中关系》等。

（3）哲学、历史学方面的研究

中国古代哲学研究是德国传统汉学研究的一项基本功，相关研究成果甚多。如慕尼黑大学汉斯·范·埃斯的《儒教》、莱比锡大学拉尔夫·莫里茨的《论语》《古代中国的哲学》《大学》、洪堡大学弗洛里安·赖特尔的《唐代早期道教教士的规（Standards）与德（Aspirations）》《道教入门》《中国的宗教——历史、日常生活和文化》等。近年来，研究中国古代哲学的德国学者越来越多，如马堡大学的莫妮卡·于贝尔赫教授对儒教的研究，海德堡大学瓦格纳对王弼的研究，波鸿大学海纳尔·勒茨对中国伦理和人与自然的关系的研究，以及汉堡大学米歇尔·弗里德里希对玄学的研究，等等。

中国历史研究也是德国传统汉学研究的主要内容之一，从事这方面研究的学者很多，研究成果也很多。如哥廷根大学汉学教授黑尔维希·施米特－格林策尔的《新中国——从鸦片战争到今天》《古代中国——从初起到19 世纪》、维尔茨堡大学迪特·库恩（Dieter Kuhn）的《从文化看一个新社会的形成，宋朝 960—1279》《地位与礼仪——从初起至公元十世纪贵族的中国》《第二次世界大战与中国》等。此外，思想史研究方面，有汉堡大学汉斯·施图姆费尔德的《古代中国的国家观念与领土——论领土国家观念的形成》、维尔茨堡大学赖蒙德·科尔普的《古代中国的步兵》等。

综合看来,在德国中国问题研究学术群体结构上,目前从事当代中国研究的学者趋于增加,学术研究群体呈现扩大趋势,尤其突出地表现为"新生代"学者群体的出现。伴随着当代中国研究的发展,具有丰富的中国人文知识并且兼具中英文多语言能力以及熟悉现代社会科学研究方法的德国中青年学者不断进入中国研究领域,推动着中国问题研究在专业背景、知识结构、研究领域、学术视角等方面的多元化发展。

2. 研究机构之现状

到目前为止,德国形成了包括汉学研究所、大学内的东亚专业、其他从事中国研究的社会科学专业和专事汉语教学的部门以及一些独立的科研机构在内的一支庞大的中国问题研究阵容,规模之大冠绝欧洲,它们大多以当代中国研究为主要研究方向。在现代中国问题的研究上,真正挑大梁的是有"中国观察家"之称的汉堡亚洲学研究所。本书将重点介绍汉堡亚洲研究所的当代中国综合研究。

汉堡亚洲研究所是德国研究亚洲问题的最权威的研究机构,在欧洲也颇有声望。汉堡亚洲研究所是在原西德联邦议院和外交部的倡议下于1956年作为民法基金会形式建立的。研究所的首任所长是前德国驻华公使马丁·费舍尔,他为研究所的工作方向和其有成效的发展奠定了良好的基础。根据研究所的章程,研究所的主要任务是研究和观察亚洲地区现代的政治、经济和文化状况,并根据所收集和掌握的最新资料的分析和综合写出成品或向有关部门提出自己的看法和建议。为此,研究所十分重视保持和培育同国内外研究亚洲问题的机构和部门的联系和合作,同时也建立和发展同亚洲国家的科学和文化往来关系。

亚洲研究所人员配备精干,每名研究人员均掌握德语、英语和一门亚洲语言,并曾较长时间在某一亚洲国家生活过。按地区划分,以从事中国问题研究的人员为最多,占研究所的研究人员数量一半以上。其中最著名的中国问题专家奥斯卡·韦格勒是位元老,著书近30部,并有不少文章被翻译成中文发表。学术思想上,韦格勒是传统文化论者,他强调文化因素是中国经济改革成功的决定因素之一,并针对"国家儒家观念"提出了"泛儒家思想观念论"(Meta - Konfuzianismus),意即个人的儒家思想观念是促使中国经济发展的因素。亚洲研究所的研究对象主要是现实问题,是从欧洲的利益出发对"亚洲未来的研究",具有较强的政治性和咨询价值。涉及中国问题的研究方向主要有:中国的教育与医学伦理、中国向德国的移民、中国党政机关的变化、中国政治体制中的私人关系、中国农村劳动市场、从医疗领域看中国的全球化与社会发展、中国金融媒介和金融政策的制度性变化、中国有没有儒家思想的复兴等。出版物《中国动态》发行量在德国有关中国研究的刊物中排行第一。

此外,波鸿大学的东亚研究所、科隆大学的现代中国研究所、海德堡大学的汉学研究所、柏林自由大学的东亚系、波恩大学中国学系和东方语言系汉语专业、慕尼黑大学的中国学专业等均以中国现实问题为主要研究领域。与大多数西方国家的情况相似,德国的中国问题研究还是没有脱离大的中国学背景。至于研究中国近现代史、中共党史的专业,或是从德国的汉学研究游离出来,或是寄存在汉学系里面,或是与相近专业合并,冠以东亚所或亚洲所等称号,并没有独立的研究机构。但是可贵的是研究这些专业的学者能够随着时代的变化,不断调整研究领域。近年受中国改革开放形势影响,他们正在从对传统的中国文化、哲学、中国史、语言为重点的汉学研究,转向从事传统汉学和中国现实问题的双轨研究。特别是近年来,学习和研究中国经济和政治问题的需求在逐渐升温。中德两国关系的健康发展也推动德国学术界对现实中国政治和经济研究的扩大和深入。

(四)俄罗斯研究队伍和机构之现状

俄国是中国近邻,其中国问题研究历史悠久,成果众多,尤其是在20世纪 90 年代之后,学科地位显著提高,研究机构与定期出版物明显增加,研究队伍快速壮大,研究领域不断扩展,出现了人文科学与社会科学研究并举及多学科和跨学科研究增多的发展趋势。同欧美国家的中国学研究相比,俄国的中国学研究独树一帜。它不仅在世界中国学界有着重要的地位,而且对俄罗斯人民理解中国文化,了解中国国情,加强中俄两国之间的交流,做出了突出贡献。

1. 研究队伍之现状

对于俄罗斯中国问题研究学者来说,20 世纪 90 年代初科研经费的缩减不仅使其收入下降、访问中国的机会减少,甚至出现了研究资料购置不足和大部分学术著作难以出版的窘况。这种困难局面直到 1996 年以后才得到扭转。近年来,俄罗斯中国研究已走出困境,相关研究人员的结构和学术地位有了很大变化。

齐赫文斯基(S. L. Tikhvinsky)是第二次世界大战后俄罗斯中国问题研究领域最著名的学者。齐赫文斯基以研究中国历史而闻名,在推进苏联时期以及其后的俄罗斯中国问题研究发展方面做出了突出贡献。齐赫文斯基在中国近现代史、中俄关系、中苏关系以及远东国际关系史的研究方面颇有造诣,研究成果有 500 余种(其中专著 10 部),代表性论著有《1911—1913 年的辛亥革命》《中国近代史》(合著)、《17 世纪俄中关系》《18 世纪俄中关系》《中国历史和现代》《关于辛亥革命中的民族问题和社会问题的相互关系》《伟大的中国民主革命家:纪念孙中山诞辰 120 周年(1866—1986)》《我心目中的中国(30—90 年代)》等。齐赫文斯基十分注重运用历史唯物主义的方法研究中国近代史,并把中国近代史放在世界格局中研究。

季塔连科是俄罗斯顶尖的汉学家之一,曾任俄罗斯科学院远东研究所所长、俄罗斯科学院院士、俄罗斯联邦功勋科学活动家、俄罗斯外交部学术委员会委员、俄联邦安全委员会学术委员会委员、俄中友好协会会长。季塔连科是研究中国哲学史、中国政治和现实问题、俄罗斯与亚太各国及俄中关系问题的专家,有论著200余部(篇),大量作品被翻译成外文。在中国哲学史方面,著有《古代哲学家墨翟及其学派与学说》《墨翟及其学派对中国哲学和社会政治思想的影响》(第二卷)、《中国精神文化大百科全书》等;在中国政治和现实问题、俄罗斯与亚太各国及俄中关系等问题研究方面,著有《亚太和远东地区的和平、安全与合作问题》《俄罗斯和东亚:国际与文明间的关系问题》《俄罗斯面向亚洲》《中国:文明与改革》《俄罗斯:通过合作求安全·东亚的向量》《中国社会政治与政治文化的传统》(合著)等。季塔连科的博学和才能使他在国际学术界赢得了广泛和崇高的声誉,也赢得了中国学术界的尊敬。

2. 研究机构之现状

20世纪90年代以来,俄罗斯中国问题研究机构方面的最大变化是出现了一批新的有关中国研究与汉语教学的机构和学术团体,一些原有的机构或团体扩大了规模,科研经费由国家拨款改为多渠道筹措。这些研究机构和学术团体主要集中在科学院系统、高等院校系统、图书馆和博物馆系统之中。

俄罗斯科学院远东研究所成立于1966年,现更名为中国与现代亚洲研究所。成立50多年来,该所已成为俄罗斯综合研究中国问题的主要研究机构、协调俄罗斯中国问题研究的最大科学中心和培养中国问题研究人才的重要基地。其主要任务是分析和研究当代中国政治、社会、经济、内外政策、意识形态及俄中关系等重大问题,为俄罗斯政府研究对华政策起助手和顾问的重要作用。除此之外,该所还综合研究日本、朝鲜半岛局势、国际政治问题、亚太地区经济一体化进程,以及俄罗斯同这一地区各个国家的关系和这些国家的社会经济发展经验等问题。该所编写和出版了大量论述中国和远东国家的著作、丛书、论文集等,如《中国哲学百科辞典》《中国文明史》等;

定期发行刊物主要有:《远东问题》(双月刊)、《中华人民共和国:政治、经济、文化年鉴》(年刊)等。

俄罗斯科学院东方学研究所成立于1818年,至今已有200多年历史。该所是俄罗斯目前最大的东方学研究中心,国际知名度很高。东方学研究所的主要任务是:研究现代东方国家的政治、经济、历史以及文学语言方面的迫切问题。研究中国问题是它的主要任务之一,侧重研究1949年以前的中国特别是古代和中世纪的中国,1950年以后,该所对近现代中国的研究有所加强。该所研究人员积极参加内容涉及中国历史、文学、语言、社会经济、中外关系以及民族、考古等方面大量书籍的编写工作,如承担了《世界通史》《哲学史》《苏联大百科全书》《文学百科全书》《亚洲百科全书》中有关中国章节的撰写工作。主要出版物有《东方学研究所简报》《东方学研究所学术论丛》等。

国立莫斯科大学亚非学院成立于1956年,其前身是国立莫斯科大学东方学院。学院下设的汉语教研室、中国史教研室以及跨校汉学系,既是俄罗斯联邦培养高级中国问题专家的主要教育机构,也是重要的汉学研究中心。汉语教研室的工作分两个方面:除了组织汉语教学外,还研究中国语言学、文艺学,翻译中国古代和现代作家的作品。中国史教研室的研究工作涉及中国史的所有阶段,从黄河流域最古老的国家到中华人民共和国最近20年的经济、社会和政治发展情况。两个教研室同俄罗斯国内外的科学和教育中心积极合作,共同推动俄罗斯中国问题研究和汉学研究进一步发展。

俄罗斯科学院远东研究所图书馆建于1958年,亦称汉学图书馆。其基础是苏联科学院东方学研究所、社会科学信息研究所基础图书馆转送的有关中国问题的中文、俄文和西文图书,以及过去俄国驻北京传教士团和苏联驻哈尔滨总领事馆图书馆通过外交部转送的文献。该馆的主要任务包括:收集、整理和保存以各种文字出版的研究中国问题的书籍。主要出版物有:

年鉴《中华人民共和国：俄文文献索引》。

此外，还有俄罗斯科学院东方学研究所圣彼得堡分所、圣彼得堡大学东方系、国立远东大学东方学院、俄罗斯科学院东方学研究所图书馆、俄罗斯科学院东方学研究所圣彼得堡分所图书馆等。总之，当代俄罗斯的中国研究取得了许多令人瞩目的成就，随着中国综合国力的增强和中俄两国交往的日益密切，俄罗斯的中国研究将会有更大的发展。

与30年前类似，目前欧洲的中国研究仍然集中在法国、英国、德国和俄罗斯。欧洲其他国家不仅研究机构分散，而且规模很小，有的只有一两位研究人员，也没有相关的研究项目。尽管欧洲各国致力于把分散的研究机构和个人联合起来，但这并不必然提高研究质量，也不一定会增强欧洲较之美国的中国研究的竞争力。为增强实力，欧洲各国需要通过启动大型研究项目和吸收新一代学者来刺激当代中国研究。未来，随着中国国际影响的扩大以及中国问题学术研究的发展，这种学术研究的组织化和一体化程度必将得到进一步提高。欧洲各国分散的中国问题研究力量将以地区性、国际性的中国研究组织的组织化汇聚，成为一股组织化、集中化的学术研究力量，其相互协作和交流的能力将会得到更高的提升。

三、东亚各国关于中国全面深化改革研究之队伍和机构

21世纪被许多人称为"亚洲的世纪"。不管这一提法是否有科学的根据，但至少有一点是不争的事实，即亚洲是世界上最有活力的地区之一，尤其是东亚各国在国际政治、经济生活中的地位日趋重要。东亚各国由于地理相邻、文化相近，甚至彼此的语言由于有较多的相互影响也具有了某些相似点，开展对中国的研究具有更多的优越条件，造就了一批在中国研究方面取得突出成就的学者。他（她）们在中国文学、语言、哲学、宗教、历史、政治

等许多方面,特别是对中国佛教文化、对儒学的研究,在国外中国研究中处于领先的地位,这其中以韩国与日本的研究更为突出。

(一)韩国研究队伍和机构之现状

从20世纪70年代末开始,韩国的中国研究迎来了大发展时期。中国的改革开放政策是这一划时代变化的重要外因;而内因则是1986年的亚运会、1988年的汉城奥运会及韩国政府的北方外交政策等,尤其是1992年8月中韩两国建交,使研究中国问题的学者急剧增加,随之也不断涌现出令人关注的研究成果。另外,过去仅能依靠二手资料从事研究的问题已得到解决,研究人员可以通过收集第一手资料、与中国学者讨论等方式进行调查研究,从而发表了很多富有创见的论文及有深度的专著,研究机构与团体也迅速增加。

1. 研究队伍之现状

韩国的中国研究领域极为广泛,涉及文学、历史学、哲学、经济学、政治学、法学、民俗学等人文和社会科学的各个学科,并取得了丰硕的成果。以下选取部分标志性领域介绍20世纪80年代以来韩国的中国研究所取得的成果。

(1)中国文学研究

对中国文学的研究是韩国的中国研究的核心领域,涌现出一大批知名学者和研究成果。在中国古典诗歌方面,有韩国外国语大学教授柳晟俊的《中国王维诗与李朝申纬诗之比较研究》和《中国唐诗研究(上、下)》、汉城大学金时俊的《毛诗论考》、许世旭的《中国古代文学史》等。在中国古代诗歌方面,有车柱环的《中国诗论》、汉城大学李炳汉的《中国古典诗学的理解》、许世旭的《韩中诗话渊源考》等。在中国古代小说方面,有成均馆大学丁范镇的《中国小说史略》、梨花女子大学李慧淳的《〈水浒传〉研究》、延世大学全寅初的《中国古代小说研究》和《中国古代小说史》等。在中国文学批评方面,车相辕的《中国古典文学批评史》、李炳汉的《汉诗批评体例的研究》、李炳汉与李永朱合著的《中国古典文学理论批评史》等都是优秀的研究成果。此外,韩国学者对《诗经》《楚辞》《文心雕龙》等也有浓厚的兴趣,不少人进行了专题研究。综合看来,对中国古代文学的研究是韩国中国文学研究的主流。

(2)中国哲学研究

韩国哲学思想深受中国文化的影响,比较中韩两国哲学思想的异同是韩国学术界关注的领域。如韩国圆光大学柳炳德、金兴哲与梁银容合著的《韩、中、日新宗教现状的比较研究》、庆山大学教授黄秉泰的《儒学与现代化——中韩日儒学比较研究》等著作是这方面的研究成果。在中国古代哲学与现代哲学的比较研究方面,成均馆大学梁再赫教授的《中国古代哲学与毛泽东思想的渊源》是这一领域的标志性成果。韩国中国哲学研究领域最为著名的学者是宋荣培,其主要著作有《中国社会思想史》《诸子百家之思想》《韩国儒学与理气哲学》(合著)等。

(3)中国政治外交研究

20世纪80年代以来,随着中国在国际舞台上影响力的增强,韩国学术界加强了中国政治、外交的研究。相关论著有建国大学宋永祐等的《韩中关系论》、高丽大学徐镇英的《现代中国政治论》、外交安保研究院朴斗福等人的《最新中苏关系论》、高丽大学李映周的《中国的新外交战略和韩中关系》等。此外,中朝关系的研究一直受韩国学术界的重视,涉及这一研究领域的有韩国世宗研究所李钟奭的《朝中关系(1945—2000)》《主体思想与毛泽东思想》、韩国外交安保研究院朴斗福的《中朝高层交流恢复与中朝关系》等。

(4)中国经济研究

韩国中国学界对中国经济的研究起步于中韩建交之后,并从一般性介绍发展到深入研究的阶段。最初,韩国学者主要侧重于对中国经济现状和贸易政策的介绍。如赵炳世的《从最新资料看中国经济和韩国经济》,记述了中国对外贸易政策的变化过程,收录了大量统计资料,包括中韩之间签署的10项协定等,成为建交初期韩国企业家对华投资的指南。此外,还有韩国对外经济政策研究院朴月罗的《中国的经济改革与中央、地方关系》、李昌在的《中国经济的增长与韩国的对应》、徐锡兴的《中国国有企业改革的现状、问题以及展望》等。随着中国改革开放的深入,韩国对中国经济的研究也出现了一批新的研究成果,如2003年4月出版的《中国经济年报——改革开放的现阶段》,对中国的政治、对外关系、国内经济、对外贸易、文化等方面进行了全面论述。而对外经济政策研究院朴正东的《中韩经济特区比较研究》侧重于中韩经济的比较,其成果也很有特色。

2. 研究机构之现状

从20世纪80年代起,随着国内外形势的变化,韩国的中国研究也发生了巨大变化。研究机构和团体迅速增多,一些研究机构进行了改编或扩编,各主要大学基本上都开设了中文专业,并陆续增设了硕士、博士课程,开始系统地培养中国学人才,在全国范围内初步形成了中国学人才培养体系。研究领域也扩展到包括政治、经济、社会、历史、文化、军事、艺术、宗教、法律、民族、旅游等各个领域。这一时期大学设置的有关中国专业的名称也发生了变化,如将过去的中文专业改为中国学专业或中国学系,所设的课程不仅有中国语言和文学,还有中国政治、经济、社会、历史、文化等,表明韩国大学有关中国的教学内容进一步充实。进入21世纪以后,由于中国经济的快速增长以及两国关系的进一步发展,韩国政府制订了系统培养中国学专家的计划。这种政策上的倾斜,催生了更多的中国研究机构。

韩国中国学会成立于1955年,是由韩国部分中国研究有识之士,如研究中国哲学的李相殷,研究中国文学的车柱环,研究中国历史的金庠基、金俊烨等学者发起创建的。建会目的在于:筹办中国学国际学术研讨会和学术报告会;出版有关中国学的学报和专门刊物;为会员的学术研究提供资料;与包括中国在内的世界各国研究中国学的学术机构进行交流和加强联系,介绍并研究中国的学术和文化。自该学会创立以来,它的发展和壮大几乎是与中国国际地位的提高同步的。特别是1972年中美关系解冻,中国重返联合国,使韩国政府愈发意识到中国学研究的重要性,并开始在汉城大学、成均馆大学和韩国外国语大学3所大学设立了中文系。随着形势的发展,韩国又在高丽大学等9所大学设立了中文系。而中韩建交以后,韩国几乎所有大学都设立了中国学系。这些研究中国学的学者也都自然地加入韩国中国学会中来。因此,韩国中国学会也就具有了现在的规模。

高丽大学亚细亚问题研究所成立于1957年,是韩国国内最早成立的大学附属研究机构。它以韩国为中心,旨在调查、研究亚洲诸民族的历史、文化生活。高丽大学亚洲问题研究所设立7个研究室,即韩国社会研究室、日本研究室、中国研究室、北韩研究室、韩国史研究室、韩国政治思想研究室、社会调查研究室。其中,中国研究室主要是对中国近代以前的历史进行研究,并以现代社会主义建立后的中国为对象进行社会科学的研究,主要从人文的角度探讨中国的历史、文化、社会等问题。高丽大学亚洲问题研究所出版了大量有关亚洲问题研究的书籍,涉及中国问题的研究论著主要有《中国文化革命研究》《现代中国的政治与社会变动》《现代中国与北韩研究》《中国研究图书目录》等。高丽大学亚洲问题研究所的未来构想是以现在积累的研究成果为基础,特别针对亚洲和东北亚地区进行深刻的、全面的研究,并与有关机构进行共同研究。

韩国外国语大学是在韩国国内培养中国研究人才最多的大学。它组织国内中国研究的专家学者,以汉语系为基础于1972年成立了中国研究所,发行学术刊物《中国研究》,并积极参与韩国教育部和政府机关以及学术财团的研究项目。该研究所的宗旨是分析和整理中国研究诸多领域的理论特点,研究在韩国现实中需要解决的问题。1999年7月,该研究所合并到该大学的外国学综合研究中心,与其他研究所共同开展学术研究,并组织中国问题专家的进修活动。

汉阳大学中国问题研究所成立于1974年,1980年与苏联问题研究所合并,成为中苏研究所,为韩国的中国研究和培养中国问题专家发挥了积极的作用。1997年中苏研究所扩编为亚太地区研究中心,该中心发行的《中苏研究》获得了研究中国和俄罗斯的权威学术杂志的认可。

韩国是中国的近邻。中韩建交30年来,两国经济合作发展极为迅速,相互间已成为最重要的经济合作伙伴。在韩国,不仅企业家和经济界人士已把中国的和平崛起看成为韩国经济的发展提供了新的机遇和挑战,而且学术界人士也把中国的崛起看成为研究中国学提供了更广阔的学术舞台。目前,韩的中国研究成果丰硕,这一方面反映了韩国学术界对中国研究的重视,以及从事该领域研究的人数之众多,另一方面也表明韩国的中国研究范围也逐渐拓宽,从一元的角度扩大到多元的角度。

(二)日本研究队伍和机构之现状

由于历史、地缘和文化交往等因素,日本是当今世界上最为关注中国研究的国家之一。用日本著名中国研究学者毛里和子的话说,中国研究对于日本来讲就是"宿命"之事,也即命中注定之事。日本的中国研究分古代、近代和现代三个领域,即明末清初前的中国研究称为古代中国研究,鸦片战争到五四运动的中国研究称为近代中国研究,此后的中国研究称为现代中国研究。但这种划分并不十分严格,尤其是对近代和现代中国的时间划分,有的学者将近代中国的下限延伸到1949年新中国的成立,有的学者则喜欢用"近现代中国研究"一词,省去了将二者区分开的麻烦。日本的"近代中国研究委员会"称"近代中国"指"鸦片战争以后到现在的中国",将1840年到现在的这段历史时期统统归于"近代中国"范畴。在日本影响力颇大的"现代中国学会",将"现代中国研究"侧重于当代中国问题的研究。

1.研究队伍之现状

从历史到现在,日本的中国研究以阵容强大、人才辈出、成果丰硕而著称。从研究领域看,日本学者的现代中国研究领域很宽泛,不仅包括有关中国的政治、经济、文化、社会、教育、军事、外交领域的研究,也包括抗日战争、金融、农村、人口、环境等问题的研究。

在政治学研究方面,由著名现代中国问题专家卫藤沈吉挂帅主编的《现代中国政治的结构》可以说是这一领域的重要成果;在国际关系方面,山极晃、毛里和子主编的《现代中国与苏联》、冈部达味的《中国外交——政策决定的结构》《围绕中国的国际关系》等,是目前日本研究中国国际关系的代表性学术著作;在民族问题方面,佐佐木信彰的《多民族国家中国的基本结构》,是20世纪80年代后在民族学研究领域有影响的专著;中日关系史研究一直是日本学者重视的学术领域,研究成果的数量也相当丰富,如古川万太郎的《日中战后关系史》、小岛晋治等主编的《20世纪的中国研究》等,均为这一领域有影响力的论著;在中国经济方面,横滨大学名誉教授矢吹晋是这一领域研究的佼佼者,著有《图说中国经济的水平》《邓小平》《朱镕基 中国市场经济的走向》等,被日本学术界誉为"一针见血"式的研究成果。

日本的中国研究历史悠久,优秀的中国问题专家人数众多,很难一一介绍全面。除上述提到的学者之外,目前活跃的学者还有日本学士院院士、东京大学名誉教授田仲一成、东京外国语大学的佐藤公彦教授、东京大学的若林正丈教授、京都大学经济研究所的上原一庆教授、神户大学的加藤弘之教授、创价大学文学部的池田温教授、国际基督教大学的斯波义信教授、放送大学的山田辰雄教授、关西大学的坂出祥伸教授、神奈川大学的木山英雄教授、京都大学文学部的兴膳宏教授、樱美林大学的丸山升教授、信州大学的久保亨教授、大阪外国语大学的西村成雄教授、东京大学的平势隆郎教授、东京大学文学部的藤井省三教授等。

2.研究机构之现状

日本的中国研究在国际上享有盛誉,这得益于日本有众多的中国问题研究机构和一大批学识渊博的中国问题专家。日本中国问题研究机构主要有由政府机构内设置的研究机构,具有半官方性质、以公益财团法人的形式设立的民间团体组织,以及在大学里设立的研究机构3种类型。

(1)政府机构内设置的研究机构

政府设立的研究机构主要集中于金融、科技、经济和军事领域,这些官房研究机构直接受政府机构委托,为政府相关部门决策服务。代表性的研究机构有内阁府经济社会综合研究所、防卫厅防卫研究所、财务省财务综合政策研究所等,其中比较典型的是日本财务省财务综合政策研究所。其前身是1979年7月大臣官房调查企划部设置的财政金融研究室,于2000年7月变更为财务综合政策研究所。业务范围是在国际和国内的财政经济相关领域进行调查研究,及时获取情报资源,与国外机构举办交流合作活动,开展课题研究。自1993年起,每年不定期召开中国研究会议,旨在调查研究中国实行改革开放政策,建立社会主义市场经济体制过程中存在的诸如调整收入分配、调整经济结构、转变经济发展方式等一系列问题。

(2)半官方或民间的学术机构和团体

半官方的或民间的学术机构和团体的研究领域比较广泛,涵盖了传统汉学及现当代中国问题的研究。这些研究机构具有较强的调查研究功能,并以独立于或半独立于政府或企业的形式进行包括政策研究在内的各种研究活动。代表性的研究机构有中国研究所、日本现代中国学会、日本中国学会、亚洲政经学会等。其中,中国研究所是第二次世界大战后日本最早设立的研究当代中国的专门机构,"亚洲政经学会和现代中国学会可以说是日本中国学界最有影响的学会"①。日本中国研究所成立于1946年,中国研究所是第二次世界大战后日本最先开始研究中国问题的民间研究机构,由战前各类研究中国问题的人员组成,其中既包括用马克思主义观点研究中国问题的"无产阶级科学研究所"的成员,也包括"满铁调查部""东亚研究所"的研究人员以及新闻记者和左翼运动人士等。中国研究所开展了大量有助于日本国民了解中国革命和新中国经济建设与社会发展的工作,在推动战后日本中国问题研究的发展上功不可没。

日本现代中国学会成立于1951年,源自中国研究所,是一个综合性的学会。学会的章程规定,学会由关心中国以及现代亚洲的研究人员组成,目的是"开展研究人员的相互交流与合作,促进研究的发展",研究的对象涵盖政治、经济、法律、社会、语言、艺术、历史、教育等现代中国的各个领域。学会每年召开一次全国会议,出版物有《现代中国学会报》(后改名《现代中国》)和《日本现代中国学会通讯》,主要发布中国研究的相关信息、研究动向和学术成果。

亚洲政经学会成立于1958年,由日本通产省负责管理(现为日本贸易振兴机构下属研究机构),并逐渐发展成为日本乃至世界最大的以研究发展中国家经济问题为重点的地区研究机构。研究内容主要集中在政治和经济领域,其中研究东亚问题的学者占52%,研究东南亚问题的占30%,研究南亚问题的占7%。而在研究东亚的学者中,近九成是研究中国问题的学者。学会每年召开一次全国大会和东日本、西日本的区域大会。出版物有《亚洲研究》《新闻通讯》《现代亚洲研究》《现代中国研究丛书》《现代亚洲讲座》等期刊和丛书。

---

① ［日］天儿慧:《通过"现代中国地区研究"项目看日本的中国学》,《中国社会科学报》(特别策划海外中国学),2013年9月6日。

（3）大学设立的研究机构

20 世纪 80 年代以后，中国研究在日本日趋形成高潮，这不仅表现为官方或民间的研究机构愈益增多，还体现在日本各大学的研究动向上。20 世纪 70 年代以前，汉语教学在日本的大学中并不普及。而到了 80 年代，日本几乎所有的大学都相继开设了汉语教学课程，而且几乎所有的大学都设立了有关中国问题的研究机构。现仅以日本爱知大学为例，考察 20 世纪 80 年代之后日本大学重视中国研究的状况。

在日本，近年来最活跃的当代中国研究机构当属设立于爱知大学的国际中国学研究中心。中心是日本文部省 2002 年启动的"21 世纪重点科研基地 COE（Center of Excellent）工程"之一，是以爱知大学中国研究专业博士课程为核心形成的现代中国国际性研究教育机构。爱知大学是日本中国学研究的大本营之一。1991 年该校研究生院增设了日本第一个专门研究中国的中国学专业（1994 年设博士课程），1997 年该校正式成立现代中国学院，这是日本国内第一个以"中国"命名的院系，同时在世界上也是一个创举。学院成立后组建了现代中国学会，开始出版《中国 21》杂志，在培养学生的同时组织了多项研究活动，为在日本建立一个以当代中国为主要研究对象的系统的、科学的研究体系做出了努力。在研究方面，该中心与海外合作大学及研究机构的学者们共同组建了"现代中国学研究方法论""现代中国经济与亚洲经济圈""中国与亚洲·世界文化共生""现代中国政治和亚洲·世界和平""现代中国和亚洲·世界的人口环境"5 个专业领域的研究会，同时每年召开一次综合各领域的国际研讨会，并将研讨会的成果用日文、英文、中文 3 种语言编辑成报告或文集出版。为支持国际中国学研究中心的教育和研究活动，爱知大学还同日本国内外各合作大学共同协作，建立了涵盖日本全国及世界各地的现代中国研究综合数据库。

总之，从 20 世纪 80 年代之后日本的中国研究发展趋势上看，我们不难得出这样的结论:中国研究在日本不仅已成为一个独立的、发展迅速的学术领域,而且正在向新的水平迈进。

第三节　研究的基本特点

经过长期的发展和积累,国外关于中国全面改革的研究已经成长为一个涵盖了诸多方面的热门领域,逐渐成为"显学",并呈现出许多鲜明的特点:研究重心的发展趋向是由最初的宏观、整体把握逐渐转为微观、具体化、专门化的研究主题,研究领域也得到了扩展,几乎囊括了人文科学和社会科学的各个学科,学科地位明显上升;研究方法越来越倾向于结合历史学、社会学、政治学、经济学、统计学等多种学科的跨学科研究,并且在研究中与时俱进地运用了不断出现的新技术、新手段,这也得益于研究条件的不断改善;研究立场、思想派别也越来越多样化,研究的客观性得到提升,学界逐渐摘掉有色眼镜,观察真实的中国,得出了具备科学性和客观性的研究成果。了解这些特点,有助于我们更全面深入地理解和把握国外对中国全面深化改革的研究现状。特别是有助于理解国际社会有关中国全面深化改革的形形色色的观点到底是怎么来的、为什么国外学者特别是欧美学者近年来对中国全面深化改革的态度在逐步转变、为什么大众媒体和专门研究机构有关中国全面深化改革的观点和结论大相径庭等。

一、研究主题随中国社会发展而不断转换

改革开放以来,中国经济社会体制发生了深刻变革。国外中国改革研究的主题也随着转型而不断变化。从时间维度看,国外中国改革研究经历

了以下四个阶段:第一阶段从 1978 年到 1992 年,为"开启改革"研究时期,以党的十一届三中全会作出"改革开放"重大决策为重要节点;第二阶段从 1992 年到 2003 年,为"推进改革"研究时期,以邓小平"南方谈话"为重要节点;第三阶段从 2003 年到 2013 年,为"深化改革"研究时期,以党的十六届三中全会提出为重要节点;第四阶段从 2013 年党的十八届三中全会开始,为"全面深化改革"研究时期,在中国特色社会主义进入新时代的背景下,国外中国改革研究,尤其是全面深化改革研究进一步趋于丰富和完善。

(一)第一阶段:"开启改革"研究时期(从 1978 年到 1992 年)

随着 1978 年党的十一届三中全会的召开,我国迈入了改革开放新的历史时期。建设具有中国特色的社会主义也正是由改革开放开始的,因此可以说中国特色社会主义伟大事业的逻辑起点就是改革开放。作为一个重大转折,党的十一届三中全会在中国历史上的意义重大。之前将近 30 年的社会主义建设实践与经验,虽然也取得了很多突破性的进展,但对一些基本的问题仍然没有完全搞清楚,对"什么是社会主义,怎样建设社会主义"这一根本问题的认识也存在很大的偏颇,导致在很多方面出了问题。党的十一届三中全会的召开是一次思想上的拨乱反正,彻底纠正了"左"的错误思想,同时也解决了许多历史遗留问题,为生产力的发展扫清了思想障碍,为建设具有中国特色的社会主义伟大事业奠定了思想基础。傅高义曾指出,"要想了解今日之中国,很重要的一点是了解历史,特别是自 1978 年邓小平开始领导造就了当下中国的一系列进程之后的历史"[①]。这一时期,国外学者关注的焦点集中于改革与转型的时代背景、实质目的与历史意义。

关于改革与转型的时代背景,有学者指出,中国的改革开放是由多种因素共同塑造的:高度发达的中国传统;中国社会的规模和多样性;当时世界

---

① [美]傅高义:《邓小平时代》,冯克利译,生活·读书·新知三联书店,2013 年,第 7 页。

格局的性质;共享技术和管理方式的全球体系的开放性;中国共产党的性质;无数具有创造力和勤奋工作的人们的贡献等。当然,也离不开邓小平这位领导者的个人魅力:权威、丰富的经验、战略意识、自信心、人脉关系和领导中国转型所需要的政治判断力。① 因此,有学者总结指出,中国开启改革转型与现代化道路不是一个冲击-反应的结果,而是自身内在的基因变革和发展冲动的结果。

关于改革与转型的实质目的,国外学界存在不同的声音。有学者指出,"在中国,共产主义领导人试图完成经济上的转变而不想放弃马列主义在意识形态和结构制度上的根基角色",中国目前选择并实践的模式是唯一可以挽救和建设社会主义的模式,是唯一正确的充满希望之路。中国的成就卓著、前途光明,世界社会主义终将取决于中国。② 更有学者将中国改革与转型的实质界定为"实用主义"。有学者强调,邓小平的改革没有既定的模式,很多政策都是通过反复试验而制定的,"其最显著的特征是实验主义性的实用主义",具体来说,"就是反复实验,在其奏效之前想要在制定上给予承认是很不容易"③。邓小平所信奉的格言——"实践是检验认识真理性的唯一标准"正是这一特征的最好注解,这种观点把一切意识形态都置于受其实践效果所检验的地位。④

关于改革与转型的历史意义,多数国外学者给予积极评价。不少学者认为,改革开放不仅造福了中国人民,更对世界经济发展做出了显著贡献。对中国来说,无论从改革的类型、改革的范围,还是改革的深度看,这场改革

---

① ［美］傅高义:《邓小平时代》,冯克利译,生活·读书·新知三联书店,2013 年,第 642~643 页。

② ［美］阿兰·G.格鲁奇:《比较经济制度》,徐节文、王连生、林泽曾译,中国社会科学出版社,1987 年,第 69 页。

③ ［日］渡边利夫:《邓小平的经济思想与改革开放》,《国外中共党史研究动态》,1994 年第 3 期。

④ ［美］张大卫:《中流砥柱各有千秋——周恩来与邓小平》,王宏周、杜淑英译,中国广播电视出版社,1988 年,第 3 页。

已经涉及社会经济体制和经济结构的方方面面,并无可避免地带来一些政治改革。对世界来说,中国成为全球产品的主要生产者,俨然成为"世界工厂",中国经济对世界的影响举足轻重。美国卡内基国际和平基金会高级研究员裴敏欣认为,如果要排列第二次世界大战后世界上最重要的有影响世界格局的国际事件,那么除了冷战结束,中国因改革开放而崛起并成功融入世界经济体系排在第二位不会有争议。①

(二)第二阶段:"推进改革"研究时期(从1992年到2003年)

20世纪80年代末,国内外形势复杂多变。从国内形势看,由于国际上反共反社会主义的敌对势力的支持和煽动,国际大气候和国内小气候导致1989年春夏之交我国发生严重政治风波,党和政府依靠人民,旗帜鲜明反对动乱,捍卫了社会主义国家政权,维护了人民根本利益。从国际形势看,苏联和东欧社会主义国家政局动荡不断加剧,最终引发苏联解体和东欧剧变,社会主义在世界范围内的实践陷入低潮。面对国内外的复杂局面,有人对社会主义的前途缺乏信心,也有人对改革开放产生怀疑,提出姓"社"还是姓"资"的疑问。这样,能否坚持党的基本路线不动摇,抓住机遇、加快发展,把改革开放和现代化建设继续推向前进,成为影响90年代中国发展进步的重大问题。在这个重要历史关头,邓小平于1992年1月18日至2月21日先后到武昌、深圳、珠海、上海等地视察,发表了重要谈话。邓小平的南方谈话,科学总结了党的十一届三中全会以来的实践探索和基本经验,从理论上深刻回答了长期困扰和束缚人们思想的许多重大问题,是把改革开放和现代化建设推向新阶段的又一个解放思想、实事求是的宣言书。这一时期,国外学者的研究主要聚焦于邓小平南方谈话的重要意义和中国发展带来的显

---

① 华盛顿智库裴敏欣:《中国改革开放改变了世界格局》,http://www.chinadaily.com.cn/hqzg/2008-10/30/content_7159845.htm。

著变化。

关于邓小平南方谈话的意义,国外学者的共识是,南方谈话解除了束缚经济改革的思想桎梏,启动了新一轮的经济改革,使中国经济发展在很长时间内呈现了非凡的高增长。有学者指出,"在邓小平1992年南方之行后的几年里,中国取得了世界上史无前例的增长率,其规模也是前无古人的。实际上,从1992年到1999年,每年的经济增长率都超过了10%"[1]。当然,也有学者指出,南方谈话以后中国两位数的经济增长率导致经济过热、收入差距扩大、社会矛盾加剧等,而且流入的巨额外资中相当一部分进入了大城市的投机性房地产市场。在国外学者看来,邓小平南方谈话的意义不仅表现在经济领域,在思想观念甚至中国政治生活方面都产生了重要影响。有学者考察了南方谈话对中国人思想观念变化的影响,指出南方谈话后,中国人在思想上、观念上的最大变化,莫过于政治意识的迅速淡化和经济意识的迅速增强。[2] 也有学者探讨了南方谈话后经济大发展对中国国内政治的深层影响,指出南方谈话促进了经济发展,而中国共产党正是从经济成就中加强了其政治合法性,中国正从思想构建的社会秩序转变为以利益为基础的社会秩序。[3] 综合看来,在国外学者眼中,南方谈话的积极作用远远超过其消极影响,如果没有南方谈话,"今天的中国人不会达到比较舒适的生活水平,亦即邓小平所说的'小康'"[4]。

关于中国发展带来的显著变化,国外学者从整体和局部两个层面来进行评价。从整体上看,对于这一时期中国发展的成就,有学者总结道:"中国

① [美]傅高义:《邓小平时代》,冯克利译,生活·读书·新知三联书店,2013年,第636页。

② 齐欣等:《世界著名政治家、学者论邓小平》,上海人民出版社,1999年,第672页。

③ John Wong,Zheng Yongnian,*The Nanxun Legacy and China's Development in the Post - Deng Era*,Singapore University Press,2001,p. 182.

④ John Wong,Zheng Yongnian,*The Nanxun Legacy and China's Development in the Post - Deng Era*,Singapore University Press,2001,p. 39.

人享受着社会的相对稳定和经济的快速增长,甚至是奇迹般的增长。小规模的抗议不计其数,领导层对发生更大抗议的危险神经紧绷,但是中国在这20年里避免了大规模的骚乱。今天,亿万中国人的生活要比他们在1989年时舒适得多,与中国历史上任何时期相比,他们能得到更多的国际资讯和观念。教育水平和人均寿命也在继续迅速提高。"[①]但也有学者尖锐地指出,与经济改革相比,这一时期,中国在其他领域,尤其是在政治领域的改革明显滞后——"直到十六大之前,中国共产党通过把注意力集中于机构改革与经济改革,在中国式的渐进发展道路(渐进改革)方面成功地确立了一个共识,但是它没能成功地提出一套完备的概念来促进体制内或党内的政治改革"[②]。更多学者从自己感兴趣的领域入手来评价这一时期中国发展的显著变化。在经济方面,有学者指出,20世纪最后十年中国经济的飞速发展,使得占世界人口五分之一的中国人基本摆脱了贫困,这对中国人民甚至全世界都产生了重大影响。而且伴随着经济增长,中国经济发生了快速的结构性转变,第三产业崛起、外资大量流入、经济效率提升……这些变化终将影响21世纪中国的发展。[③] 在政治方面,有学者指出,为了确保以经济建设为中心和"稳定压倒一切"的大局,整个政治结构的变革更加趋于稳健。"尽管根本的政治变革是不可能的,但有限的机构改革却在持续不断进行",所有这些改革为中国不断发展着的市场经济建立起了一个坚实的制度基础。[④]在对外开放方面,有学者指出,中国的增长极大地受益于一项重要的改革举措——对外开放政策。在20世纪90年代中后期,中国吸引了流向发展中经济体的大约一半的外国直接投资。毫无疑问,外国投资在中国的经济增长

---

① [美]傅高义:《邓小平时代》,冯克利译,生活·读书·新知三联书店,2013年,第593页。

② 吕增奎:《执政的转型:海外学者论中国共产党的建设》,中央编译出版社,2011年,第308页。

③ Yanrui Wu, *China's Economic Growth: A miracle with Chinese characteristics*, Routledge, 2004, pp. 1 - 6.

④ Carl Minzner, China After the Reform Era, *Journal of Democracy*, 2015, 26(3).

中发挥了重要作用。[①]总体看来,国外基本认可中国经济和社会的发展,对政治制度、体制等上层建筑普遍存在疑虑,这种状况也是国外研究的主要特点之一。

（三）第三阶段:"深化改革"研究时期（从2003年到2013年）

进入21世纪,中国进入全面建设小康社会、加快推进社会主义现代化的发展新阶段。根据党的十六大提出的完善社会主义市场经济体制的部署,2003年10月,党的十六届三中全会审议通过《中共中央关于完善社会主义市场经济体制若干问题的决定》（以下简称《决定》）。《决定》提出完善社会主义市场经济体制的主要任务,在坚持和完善基本经济制度、深化国有企业改革、完善农村经济体制、完善市场体系和改善宏观调控、推进财税和金融体制改革、深化涉外经济体制改革、深化就业和分配体制改革及完善社会保障体系、深化科技教育文化卫生体制改革、深化行政管理体制改革和完善经济法律制度、加强和改善党的领导等方面作出具体部署。《决定》是21世纪完善社会主义市场经济体制的纲领性文件。党的十六届三中全会后,我国经济体制改革向重点领域和关键环节稳步推进。这一时期,国外学者的研究主要聚焦于社会主义市场经济体制和中国崛起等问题。

置于中国经济建设耀眼光谱下的社会主义市场经济体制,是国外学者研究和关注的焦点。在他们看来,社会主义市场经济体制的确立,实际上开辟了社会主义与市场经济相互结合的先河,这种经济运行方式具有较强的特殊性,在现实经济运行层面又呈现出特定的优势。相关研究主要集中在两个方面:一是社会主义市场经济体制的本质,亦即姓"资"还是姓"社"的问题。部分国外学者认为,这种"社会主义"与"市场经济"相"嫁接"的经济运

---

① Ross Garnaut,Ligang Song,*China：twenty years of economic reform*,The Australian National University Press,2012,p.1.

行方式最终将倒向资本主义。如麻省理工学院黄亚生等指出,尽管中国政府仍然在市场经济运行中占据主导地位,但中国经济实际上已经实现资本主义化,是"不折不扣的资本主义"。① 当然,也有很多国外学者仍肯定社会主义市场经济体制就是坚持社会主义,如日本福祉大学教授大木一训认为,中国实行社会主义市场经济可以发挥市场对资源配置的基础作用,不断促进经济增长,从而更好地完善社会主义。② 二是社会主义市场经济中政府与市场之间的关系问题。在这个问题上,国外学者的共识是中国政府具有强大调控力,但得出的结论却不尽相同。有学者直言,中国政府强大的调控能力意味着自由市场的终结,中国式市场经济其实就是国家资本主义。③ 也有学者剔除国家的宏观调控能力,将中国式市场经济明确划入新自由主义经济阵营,这其中以哈维在《新自由主义简史》中的相关阐释为代表。④ 还有学者提出,中国政府与市场之间呈现出一种创造性与共生性的相互关系,是中国独有的"第三条道路"。⑤

国外学界认为,进入 21 世纪,中国真正开启"大国崛起"的历史进程,而他们研究重点也逐渐开始关注"中国崛起"给中国自身以及世界格局带来的影响。有美国智库指出,进入 21 世纪以后,"中国的'崛起'比预期要来得更快","任何寻求对中国进行理解的美国人都遇到了一个充满各种严重矛盾的国度……其原因就在于中国是如此的生机勃勃"。⑥ 一个越来越显著的事

① 徐玉明:《国外中国特色社会主义研究述评》,《社会主义研究》,2014 年第 4 期。
② 徐玉明:《国外中国特色社会主义研究述评》,《社会主义研究》,2014 年第 4 期。
③ 外媒:《中国到底是什么样的国家?》,http://www. sinovision. net/portal. php?aid = 149955&mod = view。
④ 尚庆飞:《新世纪以来国外"中国问题"研究最新进展》,《南京政治学院学报》,2016 年第 1 期。
⑤ [美]彼得·诺兰:《处在十字路口的中国》,吕增奎译,《国外理论动态》,2005 年第 9 期。
⑥ [美]战略与国际研究中心、彼得森国际经济研究所:《美国智库眼中的中国崛起》,曹洪洋译,中国发展出版社,2011 年,第 259、16 页。

实是,"中国特色社会主义"正在迅速崛起。但中国的崛起不是一个已经结束的方案,而是一个尚未完成并正在进行的过程,因此在现阶段对它的认识就不可避免地存在着多种争议。从积极方面看,国外学者普遍认为,改革开放以来,中国的经济、政治、文化、社会、国际地位等各个领域都发生了翻天覆地的变化。在短短30年间,中国走过了西方发达国家上百年走过的道路,实现了从贫困落后到繁荣发展、从农业大国到工业大国、从计划经济到市场经济、从封闭孤立到全球交往的历史性转变。一个突出的表现就是改革开放使数亿人摆脱了贫困,使人民生活水平显著提高。正如俄罗斯科学院远东研究所所长米哈伊尔·季塔连科说:"数千年来,吃、穿、住一直是中国民众操心的大问题。但在改革开放10年后,这些问题就基本得到解决。可以说,改革开放成就了这一历史性的功绩。"①不仅如此,在不少国外学者看来,改革开放还改变了成千上万中国人的生活方式和精神面貌,并可能改变中国人对民主的看法,并进而塑造中国政治的未来。在国际社会中,与"中国崛起"相伴生的是"中国威胁"。对于二者的关系,有学者指出,中国的崛起是"和平崛起"——"和平发展传达了一个信息,无论中国变得多么强大,它都不会威胁到邻国的发展,它会继续成为稳定的堡垒,谋求世界的福祉"②。但也有学者持相反观点,认为中国开始"不加掩饰地"通过崛起来"威胁"甚至"报复"西方国家,因而中国的崛起将会带来不可避免的霸权竞争和冲突。③ 总而言之,随着中国日益崛起为一个重要的政治经济实体,它与其他主要政治经济体的互动将重构全球价值、制度和政策,因而重组国际政治经济格局。

---

① 杨金海、吕增奎:《国外学者眼中的中国改革开放》,《上海党史与党建》,2009年第1期。

② [美]罗伯特·劳伦斯·库恩:《中国30年:人类社会的一次伟大变迁》,吕鹏等译,上海人民出版社,2008年,第411页。

③ 王新颖:《奇迹的建构:海外学者论中国模式》,中央编译出版社,2011年,第343页。

(四)第四阶段:"全面深化改革"研究时期(从 2013 年至今)

进入新时代,党中央深刻认识到,实践发展永无止境,解放思想永无止境,改革开放也永无止境,改革只有进行时、没有完成时,停顿和倒退没有出路,必须以更大的政治勇气和智慧推进全面深化改革。为了从战略和全局上解决我国改革发展中的一系列突出矛盾和问题,2013 年 11 月,党的十八届三中全会审议通过《中共中央关于全面深化改革若干重大问题的决定》(以下简称《决定》)。《决定》阐明了全面深化改革的重大意义和未来走向,确定了全面深化改革的总目标、战略重点、优先顺序、主攻方向、工作机制、推进方式,勾画了到 2020 年全面深化改革的时间表、路线图,是全面深化改革的一次总部署、总动员。党的十八届三中全会是继党的十一届三中全会之后,又一次具有划时代意义的重要会议,实现了改革由局部探索、破冰突围到系统集成、全面深化的转变,开创了我国改革开放新局面。这一时期国外学者的研究主要聚焦于全面深化改革的主要内容、实现路径和前景预期。

关于全面深化改革的主要内容,国外学者的关注主要涉及经济、政治、社会等领域。其一是经济体制改革。党的十八届三中全会以来,国外学者对中国经济改革特别是社会主义市场经济体制改革给予了极大关注,其重点包含两个方面:"一是中国宏观经济的未来走向和经济增长方式的转变;二是中国经济发展对全球经济的影响。"①其二是政治体制改革。有学者认为,党的十八大后的政治新气象,主要表现在加大力度惩治腐败和积极培育社会主义核心价值观两个方面。② 三是社会改革与民生问题。国外学者普遍关注"中国梦"与民众民生的关系,认为"中国梦"追求的终极目标不仅是经济发展,更是一种实实在在为人民过上好日子的"梦",包括改善居住环

---

① 兰池:《国外学者关于全面深化改革研究的述论》,《科学社会主义》,2016 年第 6 期。

② Joseph Fewsmith, The 18th Party Congress:Testing the Limits of Institutionalization, *China Leadership Monitor*,2013(1).

境,增加居民收入,完善医疗保障体系,促进教育公平等。① 也有学者重点关注了中国文化体制改革和生态文明体制改革等领域,总之,这一时期国外学者的关注目光涉及全面深化改革的方方面面。

关于全面深化改革的实践路径,国外学者主要从以下几个方面提出个人见解。一是树立全局观念,有学者指出,全面深化改革作为一个整体的理论框架对如何实现"中国梦"做出了具体诠释,其中最引人注目的就是改革的"广度",即从经济体制改革入手逐步推广到社会领域。② 二是聚焦制度建设,有学者一针见血地指出,全面深化改革的目标不仅局限于经济领域,还要对中国的治理结构作出彻底改革,尤其要在制度层面予以确认。③ 三是处理好中央与地方、集权与分权的关系,有学者指出,"中央政府是全面深化改革的设计主体,也是中央所及的一些领域的改革主体。但在其他领域,地方政府、企业尤其是国有企业和社会,才是改革的主体"④。因此,在中央与地方财政收入分配的问题上,应该给予地方更多的积极性和主动性。

关于全面深化改革的前景预期,国外学者的态度大致分为三类。一是乐观派。乐观派学者认为,全面深化改革将有力地推动经济结构调整、激发经济活力,并为经济持续增长提供制度保障。⑤ 二是悲观派。悲观派学者的共识是中国政治改革的步伐远远落后于西方国家,甚至中国引以为傲的经济发展也面临着国内经济发展不平衡和全球贸易失衡的双重压力,制度惰性和利益集团掣肘使得改革步履维艰。三是中立派。中立派学者在肯定全

---

① 季明、许晓青、朱翃:《"中国梦"的"世界回响"》,《新华每日电讯》,2013 年 3 月 26 日。

② Jason Q. Ng, Pierre F. Landry, The Political Hierarchy of Censorship: An Analysis of Keyword Blocking of CCP Officials' Names on Sina Weibo Before and After the 2012 National? Congress (S) election, *Social Science Electronic Publishing*, 2013(6).

③ 江宇娟:《美著名智库把脉中国经济改革》,《读揽天下》, http://m. dooland. com/index. php?s =/article/id/572158. html。

④ 《中国国家治理的新变化——对话美国哈佛大学傅高义教授》,《中国报道》,2014 年第 3 期。

⑤ Hongying Wang, China's Long March Toward Economy Rebalance, *CIGI Policy Brief*, 2014(04).

面深化改革政策导向的基础上，也客观地指出改革的"不确定性"。多数中立派学者将中国发展道路称为"第三条道路"，尽管中国的改革和发展成就令人称奇，但仍面临前所未有的巨大挑战。

二、学术影响随意识形态减退而愈来愈大

进入新时代的中国正在进行多方面的发展和转型，再加上包括华人学者在内的世界各国学者都非常关注当代中国的发展情况，可以说，国外的当代中国研究正处于一个前景十分广阔的发展时期，中国研究像哈佛大学的裴宜理教授所展望的那样，从一个单纯的学术"消费领域"正逐渐转而成为一个社会科学重大"生产领域"。[①] 不能否认的是，国际学界关于当代中国的研究中，还有诸如"中国特色资本主义"等论调仍然脱不开姓"资"姓"社"的争论。基于不同的历史文化背景和政治立场，国外的当代中国研究也采取了不同的范式，主要有中国特色社会主义、中国式威权主义和中国模式三种范式。这三种范式依据的标准还是社会性质，他们大体上分别以社会主义、资本主义和"第三条道路"来看待和评价中国所选择的发展道路以及所取得的发展成就。遗憾的是，绝大多数研究者未能深刻认识中国特色社会主义道路的社会主义性质，不少国外学者还试图用新的"中国模式""北京共识"等概念来代替中国特色社会主义特征的表述，模糊其社会主义性质。还有一些学者试图将中国特色社会主义纳入西方话语体系——如现代化的框架——进行考察，没有真正把握其本质。并且一些国外学者未能深入把握中国特色社会主义与马克思主义的关系或者对中国特色社会主义以及马克思主义中国化内涵的分析和理解未能突破固定的研究框架，表现出各自的

---

① 刘杉：《金融危机以来的西方当代中国研究》，《国外社会科学》，2012 年第 6 期。

局限性。但是可喜的是,我们看到越来越多的学者对于中国特色社会主义的研究开始逐步走出了传统的意识形态分析框架,展现出新的研究范式上的特征。一个突出的表现是,中国的发展道路开始被一些国外研究者看作给世界各国提供了不同于西方体制的另一种可能性的选择。他们运用中国经验来指导其他国家的发展、反思其他国家国内政治,或者以中国研究为基点,探讨人类社会和文化历史发展。对于中国特色社会主义研究的成果也被一些学者用来反思和抨击本国政治经济体制中存在的各种问题。还有一些学者思考了中国特色社会主义的发展对当今由美国等西方国家主导的国际政治经济秩序的意义,并且对把中国的研究融入对美国的当前和未来的分析和展望之中。[①]

三、研究取向随着后现代思潮影响而更微观化

近年来,国外关于中国的整体研究都受到了后现代思潮的影响,因此在关于中国特色社会主义的相关研究中,微观化研究也同样在进一步兴起。从好的一面来看,进一步微观化将有利于他们在具体问题上取得更为深入的研究成果。但同时也存在着不利的一面,微观化研究带来的比较突出的一个问题就是对中国特色社会主义缺乏整体上的把握。一些学者过于注重微观分析,就是将对中国的碎片化、将中国的问题分散化看待,"对于越来越小的问题知道的越来越多[②],反而导致无法将各个独立的问题关联起来,无法形成对中国总体特点的深刻认识,无法理解作为整体的中国,在一定程度上造成一种"只见树木不见森林"的现象。李侃如指出:"现在许多学生把精

---

①　刘杉:《金融危机以来的西方当代中国研究》,《国外社会科学》,2012 年第 6 期。

②　陈鹤:《新世纪以来国外中共党史研究述评》,《党的文献》,2012 年第 2 期。

力放在研究一些有关中国的过于狭窄的问题上,如上海的城市化问题等,没有把中国作为一个整体进行跟踪研究",很少能向公众解释整个中国的情况。① 大多局限于具体层面,从某个特定角度展开分析和论证,整体上把握不足,缺乏认识中国特色社会主义的角度和视野。对于细节的过分关注影响了整体性研究。21 世纪以来,关于中国特色社会主义的研究进一步微观化,学者们以这种极为关注细节的方式解构中国方方面面的研究做了很多,而没有把重点放在对中国整个发展历史进程的研究上。

四、研究队伍随着组织体系发展而日益完备

一是学术研究机构遍布西方主要国家。其中苏联的远东研究所,日本的现代中国学会、东亚研究所和各大学的研究机构,美国哈佛大学的费正清东亚研究中心和胡佛研究所,英国伦敦大学亚非学院的现代中国研究所,法国国立科学研究中心和社会科学高等研究院当代中国研究和资料中心,德国的海德堡大学汉学所,柏林自由大学东亚所,洪堡大学汉学所(现亚非所),澳大利亚国立大学的当代中国研究中心,荷兰莱顿大学的汉学研究院等,都是国际中国学研究和中国全面深化改革研究的著名机构和组织。

二是专题性学术研究刊物影响巨大。英国的《中国季刊》、加拿大的《太平洋事务》、澳大利亚的《中国研究》、苏联的《苏联中国学》《远东问题》、美国的《亚洲研究》以及日本的《中国研究》《现代中国》等,是国外刊登中国问题研究论文、书评、专题研究报告以及其他研究信息的主要学术刊物。此外,近年还出现了若干民间研究机构出版的反映当代中国情况的刊物,如NickYong 主编的《中国发展简报》等。

---

① 赵梅:《寻找学术与政策影响之间的平衡——访李侃如博士》,《美国研究》,2011 年第 2 期。

三是涌现了一大批国际知名的学者。美国的费正清和他的《伟大的中国革命(1800—1985)》、史华慈和他的《中国共产主义和毛泽东的崛起》等；法国的毕仰高和他的《中国革命的起源(1915—1949)》《农民运动》、谢诺和他的《中国工人运动(1919—1927)》；美国的施拉姆和他的《毛泽东》；加拿大的陈志让和他的《毛泽东和中国革命》等，日本的竹内实、天儿惠以及他们的作品等都堪称是奠基性的成果。

五、跨国研究随着学术交流增多而势头强劲

冷战结束后，随着国内外相关的档案不断解密，不少学者开始考虑选择协作方式，挑选适当的专题和学术伙伴共同整理文献，共同出版论著。学者们不再把眼光聚集在本国和自身的学术圈层，各种学术交流也使他们突破了各自研究的藩篱，出现了跨国界、跨地区、跨学科研究的新特点。如美国的阿尔大·德里克、新西兰的保罗·希利和澳大利亚的尼克·奈特合作编辑出版的《毛泽东思想的评析》。此外，哈泼书局出版的系列丛书也汇集了多国学者的论文，如托尼·赛奇和汉斯·方德万合编的《中国共产主义革命的新视角》、由美国的齐慕实和赛奇合编的《关于中国国家社会主义的新概念》，参加这两本书编撰的作者有 26 人次，其中包括英国学者乔治·本顿、美国学者沈大伟、荷兰学者托尼·赛奇、法国学者毕仰高以及澳大利亚学者泰韦斯等。同时他们积极在网络上宣传其研究成果，介绍研究信息，通过网络加强各国研究资源的共享性。在数字化和信息化的过程中，由于语言的关系，英语国家包括美、英、澳大利亚、加拿大、新西兰以及印度等国做得较好，许多信息和资料可以通过网络查询，但法语、德语以及其他语系国家做得不够，很大程度上限制了这些国家研究工作和成果的国际化影响。

六、研究方法随着研究领域扩大而更多元化

马克思主义给解答中国历史课题提供了科学世界观和方法论的指导,但是由于中国国情的特殊性和马克思主义理论的实践性,马克思主义来到中国之后要求和中国的实际相结合。而且随着国外学者对中国研究的领域与范围的扩展,国外学者所采用的研究方法越来越多元化。

一是比较研究法。国外研究比较的范围相当广泛,既有国内的比较,也有国际的比较;既有纵向的比较,也有横向的比较;既有思想理论、历史地位的比较,也有领导风格、人物个性的比较。如在一些问题上,比较研究的方法有着不可取代的优势,把中国与苏联、印度、美国、拉美国家等进行比较,能够打破研究视野中的国家、民族、地域的界限,更容易清晰地发现和概括出不同国家和地区发展的历史经验中的共性规律,更容易识别并分离出影响各国(地区)发展特色的重要因素。

二是量化研究法。随着统计技术的普及和计算机技术的广泛应用,很多学者开始在关于当代中国的研究中大量运用各种统计学和数学处理的方法,加强了这方面的量化研究。再加上中国对外开放程度不断提高,为学者进行实地调研提供了便利的条件,同时中国官方机构如中国统计局等及时发布的官方统计年鉴、经济普查报告等珍贵而翔实的数据都能被美国的研究者们方便地获取,也大大有利于关于中国问题的量化研究。

三是人物研究法。人物研究的视角可以说是国外中国研究的一个特色。国外学者重视研究中国发展中起到重要作用的领导人物。许多学者通过撰写毛泽东、邓小平、江泽民、胡锦涛、习近平等中国领导人的个人传记,评价他们的历史贡献,分析他们的个人特质,梳理他们的思想和理论渊源,探析中国各届领导人之间思想和理念的传承与发展等,这一类的研究成果

颇为丰富。20世纪八九十年代还曾掀起了邓小平研究的高潮,国外的研究者们从多种角度考量邓小平及邓小平理论在中国发展中起到的历史作用。

　　四是跨学科研究法。跨学科的综合研究方法就是研究对象的多样性和复杂性所决定的。研究中国问题,往往还需要对中国近代历史、民族与文化、社会阶层结构、政治体制和政府、对内和对外政策等方面的情况有所了解,因此需要结合运用政治学、经济学、统计学、社会学、人类学、国际关系学等多学科领域的研究方法,才能将各方面的因素综合起来,全面深入地理解中国发展中的各个问题。及时将各学科的研究方法吸纳到对当代中国问题的研究中来,是国外关于中国研究发展过程中突出的特点。在关于中国研究的队伍中,有各个不同学科和职业背景的研究者加入,也是推动研究方法多学科化、跨学科化的重要因素之一。

第二章 他者视域下中国未来改革战略 研究之改革目标论

一个人走路如果方向错了,走得越快,距离目标就越远。国家前行,亦是如此。世界上从来不缺因方向走偏而从辉煌滑向没落的案例。中国改革之所以能成功,是因为有正确方向、有远大目标、有重要目的。中国是一个拥有丰厚文化积淀、坚持独立自主的东方大国,决不能按照别的国家的意图轻易改变自己的思路和方法。党的十八届三中全会通过了《中共中央关于全面深化改革若干重大问题的决定》,该决定明确指出我国全面深化改革的总目标,即完善和发展中国特色社会主义制度,推进国家治理体系和治理能力现代化。完善和发展中国特色社会主义制度指出了中国特色社会主义全面深化改革的方向,推进国家治理体系和治理能力现代化明确了中国特色社会主义全面深化改革的目标。总目标的设定是为了切实解决国家治理中的体制机制深层次问题,更好地实现人民当家作主,不断造福人民。

党的十八届三中全会以来,全面深化改革的总目标不仅引发国内学界的高度关注,也引起了国外学者的广泛讨论。国外学者的研究重点聚焦于"完善和发展中国特色社会主义制度""推进国家治理体系和治理能力现代化"这两大总目标的主要内容、实现路径和前景预期等方面。评析国外学者的代表性观点,有利于深刻理解和准确把握全面深化改革的总目标,为推动这一革命性变革提供学理支撑。

第一节　完善和发展中国特色社会主义制度

全面深化改革总目标之一——完善和发展中国特色社会主义制度,深刻回答了新时代推进各领域改革最终是为了什么的问题,这规定了改革要举什么旗、走什么路的根本方向。习近平深刻指出,党的十八届三中全会提出的全面深化改革总目标,是两句话组成的一个整体:"前一句规定了根本方向,我们的方向就是中国特色社会主义道路,而不是其他什么道路。"[1]国外学者对中国特色社会主义制度的关注由来已久,他们的兴趣点主要集中在中国特色社会主义制度的基本性质、主要特色及发展前景。国外学者的观点反映了他们对中国特色社会主义制度的认知程度,隐含着他们对中国特色社会主义制度的基本立场。

一、中国特色社会主义制度的基本性质

新中国成立以来,我国社会主义制度从基本确立到巩固发展,从深化改革到创新完善,在取得历史性成就中也不断彰显着社会主义制度的优越性和巨大优势。改革开放以来,我们党通过改革不断发展和完善中国特色社

---

[1]　习近平:《在庆祝全国人民代表大会成立 60 周年大会上的讲话》,人民出版社,2014 年,第 20 ~ 21 页。

会主义制度,不断提高运用中国特色社会主义制度有效治理国家的能力。中国特色社会主义的进一步发展,使国外学者对中国特色社会主义制度有了更浓厚的兴趣,首先就表现在他们对中国特色社会主义制度基本性质的论争。

(一)社会主义制度的"原创"与"再造"

一些国外学者认为,中国已经处理好社会主义制度的"原创"与"再造"之间的关系:苏联模式是对社会主义制度的一种"原创",因而成为众多社会主义国家的模板,它的失败只是僵化模式的失败,绝不意味着社会主义制度的失败;中国特色社会主义作为一种新型的制度理论与实践资源,真正"再造"了一种社会主义制度,这种社会制度在经历现代性与后现代性的种种考验后,依然表现出强大的生机活力。有学者称其为"协商列宁主义"。在他们看来,中国共产党通过纳入协商因素,"再造"了本质上是列宁主义的政治机制,使其在应对重大危机和挑战时更具弹性。"协商列宁主义"有五大特征:一是执着于掌权,二是持续的治理改革,三是强化党的领导,四是经济管理的实用主义,五是以民族主义代替共产主义。① "协商列宁主义"不是一个静态的制度,而是一个不断发展的制度,它的内在要求是中国共产党自觉适应执政基础、执政环境的变化和社会发展的需求,推动中国特色社会主义现代化事业不断前进。但总的看来,它的基本结构和执政动态已经成型。

(二)威权主义的"协商性""碎片化""灵活性"

威权主义被多数国外学者视为分析中国特色社会主义制度基本性质的关键性视角。在国外学者看来,无论中国特色社会主义制度的基本内涵是什么,它最鲜明的特色就在于,"在经济腾飞和现代化建设的过程中,毫无疑

---

① Tsang S.,Consultative Leninism:China's new political framework,*Journal of Conte - mporary China*,2009,18(62).

问会存在一种内在的集权主义——为了实现某个单一目标而将所有社会资源都调动起来的需求"①,而这正是威权主义的典型样态。当然,多数学者也意识到,中国的威权主义呈现出某些特性,如协商性、碎片化与灵活性。

其一,有国外学者把"协商"看作中国治理模式的标志性因素,并称之为"协商威权主义"。这种模式将相对自治的公民社会同国家合作解决社会问题的监管型国家理念,与国家指导群体以保护社会免受狭隘利益集团和社会不稳定因素影响的新左派理念融合起来,并表现出两大基本特征:一是多元化社会主体参与政策制定和实施,二是使用多种间接的国家控制工具。有学者认为,在这种模式下,中国共产党就能从组织以外的群众和人士中获取更多所需的信息和见解,这可以视为中国正朝着一种参与度更高的治理形式发展。②

其二,有学者指出,在威权主义框架下,中国的政策产出过程呈现出越来越明显的"碎片化"倾向,因而称之为"碎片化威权主义"。其主要内容在于,政策制定越来越容易为心怀不同目的的垂直机构和地区性的政治组织所左右,政策出台不可避免地纳入执行机构的利益。因此,"碎片化威权主义"将中国政治领域解释为由官僚讨价还价支配的渐进式发展的过程。③"如今的碎片式威权主义已经发生了变化,即以往被排除在决策过程之外的社会力量开始介入进来,因此中国已经升级为新版本的'碎片式威权主义2.0版'。"④

---

① ［英］马丁·雅克:《当中国统治世界:中国的崛起和西方世界的衰落》,张莉、刘曲译,中信出版社,2010 年,第 175 页。

② Teets J. C., Let many civil societies bloom: The rise of consultative authoritarianism in China, *The China Quarterly*, 2013, 213.

③ Mertha A., "Fragmented authoritarianism 2.0": Political pluralization in the Chinese policy process, *The China Quarterly*, 2009, 200.

④ 肖贵清、郑云天:《国外中国特色社会主义制度研究论析》,《中共中央党校学报》,2014 年第 2 期。

其三,有学者认为,中国1978年以来的重大转变在于从革命化走向制度化,中国这个特殊的威权主义体制已经被证明是具有弹性的,主要表现为:一是接班政治愈加规范和受到约束;二是相对于提拔政治精英时派系之间的顾忌,精英领导体制得到了加强;三是政权内部机构的区分和功能的专门化;四是建立政治参与制度和在全体公众中加强中共的合法性。[①] 在大多数学者看来,这种国家与社会合作治理的新模式并不是西方民主化的前兆,而是体现出中国的威权主义变得更加成熟老练并充满弹性。[②] 虽然多数人仍然坚持认为这只是暂时的权宜之计,但是越来越多的西方学者开始质疑他们的原本假设,并倾向于认为在一党执政下中国未来确实可能会更加民主和稳定。[③]

(三)资本主义的"国家化"与"中国特色"

在国外学者中认为中国特色社会主义制度具有资本主义性质的居多数,只是因为立场和角度的差异,他们都对其称谓有所不同,诸如"国家资本主义""裙带资本主义""权贵资本主义""中国特色资本主义"等。

有学者认为,毛泽东逝世后,中国积极追求更接近于资本主义的经济发展方式,推出的一系列改革已经侵蚀并且进而转变了他们之前的社会主义经济。[④] 也有学者指出,中国快速的经济增长离不开全球资本主义,它受益于资本主义生产过程的调整。[⑤] 在他们看来,"中国的市场改革不仅没有走

---

① 肖巍、顾钰民:《当代中国马克思主义研究报告(2015—2016)》,人民出版社,2017年,第403页。

② Teets J. C.,Let many civil societies bloom: The rise of consultative authoritarianism in China,*The China Quarterly*,2013,213.

③ Gilley B., Holbig H.,The debate on party legitimacy in China: a mixed quantitative/qualitative analysis,*Journal of Contemporary China*,2009,18.

④ [南非]达里尔·格雷泽、[英]戴维·沃克尔:《20世纪的马克思主义:全球导论》,王立胜译,江苏人民出版社,2010年,第247页。

⑤ Burkett P., Hart - Landsberg M.,Thinking about China: Capitalism, socialism, and class struggle,*Critical Asian Studies*, 2005, 37(3).

向社会主义的复兴,反而走向了完全的资本主义复辟,包括日益受外国经济支配"①。甚至有学者直接将中国特色社会主义认定为"国家资本主义",并指出国家资本主义是中国成功的关键,在这种制度中,政治官员利用国有企业、私有的国家龙头企业、国有银行和主权财富基金确保中国在没有给潜在的国内政治对手赋权或者失去对发展节奏控制的情况下能够带来增长、工作和财富。②

值得注意的是,也有学者将中国特色社会主义制度界定为不同于英美资本主义的中国式资本主义(Sino - capitalism),它的制度结构核心是一种将自上而下的国家引导的发展与自下而上的企业家私人资本积累结合起来的独特二元性。他们认为,有三个制度领域在其中尤为重要:其一,不是纯粹依靠明确和强制的法律规则,私人间的关系扮演着重要的角色;其二,它赋予中国政府在培育和引导资本主义积累方面以领导角色;其三,受全球化的影响,吸收了全球资本主义系统的许多制度安排,这种混合让某些占主导性的英美制度和价值进入中国,产生了一种"国家资本主义的市场自由主义形式"③。

国外一些学者将市场经济和私有制视为资本主义的标配,所以当中国进行市场经济改革和发展非公有制经济时,很容易被误读为向资本主义的退却。但事实上,从经济基础上看,私有制经济在中国远没有占支配地位,国有经济控制着国民经济的命脉;从上层建筑来看,人民民主专政这一社会主义国体有着坚实的宪法保障、群众基础和强力后盾。④ 所以中国特色社会

---

① Burkett P., Hart - Landsberg M., Thinking about China: Capitalism, socialism, and class struggle, *Critical Asian Studies*, 2005, 37(3).

② Bremmer I., Superpower or Superbust, *The National Interest*, 2013 (128).

③ McNally C. A., Sino - capitalism: China's reemergence and the international political economy, *World politics*, 2012, 64(4).

④ 刘明明:《如何认识改革开放以来中国道路的性质——基于对国外学者不同视点的批判性分析》,《科学社会主义》,2018 年第 4 期。

主义制度不是资本主义制度。

那么究竟如何看待中国特色社会主义制度的基本性质?在此问题上国外学者的观点虽具有学术研究价值,但不可能真正左右和影响中国特色社会主义制度的性质。根据改革开放40多年的理论和实践,我们可以得出一个基本判断,即中国道路是社会主义而不是其他的什么主义。

二、中国特色社会主义制度的主要特点

在党的十九届四中全会上,习近平指出:"中国特色社会主义制度和国家治理体系是以马克思主义为指导、植根中国大地、具有深厚中华文化根基、深得人民拥护的制度和治理体系,是具有强大生命力和巨大优越性的制度和治理体系,是能够持续推动拥有近14亿人口大国进步和发展、确保拥有5000多年文明史的中华民族实现'两个一百年'奋斗目标进而实现伟大复兴的制度和治理体系。"①实践充分表明,中国特色社会主义制度具有鲜明的"中国特色",因而也成为国外学者争相解读的热点。

(一)实践特色:政治实用主义

历史证明,脱离实践活性的社会主义运动必然衰败。只有充分彰显实践要素,把理论深深扎根于实践当中,并在实践中实现理论的辩证飞跃,社会主义才能超越空想发展阶段或摆脱空想成分。在国外学者看来,中国特色社会主义制度始终保持强大前进动力并不断拓展创新,得益于实践先行、实践理性、实践根基。中国特色社会主义制度的实践过程是用实践检验真理的开拓历程,也是实践特色的形成发展过程。国外学者往往将中国特色

---

① 《中国共产党第十九届中央委员会第四次全体会议文件汇编》,人民出版社,2019年,第84页。

社会主义制度的"实践特色"表述为"政治实用主义"。

在国外学者看来,中国的改革在历史上是没有先例的,因而邓小平在领导这场改革时,不以任何既定的、先入为主的意识形态或价值系统为指导方针,而是用一种实事求是的态度和最开放的心态来处理改革的问题,贯穿整个改革运动的其实是"实践是检验真理的唯一标准"这种精神。这句表面看似空洞的口号,其实却是一个涵盖面非常广、效用非常大的原则,可以放手采纳古今中外任何发展模式的经验和优点,而完全不受任何既定思想理论或意识形态的束缚。日本学者渡边利夫认为,邓小平改革最显著的特征是实验性的实用主义;矢吹晋对"摸着石头过河"给予了充分肯定,认为与那些有庞大理论体系的领导人犯大错误相比,邓小平"摸着石头过河"的小理论,才真正是减少错误的比较理想的理论。

有学者指出,中国共产党的一党领导体制在经历了"转型""巩固"两个阶段后,目前已经进入"适应"阶段。这一阶段的特征是意识形态逐渐为实用主义所取代:经济上,从计划经济到市场经济的转型,或者说政治的经济化;政治上,共产党已经从一个阶级的政党发展成为一个人民的政党;意识形态上,政府的目标不再是一个遥不可及的"共产主义",而是一个不太遥远的"和谐社会"。他们认为,中共政权的合法性不再基于意识形态之上,而是基于对现代化、增强国力、维护安定、建立社会主义民主等的承诺,甚至可以从中国共产党党章的变化来解读中国的政治实用主义。[①]

也有学者从另外的角度解读了中国特色社会主义制度的实用主义特征,他们指出邓小平的改良主义目标——探索"现实社会主义"新的活力——产生了一种不同的、但尚未实现的社会主义榜样。重要的是,"他从

---

① Thomas Heberer, Reviewing of Several Problems of Chi–na's Development Model,《当代世界与社会主义》,2005 年第 5 期。

胜利的世界资本主义角度寻求兼容性,同时在可能的限度内保持国家的独立性"。在他们看来,精英们思想的转变并不总是容易的,这就在很大程度上解释了邓小平时代的重重风险。然而生存的本能反应和多数干部的灵活性,使中国共产党已远离意识形态教条,使得这些变化比预期更加容易。他们认为,中国的"现实社会主义",事实上是混合了来自西方资本主义的一种"现代化"的新颖形式和反资本主义的"社会主义"的民族主义的变种,但只要行得通,照样可以为我所用,这就是中国的特色。①

(二)品质特色:开放包容

在很多国外学者看来,1978年改革开放序幕的拉开,标志着中国特色社会主义制度正式登上历史舞台。改革开放是中国特色社会主义制度得以形成的先决条件,中国特色社会主义制度必然会体现出鲜明的开放性特征。有学者指出:"中国特色社会主义制度是对外开放、对贸易和投资开放,以及对融入国际经济开放的模式。"②也有学者强调:"中国特色社会主义制度不仅仅是渐进的,而且是一个包容的、开放的,是向其他国家学习的一个过程。……中国为什么成功,除了我刚才说的有序、渐进、可控,更多的是它的开放和包容。"③可见,在一些国外学者看来,开放性是中国特色社会主义制度的一个显著特征。但是对于中国特色社会主义制度的开放性,国外学者有着不同的理解,甚至存在一定的误解,他们对中国特色社会主义制度开放性特征的认识需要我们去深入剖析。

其一,中国特色社会主义制度汲取了其他社会制度的有益因素。一些学者认为,中国特色社会主义制度的开放性体现在,中国特色社会主义制度在对外开放的过程中汲取了其他不同社会制度的有益因素,集百家之长,为

---

① Harvey N.,Le Monde diplomatique,*The International Encyclopedia of Communication*, 2008.

② 《中国模式的普遍性与独特性》,《参考消息》,2011年10月25日。

③ 《中国模式需保持包容与开放》,《国际先驱导报》,2010年12月31日。

我所用,才最终得以形成。而中国特色社会主义制度之所以能够引领当代中国取得如此巨大的成就,关键就在于"中国不拒绝一切先进的东西,而是把西方和他国成功的经验融合进自己的模式"①。在他们看来,中国模式既吸取了苏联社会主义模式的经验教训,也吸收了资本主义制度的一些有益因素。因而一些学者直言不讳地指出,中国特色社会主义制度并无特别之处,因为无论是苏联社会主义制度、民主社会主义制度,还是新自由主义制度,似乎都能在中国特色社会主义制度中找到影子。但在我们看来,这恰恰是中国特色社会主义制度的突出特点所在,它吸取了其他国家无论是社会主义国家还是资本主义国家的发展经验,参考了不同的发展模式,取其长避其短,从而形成了中国特色社会主义制度。虽然中国特色社会主义制度吸取了不同的元素,但它的内核却毫无疑问是中国特色社会主义。

其二,"改革的频率、幅度"反映了中国特色社会主义制度的开放性。中国特色社会主义制度的开放性还体现在中国改革的频率和幅度上。在改革中,无论采取什么形式的新体制重塑方式,都存在一个改革的频率和幅度问题。改革的频率是指改革的前进的速度,它表现为改革的方案、政策等不断出台的速度。改革的幅度是指改革步伐的跨越度,它表现为改革的新方案对旧体制的偏离度。显然,改革的频率越快,幅度越大,改革推进得就越快。中国自1978年以来,就始终没有停下改革的脚步,持续不断地改革是中国特色社会主义制度开放性的一个重要体现,中国特色社会主义制度从来都不曾封闭,它在不停地进行创新,不断地完善自我。用雷默在《北京共识》中的话来讲,1978年以来中国在不断地进行改革,改革的"频率、幅度"很大,而"改革的频率、幅度"恰恰反映了中国特色社会主义制度的开放性特征。有学者在谈到如何"把中国特色社会主义制度解释好"这一问题时指出,改革

---

① 《中国模式能够被围堵吗?(下)》,《参考消息》,2009年9月10日。

开放的实质就是开放，不但对外开放是开放，实际上对内改革也是开放，中国当前强调包容性发展，包容性实际上也体现了开放。① 也有学者指出："从1978 年的改革开放政策实施以来，中共就把中国变成了经济、社会和政治的实验室。中国虽然是一个一党制政权国家，但它具有独特的开放性。过去30 多年来的事实证明，这一特殊条件使中国具有了永久性的创新能力，无论是在经济、社会还是政治上。"②这里所提及的"独特的开放性"，正是指中国共产党允许在经济、政治等领域的不断改革。从今天的现实来看，对外保持开放，对内不断改革，是中国取得长期快速发展的一个关键因素，也是中国特色社会主义制度的一个显著特征。

其三，"制度性外包"是中国特色社会主义制度开放性特征的体现。还有一些学者认为，中国特色社会主义制度并非由中国领导人根据自己的发展战略所设计的社会制度，而是在参与经济全球化的过程中通过向国际社会开放，而由国际社会来塑造的。有学者提出了"制度性外包"的概念来解释中国过去四十多年增长的奇迹："中国发生真正变化的动因在于制度性外包，包括将制定重要社会规则的权力转让给第三方，而正是这些关键的社会规则深刻影响着中国内部的各种社会活动。"③把自己的制度设计向国际社会开放，让国际环境来塑造本国的经济甚至政治体制，是中国特色社会主义制度开放性的一个重要体现。因此，在国外学者看来，中国特色社会主义制度并不是一个内生型的社会制度，而是利用对外开放的机会，在经济全球化背景下，为了适应参与经济全球化的需要，纯粹由外在的国际环境塑造的一种社会制度。"制度性外包"的观点，恰恰在一定程度上体现了中国特色社

---

① 王眉：《把中国模式解释好——郑永年谈中国的对外传播》，《对外传播》，2011 年第 1 期。

② 《中共是"具有中国特色的共产党"——外国专家评说中共建党 90 周年》，《参考消息》，2011 年 6 月 29 日。

③ ［美］谢德华：《中国的逻辑：为什么中国的崛起不会威胁西方》，曹槟、孙豫宁译，中信出版社，2011 年，第 28 页。

会主义制度的开放性,但是需要指出的是,中国特色社会主义制度在形成和发展的过程中,确实借鉴了西方国家在经济发展上的一些经验,甚至吸收了一些西方国家政治发展方面的合理因素,但是决不能说中国把自己的制度、体制的设计外包给国际社会。独立自主始终是中国革命、建设和改革的根本立足点,也是一个深刻教训。坚持独立自主与参与全球化相统一,是改革开放四十多年的基本经验的总结,中国特色社会主义制度在形成的过程中,也一刻不能放弃独立自主。

(三)民族特色:内生性与渐进性

制度经济学认为,一个制度系统的变迁通常表现为强制性变迁与诱致性变迁两种形式,中国特色社会主义制度的前期确立与后期发展在变迁形式上体现为两种变迁形式的结合。许多国外学者对此进行了研究和分析。有学者认为,中国的制度创新并不是外生的,而是出现于国家制度框架的内部,从而为制度创新创造了一个积极的环境,这大大降低了制度创新的风险。更多学者从文化深层做了研究,认为"通过中国经验,我们可以看到,制度变迁不仅是经济和政治的进程,而且从根本上说是文化的进程。所以,它是以价值和心态的变化为基础的"。"中国的制度变迁从本质上来源于由中国的经济、政治和文化开放等一系列连锁反应所导致的文化震荡。"[1]美国学者戴维·W. 张在《邓小平领导下的中国》一书中认为,"中国的文化价值观是几千年来发展的结果,西方的价值,马克思的或非马克思的则只是在20世纪才进入中国,这个事实也许是邓小平坚持'有中国特色的社会主义'的原因所在"[2]。英国学者格雷厄姆·哈钦斯在题为"为什么中国仍然不受多米诺骨牌倒下的影响"一文中认为,中国在其他国家都放弃社会主义之后还坚

_____

① ［法］伊利斯·埃勒·卡鲁尼:《中国后社会主义转型:作为文化变迁的制度变迁》,《马克思主义与现实》,2011 年第 4 期。

② ［美］戴维·W. 张:《邓小平领导下的中国》,法律出版社,1991 年。

持社会主义的一个原因是，中苏之间文化和历史背景的不同比它们在社会主义的相同之处更为重要。中国受西方的多样化、个人主义和自由市场经济的影响要比莫斯科晚得多。西班牙驻华使馆前参赞恩·凡胡尔认为，中国的政治改革常常被简单描述为共产党独裁，然而中国政治制度具有源自该国传统的强烈的民族特色。新中国的成立不是割断了与历史传统的联系，而是以非常杰出的方式结合了这些因素。除文化、历史特点外，国外学者还指出："中国的特色有很多，如人口众多、幅员辽阔、物产丰富、可耕地贫乏、生活方式和生活水平低下、饱受贫穷和落后、历史悠久的儒家传统文化、辛亥革命的挑战、苏联经济模式的失败等。中国很难照搬任何外国的现代化模式，无论是西方的、东欧的，还是日本的模式。中国就是中国，她只能走自己的路。"①

还有一些国外学者认为，渐进性体现在中国特色社会主义制度形成与发展过程的方方面面。既包括"摸着石头过河"的战略方针，也包括先经济后政治、先农村后城市的改革步骤等。"摸着石头过河"是邓小平的一句名言，也是国外学者认为中国特色社会主义制度具有渐进性的最直接的理由。在很多学者看来，中国的社会主义制度之所以冠之以"中国特色"，是相对苏联的社会主义制度而言的。苏联改革模式最突出的特点是大爆炸式的休克疗法，而中国采取的则是渐进式改革的方法。李成认为，"中国模式从本质上来讲是'摸着石头过河'的模式。在经济改革当中，中国从未采取其他社会主义国家计划经济转型的所谓'休克疗法'，而中国采用的是渐进的、有序的、可控的方式，这也是中国模式的一个主要特点"②。从中国改革的进程来看，中国的渐进式改革主要体现在先经济、后政治，先农村、后城市。郑永年

---

① ［美］戴维·W.张：《邓小平领导下的中国》，法律出版社，1991年。
② 李成：《中国模式需保持包容与开放》，《国际先驱导报》，2010年12月31日。

指出,"中国的改革很明显呈现出渐进性和分阶段性"。"中国改革分三步走,即先经济改革、再社会改革、后政治改革。"①而中国之所以采取先经济、后政治的改革,并不是一个价值判断,这是中国在不断总结经验基础上得出的一个结论。在这些国外学者看来,中国的渐进式发展模式具有重要的意义。如渐进的方式减少了改革的阻力,使改革能够不断深入下去;②渐进式的改革保证了改革的连续性,这也使得中国的改革始终坚持在社会主义的框架下进行,也使中国的改革始终坚持了社会主义的方向;③渐进式的改革也保证了中国的改革始终有一个稳定的环境;④渐进式改革具有很强的灵活性,能够在改革的过程中不断进行修正。⑤

(四)时代特色:开创中国式现代化与积极融入经济全球化

一些国外学者力图从现代化发展的多途径上理解中国特色社会主义的"独特性"。英国伦敦政治经济学院教授马丁·雅克2010年1月出版的《当中国统治世界》认为,西方的现代化只是现代化道路中的一条,中国不是西方意义上的现代民族国家,而是一个建立在独特的文明基础上的文明体。马丁·雅克指出,现代性模式绝非只有一种,事实上有很多种。他还认为,我们得出的现代性概念,不能仅仅建立在北美和欧洲的经验基础上。随着新型现代性的出现,我们对现代性的理解也应该发生相应的变化和扩展。这样就把中国发展的独特性放到了现代性发展的多谱系上,从而证明中国

① 郑永年:《何为"中国模式",认识仍未深入》,《环球时报》,2011年2月22日。

② Breslin S., *Capitalism with Chinese Characteristics: the Public, the private and the International*, Asia Research Centre, 2004.

③ 《"中共具有顽强生命力和强大领导力"——西方政党领袖和专家学者寄语中共(海外人士评说中共7)》,《参考消息》,2011年6月27日。

④ 《"中共具有顽强生命力和强大领导力"——西方政党领袖和专家学者寄语中共(海外人士评说中共7)》,《参考消息》,2011年6月27日。

⑤ Breslin S., *Capitalism with Chinese Characteristics: the Public, the private and the International*, Asia Research Centre, 2004.

模式也是一种现代化的发展模式,与北美和欧洲模式并存,具有自身的独特性。中国的发展之路包括政治的发展,建立在自身的历史和文化基础之上,与西方经历的道路"完全不一样"。他甚至认为,随着西方的衰落,未来的世界将由中国重新塑造,中国将成为世界霸主。美国丹佛大学国际关系学院教授赵穗生则从对比角度分析中国特色社会主义制度的特色,他指出:越来越多的人倾向于使用"中国模式"一词而不用"北京共识"来描述中国的发展道路,即在不根本地改变共产党领导的情况下达到高度的经济增长,用以对比"华盛顿共识"或是要求自由市场体系与自由民主并行的西方现代化模式。英国剑桥大学教授彼得·诺兰则认为中国开创了世界发展的"第三条道路"。他在《处在十字路口的中国》一文中认为:如果"第三条道路"是指国家与市场之间的一种创造性的、共生的相互关系,那么中国2000年以来一直在走它自己的"第三条道路",并且中国探索出来的这条道路,可以作为对以美国为主导的全球自由市场的一种替代选择,将促进全球的生存和可持续发展。

也有不少学者指出,中国特色社会主义制度创新来源于中国为应对全球化所进行的积极改变。"中国国家并不仅仅扮演消防队的角色,只是被动地回应着经济变革的全球化带来的消极后果。相反,国家主动地采取了一些措施以重构国家体系。这些有意识的行动不仅使得中国国家现代化,而且也增强了国家在许多方面的权力。"[1]从这个意义上,制度的现代化已经从原来的国家抱负演化为了国家责任。[2] 为了更好地实现这一重要使命,"除了引入西方国家产品以便使国家更现代化之外,领导人也常常借助于国家自身的传统来服务于其目标,诸如儒家价值和共产主义遗产等传统因素,已

---

① 郑永年:《全球化与中国国家转型》,浙江人民出版社,2009年,第2页。
② [美]谢德华:《中国的逻辑:为什么中国的崛起不会威胁西方》,曹槟等译,中信出版社,2011年,第153页。

经被整合进现代制度当中,现代制度的作用常常采取了传统的形式"①。然而"在对旧制度进行改变的同时,政府还必须提供新的替代来维持社会秩序、协助已经在企业内部具体展开的各项重组措施。因此,中国制度与全球规范实现和谐共融的重要性也越发明显起来"②。在这些学者看来,中国特色社会主义制度既有传统社会主义制度的基本要素,又吸收了当代西方资本主义国家的许多制度元素,之所以如此,是因为中国特色社会主义制度本身就是当代中国积极融入由西方发达国家主导的经济全球化的产物。

三、中国特色社会主义制度的发展前景

国外关于中国特色社会主义制度发展前景的研究由来已久,总体可分为"悲观主义论"和"乐观主义论"两种类型。"悲观主义论"认为,中国的改革开放虽然取得了重大成就,但这种发展的背后却存在着难以克服的问题和矛盾,这些问题和矛盾必然导致中国特色社会主义制度的不可持续,有"中国崩溃论""中国失败论""未来不确定论"等几种观点。"乐观主义论"则高度评价中国特色社会主义制度,认为尽管中国面临这样那样的问题,但中国的发展是不可遏止的,21 世纪必将是中国领导世界的世纪。还有"可持续发展论""中国统治论""多极发展论"等观点。

(一)悲观主义论

"中国崩溃论""中国失败论""未来不确定论"等唱衰中国特色社会主义制度的论调屡见不鲜,反映了国外一些学者对中国国情的无知、对中国人民创造能力的估计不足和对中国共产党领导能力的错误判断,中国发展的

① 郑永年:《全球化与中国国家转型》,浙江人民出版社,2009 年,第 33 页。
② [美]谢德华:《中国的逻辑:为什么中国的崛起不会威胁西方》,曹槟等译,中信出版社,2011年,第 137 页。

事实一次又一次证明了这类观点的虚假和错误。"瓦解"对中国来说将是一场灾难，但也会对全球产生严重的影响。

1."中国崩溃论"

早在1994年9月，美国《世界观察》杂志刊载了一篇题为"谁来养活中国?"的文章。文章抛出"中国粮食危机论"巧妙地隐藏起自己的真实动机，转而从生态环境的角度来谈论中国对世界上所有国家、所有人的"威胁"，并认为这种"威胁"要比军事上的"威胁"更为可怕，而且要求各国领导人把这种"威胁"放在第一位来考虑。2000年，美国匹兹堡大学教授罗斯基先后发表《中国GDP统计出了什么问题》《中国的GDP统计：该被警告?》，质疑中国经济增长统计数据的真实性。"中国的经济即将崩溃"论调成为西方主流媒体炒作的新风向。这一背景下，种种怀疑中国经济增长的文章纷纷出笼，甚至有西方学者将中国经济比喻为"一座建立在沙滩上的大厦"。最为极端的是美籍华裔律师章家敦的《中国即将崩溃》一书。书中断言：中国现行的政治和经济制度最多只能维持5年，中国的经济正在衰退，并开始崩溃，时间会在2008年中国举办奥运会之前，而不是之后。即使2010年以来中国跃居世界第二大经济体，质疑中国经济发展的声音仍不绝于耳。在他们看来，就经济发展而言，中国不仅面临内部极大的不稳定性，既有的发展模式难以持续，而且外部环境也日益恶劣，再考虑到中国并不令人乐观的政治形势，这些无不使中国经济处于崩溃边缘，从而引发中国特色社会主义制度的倾覆。

2."中国失败论"

苏联解体、东欧剧变后，一些著名的中国问题研究专家就大肆宣称，中国正在走上同苏联、东欧相同的道路。在他们看来，中国的共产主义政权脆弱不堪，四面楚歌，正处在溃败的边缘。他们认为，中国以高投入、低产出为特征的经济模式和建立在廉价劳动力、巨大能耗基础上的发展模式正在走向死胡同，同时环境污染、金融体制僵化等阻碍经济增长的结构性因素导致中国经济高增长难以为继。即使中国经济持续发展,伴随着经济飞速增长而出现的贫富差距、沿海和内陆地区经济差距的无限扩大等问题,将必然导致中国的共产主义政权走向崩溃。① 还有一些学者认为,中国"充满活力的经济和社会,与僵硬的、过时的治理体制和政治控制体制之间的脱节越来越严重……这个制度的马列主义哲学基础已经被冲淡,它在本质上已经不再被 25 年的市场改革和合乎经济原则的改革所承认;党再也不能为中国的未来提出鼓舞人心的前景。渐渐地,社会上的许多团体和个人把党视为与他们的日常生活不相关的和令人厌恶的——能躲就躲,能忍则忍"②。总之,在这些国外学者看来,中国共产党的日子屈指可数。这类论调从西方思维出发,反映出对社会主义、共产主义的偏见和敌视,看不到中国特色社会主义制度不同于苏联模式的独特性,从苏东国家的崩溃来推断中国的前景,是一种主观的毫无根据的一厢情愿。

3. "未来不确定论"

这类观点一方面充分肯定中国已经取得的成就,但另一方面又认为当下中国正处在重要的转型时期,面临诸多挑战问题,"认为中国已经抵达通向成功的完全安全通道,还为时尚早"③。中国能否实现未来可持续发展,取决于能否比较好地应对这些挑战。这类观点比较客观地看到了中国发展中的问题。的确,中国还处在发展的关键时期,虽然社会主要矛盾发生根本转变,但中国社会主义初级阶段的基本国情没有变,最大发展中国家的国际地位没有变,还面临许多难啃的"硬骨头"。如政治体制的挑战④、生态环境的

---

① Goldstone J. A., The coming Chinese collapse, *Foreign Policy*, 1995 (99).

② Richard Baum, China's Road to "Soft Authoritarian" Reform, *U. S. – China Relations and China's Integration with the World*, 2004, 19(1).

③ [美]李侃如:《治理中国:从革命到改革》,胡国成、赵梅译,中国社会科学出版社,2010 年,第 4 页。

④ 吴敬琏、俞可平、[美]罗伯特·福格尔等:《中国未来 30 年》,中央编译出版社,2013 年,第 3 ~6 页。

挑战[①]、粮食生产的挑战[②]、能源供求的挑战[③]、社会问题的挑战[④]、国际环境的挑战[⑤]等。在他们看来,中国的未来发展还是一个模棱两可的故事(a story of ambiguities)。这种两面性(dichotomy)突出表现在三个方面:一是模糊性、依赖性与透明性、长期可预见性同时并存;二是威权主义与自由主义同时并存;三是保持稳定与深化改革两种任务同时并存。[⑥] 中国的朋友是谁? 中国的朋友在哪里? 这些问题现在都还难以确定。

(二)乐观主义论

持有乐观主义态度的国外学者对中国特色社会主义制度主要有以下四个基本共识:中国特色社会主义制度对于世界发展具有借鉴和替代性选择的意义;中国的崛起是大势所趋,发展中的危机只是崛起进程中的"阵痛";在中国共产党的领导下,中国取得了巨大成就,共产党的执政地位不可撼动;中国特色社会主义制度不但现在充满活力,未来的前景也会比较光明。代表性的观点主要有"中国机遇论""中国复兴论""中国示范论"等。

1."中国机遇论"

在很多国外学者看来,中国不会成为第二个苏联,不会成为美国的对手,更不会成为对世界和平的威胁。相反,中国的发展将给世界各国带来更多的发展机遇。首先,一些国外学者、人士对妖魔化中国的言论给予针锋相对的批评。英国《金融时报》发表文章指出,忽视中国是不对的,但妖魔化中

---

① 周艳辉:《增长的迷思:海外学者论中国经济发展》,中央编译出版社,2011 年,第 24 页。

② 周艳辉:《增长的迷思:海外学者论中国经济发展》,中央编译出版社,2011 年,第 232 页。

③ 吴敬琏、俞可平、[美]罗伯特·福格尔等:《中国未来 30 年》,中央编译出版社,2013 年,第 181 页。

④ 吴敬琏、俞可平、[美]罗伯特·福格尔等:《中国未来 30 年》,中央编译出版社,2013 年,第 6 页。

⑤ [美]威廉·恩道尔等:《目标中国:华盛顿的"屠龙"战略》,戴健等,中国民主法制出版社,2013 年,第 5 页。

⑥ Benedikter R., Nowotny V., *China's road ahead: Problems, Questions, perspectives*, Springer Science & Business Media, 2013.

国更是错误的。新加坡《海峡时报》同样发表文章指出,中国并非奉行扩张主义的大国,没有必要对它进行"遏制",认为采取一种把是否同中国对峙作为战略选择的遏制政策是不合时宜的。其次,更多的国外学者开始倾向于中立客观地评价中国特色社会主义的现状:中国最大的危机并不是经济危机,而是生态危机;中国爆发大规模群体性事件几乎是不可能的,中国政府正在采取措施努力消除来自各方面的不满;中国的政治已经变得越来越制度化,精英们越来越务实;中国的银行体系仍面临很大困难,但未必行将崩溃;中国确实已经高度融入了当今的国际经济,但比起绝大多数国家来,它的抗风险能力要强得多,中国并不过分依赖国际金融;中国的民族主义确实在上升,但共产党也认识到,民族主义是一把双刃剑;中国正在推进军事现代化,不仅在寻求更强大的核威慑力,而且也在寻求改善常规武器的力量,但中国的崛起导致军事冲突是极不可能的。[①] 最后,越来越多的国外学者认为,中国的崛起给世界其他国家带来的不是威胁,而是机遇。有学者指出,中国对世界其他国家来讲代表着一个伟大的机遇:它将成为世界许多农产品和工业品的最大生产者,并且有可能成为亚洲绝大多数国家和世界其他国家最大的贸易伙伴;对发展中国家而言,中国代表着一种机遇,可以扭转发展中国家原材料价格下降的趋势,并将成为其贸易和投资的重要来源;对发达国家而言,中国有潜力成为它们大部分产品的最大消费市场。

2."中国复兴论"

国内学者曾尝试总结中国崛起的"秘诀",即沿海地区的大型"准发达国家"板块和内陆地区的超大型"新兴经济体"板块的相互促进。"如果说前者的主要特点是现代经济、现代管理、现代研发、现代服务业,那么后者的主要特点就是巨大的规模效应和成本效应,两者的结合某种意义上就是质和量

---

① Harding H.,Has US China policy failed,*The Washington Quarterly*,2015,38(3).

的结合。这种结合便产生了 $1+1>2$ 的中国效应。正是这种结合使得中国崛起得如此之快。"①在这个意义上,中国未来的崛起将成为必然。

面对中国崛起,"中国威胁论"的流言在西方世界甚嚣尘上。针对这种论调,很多国外学者指出,根本没有必要为中国的崛起而恐慌,因为中国在历史上曾经一直走在世界的前列,中国的崛起只是东山再起。有学者纠正道,"崛起"是一种不确切的说法,"复兴"比较准确。中国曾长时间是世界的领先者,只是在最近几百年才被欧美超越。② 也有国外学者对中国的"崛起"或"复兴"赋予了特别的期许:如果中国成为新的全球经济中心,它的角色也会同以往的霸主截然不同,它会以独有的方式来崛起。这种观点是很多国外学者对中国特色社会主义制度抱有信心的缩影,他们认为中国的崛起将改变人们对其以往世界霸主的负面印象,从这个意义上,中国未来主导世界不失为一种值得期待的福祉。面向中国特色社会主义制度的未来发展,乐观主义者们也给予了更加温和、更加善意的建议,一方面,中国应当充分利用中国传统文化的价值理念,以"仁道"赢得世界尊重;③另一方面,中国还需要找到扩张与同一性的新的结合形式,为文明认同的最重要元素构建新的道德标准。④ 因此,无论从何种意义上讲,前进中的困难都不会阻碍中国的"伟大复兴"之路。

3."中国示范论"

随着"北京共识"的提出,很多国外学者开始探讨中国的发展经验对于发达国家、发展中国家和转型国家的借鉴作用。有国外智库曾指出,中国正

---

① 张维为:《中国震撼:一个"文明型国家"的崛起》,上海人民出版社,2011 年,第 49 页。

② Nye Jr J. S.,How not to deal with a rising China: a US perspective,*International Affairs*, 2022, 98(5).

③ 吴敬琏、俞可平、[美]罗伯特·福格尔等:《中国未来 30 年》,中央编译出版社,2011 年,第 275 页。

④ 王新颖:《奇迹的建构:海外学者论中国模式》,中央编译出版社,2011 年,第 66 页。

准备为发展中国家提供一个样板,这个样板将成为西方民主制度的一个独特的替代物。包括经济制度、政治制度在内的"北京模式",无论是否令人信服,都已经在发展中国家中产生了影响。中国共产党领导下的"有中国特色的民主政治"的成功转型,可能会为长期形成的"华盛顿发展模式"提出一个事实上的替代性选择。[1] 作为经历过"转型之痛"的大部分俄罗斯学者极为关注,也非常看好中国特色社会主义制度的发展前景,有学者指出,"现在中国有机会向世界提供另一个选择,一个传统价值可以被赋予现实意义并能得以延续的路径选择"[2]。"作为一个幅员辽阔、人口众多的大国,中国的成功赶超就不能再以特殊性或例外来解释;一旦中国获得成功,就会成为制度承继优势最根本的和最有说服力的证据。"[3]越来越多的俄罗斯学者认为,中国改革开放四十多年来所取得的成就证明,中国善于在内政和外交政策中提出可供选择的社会和全球发展方案,虽然很难实现,但不乏吸引力。[4] 此外,有学者明确指出了中国能够为世界提供哪些参考:"中国将提供西方模式的替代品,包含完全不同的政治传统:后殖民时代的发展中国家、共产党政权、高度成熟的治国方略、儒家传统。"[5]还有学者表达了对中国的期望,"我相信,中国的高层领导人希望发展出一种真正的民主制度,不照搬西方的民主制度,也能赋予人民实质性的权力。我认为他们相信,为了中国能在世界上获得自己应有的位置,成为领先的力量、有尊严的民族,民主与自由

---

① ［美］战略与国际研究中心、彼得森国际经济研究所:《美国智库眼中的中国崛起》,曹洪洋译,中国发展出版社,2011 年,第 294 页。

② 王新颖:《奇迹的建构:海外学者论中国模式》,中央编译出版社,2011 年,第 63 页。

③ 王新颖:《奇迹的建构:海外学者论中国模式》,中央编译出版社,2011 年,第 234 页。

④ 王新颖:《奇迹的建构:海外学者论中国模式》,中央编译出版社,2011 年,第 66 页。

⑤ ［英］马丁·雅克:《当中国统治世界:中国的崛起和西方世界的衰落》,张莉、刘曲译,中信出版社,2010 年,第 315 页。

是必不可少的。这是令中国感到自豪的要素,也是前进的动力所在"①。

我们认为,不管国外学者对中国特色社会主义制度的未来前景持有怎样的看法和观点,都不能否认中国特色社会主义制度的价值和意义。显而易见的是,中国特色社会主义制度最主要的意义就在于它使中国这样一个十几亿人口的东方大国逐渐摆脱了贫困,中国普通百姓再也不用为简单的温饱问题而苦苦挣扎,他们已经实现全面小康,并逐步实现现代化。虽然在发展的过程中,存在诸如贫富差距拉大、资源消耗过多、生态环境恶化等诸多问题,但瑕不掩瑜,不能因为这些问题的存在而淡化甚至否定中国特色社会主义制度的价值和意义。当然,中国特色社会主义制度在走向完善、成熟的过程中,要努力克服这些问题。我们坚信,只有中国特色社会主义制度,才能使中国走向光明的未来。

第二节 推进国家治理体系和治理能力现代化

全面深化改革总目标的后一句话——推进国家治理体系和治理能力现代化,深刻回答了新时代推进各领域改革要取得什么样的整体结果的问题,这规定了在根本方向指引下改革要改什么、改成什么样的鲜明指向。习近平指出,推进国家治理体系和治理能力现代化,是完善和发展中国特色社会主义制度的必然要求,也是实现社会主义现代化的应有之义。

"治理"本是舶来品,引进中国学术界也才短短 20 年的时间,但却由于契合中国政治发展与社会变迁的具体国情和历史特点,成为我们替代传统

---

① [美]罗伯特·劳伦斯·库恩:《中国 30 年:人类社会的一次伟大变迁》,吕鹏等译,上海人民出版社,2008 年,第 144 页。

的"统治""管控""管理"等相关概念的流行学术话语。作为世界上人口最多的发展中国家,中国治理面临的复杂性和艰巨性世所罕见。新中国成立以来,中国共产党带领全国各族人民在社会主义革命、建设和改革过程中逐渐形成了具有中国特色的国家治理体系和治理模式,中国国家治理优势以及国家治理水平在此过程中逐渐得到彰显。这种变化,既刺激了中国本土学术界对治理研究的追捧,同时也辐射到热切关注中国问题的国外学术界,使得关于中国治理理论与实践的研究在国内外学术界都成了显学。其中,国外学者从国家治理效能、治理特色以及成功"密钥"等多方面、多维度研究和评析中国国家治理问题,以期全面认识中国国家治理体系。

一、国家治理效能

进入 21 世纪以来,海外学者逐渐摒弃从"政治体制"的宏观视角观察中国的研究路径,开始采用"治理"和"善治"作为全新的观察视角,越来越多地关注中国治理的中观过程,试图从中国政府治理方式的转变、治理效能的显现等方面了解中国的发展走向,探寻中国治理的密码。

（一）中国国家治理方式的转变

国家治理方式是落实和体现国家治理理念和治理思想的重要手段,也是实现国家治理效能的关键环节,它在整个国家治理体系中占据着至关重要的地位。对此,不少国外学者对中国国家治理方式进行了多维考察,并结合自身的认知和理解对中国国家治理方式作出相关评析。有学者指出,新中国成立之初中国成功"实施了土地革命以及开展了社会主义革命",改革开放之后"中国通过创办经济特区实现对外开放,不断推动农业结构调整和现代工业发展",当前阶段中国更加注重"社会主义制度体系创新以及有效的经济管理","努力实现社会主义现代化"。① 更多的学者比较具体地考察了中国国家治理方式。

1. 中国基层治理方式的转型②

基于中国独特的城乡二元治理结构,国外学者对中国基层治理研究的主要论题大致可以分为乡村基层治理和城市基层治理两个论域,这也是传统基层治理研究的延续。当然,随着中国基层治理实践的不断深入,在城乡二元结构之外,新的治理要素也不断注入基层社会之中,成为国外学者研究的新焦点。

中国乡村始终是国外中国基层治理研究最重要的研究领域。尤其是20世纪90年代以来,随着中国乡村经济体制改革与基层民主实践的深入,中国的乡村吸引着国外很多著名的社会学和政治学学者的眼光,研究领域不断拓宽,研究方法日益多样。他们主要聚焦于中国农村由计划经济向市场经济的转型历程,从不同视角研究与阐释了中国乡村变迁的背后逻辑,提炼出了试图回应的学术问题:废除农业税如何改变中国的村治?③ 与农村土地产权相关的制度机制效能如何?④ 农村政策的实施如何影响政府信度?⑤ 如何解释中国农村公共产品供给的质量不均问题?⑥ 村民维权的内在逻辑以及

---

① 70 años de la Revolución, https://www. nuestrapropuesta. org. ar/world/1485% EF% BC% 8D70% EF% BC% 8Danos% EF% BC% 8Dde% EF% BC% 8Dla% EF% BC% 8Drevolucion.

② 叶娟丽、王亚茹:《海外中国基层治理研究之述评——以十八大以来〈中国季刊〉的文献为样本》,《江苏社会科学》,2019 年第 6 期。

③ Chen A.,How has the abolition of agricultural taxes transformed village governance in China? Evidence from agricultural regions,*The China Quarterly*, 2014, 219.

④ Brandt L., Whiting S. H., Zhang L., et al,Changing property – rights regimes:a study of rural land tenure in China,*The China Quarterly*, 2017, 232.

⑤ Li Z., Wu X.,Social policy and political trust:Evidence from the new rural pension scheme in China,*The China Quarterly*, 2018, 235.

⑥ Newland S. A.,Which public? Whose goods? What we know (and what we don't) about public goods in rural China,*The China Quarterly*, 2016, 228.

如果选择抗争的行动策略①等。这些学术问题的提炼与提出,既是中国乡村治理问题复杂性在理论上的反映,也是这一研究领域不断走向成熟与多元的集中表现。

　　与中国乡村治理研究相比,国外学者关于中国城市基层治理的研究相对薄弱。但党的十八大以来,随着城市治理日益成为中国治理现代化建设的一个重要依托,随着中国城市化的快速崛起与城市基层治理实践的日益勃兴,国外学者开始积极回应中国城市的治理实践,逐渐将目光投向中国的城市,治理方式的转变也成为这一领域的研究热点。有学者以新冠肺炎疫情为例,具体分析了居委会在中国基层治理中的作用,指出中国基层治理能够取得成功很重要的秘诀在于"中国具有一个良好的社会组织结构"。中国的居委会"是人们参与治理的最直接工具",居委会这种组织"具有很强的纪律性以及浓厚的社会文化",对中国治理的顺利开展具有重要作用。② 也有学者分析了中国城市公共产品供给在国内的变化情况以及对制度支持的影响,指出城市公共产品供给过程中政府治理水平的提高可使政府获得更多的支持。③ 总之,国外学者对中国城市基层治理方式研究的问题取向更为复杂,这要归因于城市基层社会内部的阶层划分和权力分化,因而很难有聚焦的议题和达成共识的研究结论。

---

　　①　Deng Y., Yang G., Pollution and protest in China: environmental mobilization in context, *The China Quarterly*, 2013, 214.

　　②　China: Comitês de Bairro no Combate ao Covid, https://pcb. org. br/portal2/25342/china% EF% BC% 8Dcomites% EF% BC% 8Dde% EF% BC% 8Dbairro% EF% BC% 8Dno% EF% BC% 8Dcombate% EF% BC% 8Dao% EF% BC% 8Dcovid/.

　　③　Dickson B. J., Landry P. F., Shen M., et al, Public goods and regime support in urban China, *The China Quarterly*, 2016, 228.

2. 中国贫困治理方式的转型[①]

让全体人民过上幸福美好生活,是中国共产党的初心使命,也是百年来一以贯之的奋斗目标。特别是新中国成立以来,中国的贫困治理创造了人类减贫史上的伟大奇迹,积累了丰富的经验。国外学者从中国贫困治理方式转变的维度展开研究,对中国扶贫减贫的发展经验进行了有益总结。有学者指出,在中国共产党领导下,中国在七十多年的反贫困斗争中,创造性地探索出了一整套适应社会和时代发展需要的治贫之政策方略,即顺应本国实际采取多种举措进行精准脱贫。

一是优先推动农业增长和帮扶农村地区的发展。有学者指出,自1978年以来中国实施的家庭联产承包责任制,把农民与市场有效连接起来,使得社会发展的成果真正惠及农民,缓解了农村的贫困状况。[②] 而党的十八以来,中国重视并鼓励广大农村地区的发展,特别是对偏远的贫困地区制定有针对性的减贫计划,不断扩大教育和医疗等公共服务的范围,把农民生活质量提高到了新的水平。[③]

二是因地制宜破解城市贫困难题。有学者指出,中国的不同地区因地制宜地实行最低生活保障、再就业、失业保险等社会救助政策,有效地缓解了城市化过程中出现的贫困现象。还有学者进行了更加微观、细致的研究,指出中国的社会主义制度还为城市贫民提供了政策性的住房福利,政府通过控制房屋价格以及增扩公共住房容量等方式为贫困工人提供住房保障。[④]

三是精准扶贫政策帮助最贫困人口脱贫。有学者指出,中国政府的精

① 姚立兴:《海外学者对中国贫困治理经验的多维总结及其评析》,《当代世界与社会主义》,2022年第1期。

② Piazza A., Li J., Su G., et al, *China: Overcoming rural poverty*, The World Bank, 2001, pp. 1 – 3.

③ World Bank Group, *China – Systematic Country Diagnostic: Towards a More Inclusive and Sustainable Development*, The World Bank, 2018, pp. 19 – 26.

④ Cho M. Y., *The specter of "the people": urban poverty in northeast China*, Cornell University Press, 2013, pp. 59 – 60.

准扶贫考虑到了不同地区文化传统、发展经验、环境承载力和机遇等特点，并为儿童、残疾人和少数民族等不同群体设立相应的扶贫方案，还为偏远地区投入专项扶贫资金，使这些群体和地区迸发出强大的减贫活力。[①] 与此同时，精准扶贫越来越多地得到国际社会的认可。在 2018 年，第 73 届联合国大会通过关于消除农村贫困的决议，把中国倡导的"精准扶贫"理念与实践写入其中。由此，联合国秘书长古特雷斯做出这样的评价：精准扶贫是当今世界帮助最贫困人口、实现 2030 年可持续发展议程设定的宏伟目标的唯一途径。[②]

3. 中国共产党治理腐败方式的转型

腐败是任何执政党的大敌，尤其是中国共产党这样长期执政的党。中国共产党自执政以来就一直致力于防止和惩治腐败。党的十八大以来，以习近平同志为核心的党中央以顽强的意志品质坚定不移推进党风廉政建设和反腐败斗争，取得了反腐败斗争的压倒性胜利。国外学者关注到反腐制度体系的完善，且媒体的报道也日渐正面化，尤其是中国领导人将腐败问题与"党的生死存亡"联系起来，部分感知偏差的研究者也重新审视中国共产党领导下的反腐斗争。一般说来，国外学者往往将中国共产党领导下的稳定机制视为反腐成功的重要原因。有学者指出，即使中国共产党的思想影响力在一段时间内有所弱化，但后期行政改革和纪律监管的强化，改变了中国的政治文化，从深层次上打击了腐败。[③] 更多的学者将中国的反腐措施同民主制度结合起来分析，注重探讨对法律制度、机构设置和实际执行情况。

---

① Diallo F., China's anti – poverty efforts：problems and progress, *The Institute for Security and Development Policy*, 2019, p. 4.

② António Guterres, Targeted Poverty Strategies Only Way to Reach Those Farthest Behind, https://press. un. org/en/2017/sgsm18736. doc. htm.

③ Keliher M., Wu H., Corruption, anticorruption, and the transformation of political culture in contemporary China, *The Journal of Asian Studies*, 2016, 75(1).

学者们从不同角度观察中国反腐的法制化和制度化程度,并依据自身的背景知识和价值偏好提出看法。有学者关注到,中国出台了更为丰富的反腐法律法规,并将中国参与国际反腐行动、调整法律法规的行为也被视为是民主制度的进步。[①] 也有学者认为,中国的反腐机构职责更为全面且执法和监督能力大大增强。[②] 总之,在国外学者看来,中国的反腐策略和具体制度是由中国共产党制定的,逐步形成了一套不同于国际通行的规范,影响了国际社会的腐败定义和治理模式。[③]

(二)中国国家治理效能的显现

近年来,国外学者高度肯定中国国家治理成效,积极评价中国的治理能力和治理水平。他们一致认为,新中国成立以来,尤其是改革开放以来,中国在国家治理方面取得了世界瞩目的成就。

1. 中国经济成功转型

中国实行改革开放政策四十多年来,经济持续高速增长,不仅改变了中国的面貌,而且对世界经济发展产生了影响,这一切吸引着国外众多学者将研究的目光投向中国。许多国外学者高度赞赏中国在经济领域取得的伟大成就。他们普遍将中国经济的快速发展称作"中国奇迹",认为这是中国国家治理成效和中国社会主义优越性的集中体现。有学者指出,经过四十多年的改革开放,中国成功实现了从计划经济向市场经济的转型,现在又开始尝试在全球价值链上由"世界工厂"的角色向以消费、创新为驱动的"新常态"经济转型。这种转型对于中国乃至全世界而言都是有意义的,"现在中国尝试改变这种模式,尤其是习近平主席就任以来,中国努力构建一种以消

---

① Gintel S. R., Fighting transnational bribery: China's gradual approach, *Wis. Int'l LJ*, 2013, 31.

② Wedeman A., Anticorruption campaigns and the intensification of corruption in China, *Journal of Contemporary China*, 2005, 14(42).

③ Lang B., China's anti-graft campaign and international anti-corruption norms: Towards a "new international anti-corruption order"?, *Crime, Law and Social Change*, 2018, 70(3).

费为导向、基于创新而非低端组装生产的经济发展模式。在可预见的未来，中国经济的主要议题是新常态，即一方面通过降低经济增长速度，另一方面，也是更重要的，通过中国制造升级计划来推动中国经济走向高端，依靠科研和高科技"①。

2.民众生活水平大幅度提高

在国外的一些中国问题专家看来，经过四十多年的改革开放，中国民众生活水平的提高首先表现在中国大部分民众摆脱贫困上。他们高度赞扬党的十八大以来我国的贫困治理工作，以"首屈一指""绝无仅有""世所罕见"等词语来描绘中国减贫成就，认为中国式扶贫不仅使中国人民生活得到根本改观，也为世界反贫困做出了巨大贡献。有学者指出，改革开放四十多年来，中国七亿多人实现脱贫，这是中国改革开放最了不起的成绩。还有学者赞赏道，消除贫困，长期以来一直被视为人类最主要的任务，直到不久前，这还被视为一种"乌托邦式的梦想"。但随着中国的发展，这个梦想正在变成现实。② 也有学者从更高的视角看中国的贫困治理：四十多年来，改革开放就像一个源泉，改变了中国人的生活，在中国的外国人以及千百万世界各地的人，也因中国的发展而获益。③

3.环境治理取得巨大进步

党的十八大以来，在习近平生态文明思想引领下，中国走出了一条适合自身国情的独特的环境治理道路，不仅指引中国朝着美丽中国方向大步前进，也为改善全球生态环境做出巨大贡献，赢得了国际社会广泛关注与积极评价。有学者认为，在经历了数十年经济高速发展后，中国更加重视环保和

---

① Shariatinia M., Masoudi H.,China and International Orders,*World Politics*,2019,8(3).
② 《中国在国际舞台上角色日益耀眼——专访美国〈行政情报评论〉杂志华盛顿分社社长威廉·琼斯》,参考消息,https://www.cankaoxiaoxi.com/china/20210527/2444558.shtml.
③ 刘晓云:《国外高度肯定中国改革开放40年成就》,《红旗文稿》,2018年第21期。

发展绿色经济,各方面的发展需求也刺激了中国走向绿色创新之路。[①] 有学者称赞中国在环境治理领域开辟了新路,认为中国是当今绿色能源革命的领导者之一,中国走过的发展道路完全不同于欧美国家,中国对污染的治理为其他国家提供了样板。也有学者从制度层面分析中国环境治理取得巨大进步的原因,指出中国向世界展示了环境保护和经济发展并行不悖,中国特色社会主义制度在这方面比西方资本主义制度做得更好。中国在环境治理的道路上不断取得进步,给全球生态文明建设带来了希望之光。[②]

4. 抗疫表现凸显治理水平

2020 年 1 月,新冠肺炎疫情再次拉响了中华民族安全危机的警报。在习近平总书记亲自指挥、亲自部署下,党坚定领导团结全国各族人民,动员全国人力物力财力,广大人民群众全力配合,打响了一场新时代波澜壮阔的人民战争。在国外学者眼中,中国在抗击新冠肺炎疫情中的优异表现正是中国国家治理能力和治理水准的显现。有学者认为,中国采取了与西方完全不同的应对新冠肺炎疫情路径。国家层面的强有力措施使得医疗基础设施得以发挥最大优势,科学预防知识得以广泛传播,为迅速限制病毒传播并降低病死率奠定了基础。社会主义中国的治理模式展现出了史无前例的有效性。[③] 也有学者指出,中国对疫情的回应突出了社会主义制度在照顾民众需求方面的本质特点。中国共产党以人民为中心、中国各族人民的团结、人民解放军为人民服务的性质是中国特色社会主义制度的瑰宝。[④] 同样,我们也可以自豪地说,应对世界重大突发公共卫生风险大考,中国能够在党的领

---

① 刘晓云:《国外高度评价新时代中国生态文明建设成就》,《红旗文稿》,2020 年第 24 期。

② 刘晓云:《国外高度评价新时代中国生态文明建设成就》,《红旗文稿》,2020 年第 24 期。

③ 姜辉等:《中国战"疫"的国际贡献和世界意义——国外人士看中国抗疫》,当代中国出版社,2020 年,第 397 页。

④ 姜辉等:《中国战"疫"的国际贡献和世界意义——国外人士看中国抗疫》,当代中国出版社,2020 年,第 398 页。

导下,紧紧依靠人民,战胜疫情,战胜艰难险阻,既是中国特色社会主义制度现实优越性的充分体现,也是中国国家治理能力和治理水平的充分显现。

二、国家治理特色

在对当代中国治理的研究中,不少国外学者基于对中西方治理体系和治理能力的比较研究后发现,尽管中国治理仍面临着诸多问题和挑战,但是已经在很多方面呈现出鲜明的治理特色和独特优势,大致可以归纳为以下四种治理模式。

（一）"适应性"治理

在一些国外学者看来,中国国家治理模式显现出了巨大的灵活性和适应性,能够根据情况的变化及时做出调整,他们使用萨缪尔·亨廷顿的"适应性"概念来描述这一特征,将其概括为"适应性"治理。有学者指出,面对世界局势不断变化,中国制度体现出可塑性和灵活性的特点,这也是中国制度优势的体现。中国的发展过程可以说是 20 世纪乃至 21 世纪至今最伟大的国家发展进程。当前中国仍在进行国家转型、开展改革开放等一系列探索,表现出推动经济和社会快速发展的强烈意愿。中国开始逐渐摸清自身发展道路、强化自身发展模式,这也成为中国发展定位演变的主要特征。新中国成立七十多年来,尤其是改革开放后的发展经验,对整个人类社会产生巨大影响,提供了值得思考探究的发展案例。①

也有学者进一步阐释中国国家治理的"适应性"特色,指出中国特色社会主义制度最重要的优势包括包容性、择优性以及为人民谋福祉政策的延续性。中国政府让八亿多人得以摆脱贫困,这是人类历史上的奇迹,也是中

---

① 《海外学者关于中国国家治理现代化 10 个重要观点》,《国家治理》,2019 年第 47 期。

国特色社会主义制度优势最生动的例子。在中国特色社会主义制度下，通过具有远见卓识的领导层的领导，中国过去四十多年里在各个领域都取得了巨大成功。这一制度给中国的经济、科技、工业、教育、法治、社会发展带来了改变和提升。例如，这一制度给中国的国内生产总值带来了数以万亿元计的增长，也给中国带来了政治稳定。在国际层面上，已经有很多国家开始学习中国的制度及其在各个领域的成功经验。①

对中国国家治理"适应性"研究最具代表性的当属美国学者沈大伟。在《中国共产党：萎缩与调适》一书中，沈大伟指出，中国共产党的调适性使国家体制具有持久性，并能够适应新形势，使国家长治久安，这些因素包括意识形态的更新、领导人继承与精英政治的制度化、党组织构成中注重吸纳社会精英及在干部选任、干部交流、考核等方面引进了现代管理形式，创建了一支具有现代专业素质的干部队伍。中国政府实行的宏观经济管理既通过财政政策和货币政策来进行需求管理，又发挥社会主义制度集中力量办大事的优越性，重视供给管理，通过收入分配关系、产业结构与产品结构的调整，通过涉及供给管理的行政干预来调整总供给，进而调整宏观经济运行等。

（二）"政策试验式"治理②

政策试验是中国革命、建设和改革取得非凡成就的独特治理机制，为深入理解中国国家治理现代化进程提供了中层理论路径。自 20 世纪 90 年代起，海外经济学家和政治学家相继关注中国的政策试验，将其视为解释中国经济增长乃至国家治理模式的重要因素，也是中国经济社会保持稳定与持续发展的关键密钥。在经济学家眼中，分权是促进经济增长的重要动力源，而政策试验是分权影响经济发展的具体路径。有学者指出，中国独特的制

---

① 《海外学者关于中国国家治理现代化 10 个重要观点》，《国家治理》，2019 年第 47 期。

② 张克：《海外学者视域中的中国国家治理研究——以政策试验治理机制为切入点》，《国外理论动态》，2019 年第 9 期。

度结构具有很强的适应能力,允许不同地方开展试验来抓住改革开放促进经济增长的机会。① 也有学者专门讨论了中国分权式改革中地方政策试验的好处,认为在改革开放初期整个中国成为一个大实验室,赋予地方一定的自主权开展政策试验是推进改革向前发展的可行之策。②

政治学家更为深入地阐释了政策试验对中国改革开放以来发展道路的全方位影响。有学者指出,政策试验是中国政府提升组织学习能力的重要途径。组织学习能力是指一个组织有意识地利用特定时空知识或有关政策制度的经验教训来调整改进自身决策的能力。一个组织既可以向外部学习成功经验,也可以在内部构建试验场进行探索以获取经验。政策试验实际上是大型组织在内部次级组织之间进行的一场干预性实验,可以有效提升学习效率、降低决策成本。③ 中国决策者通过政策试验推进改革既有客观需要,也有主观动因。客观上,改革创新依赖大量地方性知识,中央政府不可能完全了解和掌握各地的具体情况,采取"一刀切"的方式推进改革存在较大的制度运行风险。对中央政府而言,地方政策试验的做法与成效是制定全国政策的重要信息参考,吸收和借鉴地方的经验教训能够避免全国性决策出现重大失误。主观上,中国决策者也有意将争议性政策下放到地方进行试点,运用实践成效检验政策方案的可行性,并根据试点中暴露的问题和障碍进一步优化政策设计。在组织学习过程中,中央政府善于向地方政府学习政策经验体现出一个国家的创新思维和制度纠偏能力。④

---

① North D. C., *Understanding the process of economic change*, Princeton university press, 2010.

② [美]罗纳德・哈里・科斯、王宁:《变革中国:市场经济的中国之路》,徐尧、李哲民译,中信出版社,2013 年。

③ 王绍光:《学习机制与适应能力:中国农村合作医疗体制变迁的启示》,《中国社会科学》,2008 年第 6 期。

④ Heilmann S., From local experiments to national policy: the origins of China's distinctive policy process, *The China Journal*, 2008 (59).

(三)"规划式"治理①

国外学者在对中西方治理体系和治理能力的比较研究中注意到,中国共产党和中国政府十分注重战略规划在国家治理中的关键性作用,按照发展战略持续推进国家治理和进步,国外学者将这一治理特色概括为"规划式"治理。有学者对中国的发展战略目标和任务进行了历史回顾和梳理:中国现代化的战略目标是在21世纪中叶达到中等发达国家水平。这一战略目标有一个名称,叫作"三步走"现代化,因为它是由三个阶段和时期构成的,即20世纪走两步,达到温饱和小康,21世纪用30年到50年时间再走一步,达到中等发达国家的水平。②

很多国外学者对"全面建成小康社会"很感兴趣,从三个基本视角出发对这一战略目标进行了阐释:一是中国将如期建成全面小康社会。有学者认为,中国的贫富差距正在缩小。高水平的生活是社会健康稳定的标准之一。中国已经具备在2020年前跨入小康社会的一切条件。③ 二是全面建成小康社会使中国的经济目标更丰满。三是全面建成小康社会影响世界发展进程。有学者总结,中国全面建成小康社会不仅对实现中国梦具有重大意义,而且是向实现"人类梦"迈出的至关重要的一步。④

不少国外学者都论述了中国"五位一体"的发展目标,认为这是中国特色社会主义理论丰富、发展的一个新的方面。有学者就指出,过去,中国只是讲经济、政治、文化和社会四个方面的建设,而在党的十八大上生态问题被置于与经济、政治、文化和社会并列的位置,在发展经济、推进政治民主和

---

① 付正:《海外视域下的中国治理研究》,《国外理论动态》,2021年第4期。

② Angresano J., China's development strategy: A game of chess that countered orthodox development advice, *The Journal of Socio - Economics*, 2005, 34(4).

③ 《外国人这样理解"全面建成小康社会"——外国人心中的"四个全面"》,http://gb.cri.cn/42071/2015/12/08/5311s5192095.htm。

④ 《外国学者如何看"四个全面"战略布局?(下)》,http://cpc.people.com.cn/n/2015/0412/c6409326830636.html。

文化进步、社会和谐的同时,也非常严肃地提出了环境以及人与自然和谐关系的问题。这一创新的出现不是偶然的,因为中国环境污染的规模和范围已经达到了不仅威胁国家经济和社会发展而且威胁整个中华民族健康的程度。[1] 关于"五位一体"总体布局的意义,有学者指出,"五位一体"总体布局的谋划,尤其是生态文明建设的提出,意在挑战不惜一切代价的经济增长的主导逻辑,可以部分地帮助重新思考经济增长与人类发展之间的关系。在这个意义上,"五位一体"的战略布局远远超过了"具有中国特色"发展模式,对世界可持续发展同样具有积极意义。[2]

自习近平提出"中国梦"之后,中国梦引发了国际社会的高度关注。较多国外学者认为,中国梦凸显了中国的新世界观,体现了中国的战略眼光,表明了中国的大国雄心。有学者指出,党的十八大以后,中国新一届领导集体展现出高超的执政能力,他们在国际舞台上所展现的谦虚平和的务实态度赢得了国际社会的广泛认可和尊重。习近平提出的中国梦,是造福全体中国人民的和平发展梦,体现了中国领导人的战略眼光。中国梦将给世界带来共同发展的历史机遇,世界不应担心中国发展会带来威胁,因为中国一直主张在和平的基础上发展本国经济。[3] 有学者从历史与现实两个层面来解释中国梦战略的提出,认为中华民族曾有过辉煌的历史,在遭受了国力的衰落和国际地位的下降之后,有很强的决心来振兴曾经的荣耀和地位。改革开放使中国经济得到飞速发展,为实现中国梦创造了条件。另外,中国当前所面临的经济放缓、党内腐败、贫富差距等问题突出,中国梦也是中国共

①　Gare A., China and the struggle for ecological civilization, *Capitalism Nature Socialism*, 2012, 23(4).

②　Marinelli M., How to build a "Beautiful China" in the Anthropocene. The political discourse and the intellectual debate on ecological civilization, *Journal of Chinese Political Science*, 2018, 23.

③　李增伟:《"中国梦"体现战略眼光》,《人民日报》,2013 年 11 月 15 日。

产党为克服现实困难、实现中华民族的长远利益而提出来的。①

（四）"协商式"治理

协商治理作为在当今世界迅速兴起的一种新型治理范式,自 20 世纪中期起,在中西方国家都有实践上的探索和理论上的思考。许多国外学者在比较视野下,从学理上深入剖析中西协商治理发展过程中呈现出"和而不同"的本质性差异。有国外学者认为,中国协商治理符合中国实际,协商式治理更有利于促进参与者的合作互动、降低民主的社会成本、提高公共政策的民意支持、增强政治合法性等。也有学者努力追寻中国"协商式"治理的历史文化根源,指出审议式民主,即允许公民个人和团体在决策过程中发表自己的观点,精英政治包括利用考评的方法检验候选人的工作能力,都反映了中国古老的观念:政府应当由最有才能的人组成。中国不喜欢像西方那样给人们太多的言论、新闻或集会自由,而赞成有条不紊地扩大人们的这些权利,更注意社会和谐。②

有一部分国外学者对中国"协商式"治理前景表现出乐观态度,他们认为,世界上并不是只有西方治理一种模式,只要坚持民主的本质,即人民当家作主,就是一种有效的治理。与西方治理中强调竞争、参与不同,中国"协商式"治理强调人民当家作主,这种治理模式适合中国的国情,所以他们大胆地提出,中国"协商式"治理模式正在成为世界治理的一种新模式。有学者更加具体地指出,中国在地方选举、司法系统改革和加强监督机制方面进行的尝试都是在向一种更加基于规则的政治体制转变;中国社会也继续向开放和多元化的方向转变;中国领导人也在努力加强党内的民主选举。这

---

① Mahoney J. G., Interpreting the Chinese dream: an exercise of political hermeneutics, *Journal of Chinese Political Science*, 2014, 19.

② 本刊记者:《世界聚焦中国特色社会主义——徐觉哉研究员访谈》,《国外理论动态》,2008年第10期。

一切都表明中国形成了自己独特的治理模式。①

三、治理成功"密钥"

国外学者在分析归纳中国治理呈现出鲜明特色的同时,也十分注重探索这些治理成效背后的深层原因,深入揭示"中国之治"背后的成功密码,他们从不同的视角,进行了各自的分析,向国际社会讲述着不同版本的"中国故事"。

（一）"政党主导论"

持此类观点的国外学者认为,充分认识中国共产党在国家治理中的领导核心作用是解开"中国之治"密码的关键。他们大多对中国共产党的领导作用给予了积极评价,一致强调,中国共产党是中国的领导力量,中国在国家治理方面所取得的伟大成就是对中国共产党领导作用和执政能力的最好证明。有学者将这一治理经验称之为"中国共产党主导的治理模式",并将中国共产党在中国治理中的作用凝练为"制定目标、整合资源、协调各方、社会动员以及监督问责"。

有学者指出,中国治理之所以取得如此成功,一个最根本、具有决定性的因素,就是中国共产党的领导。"中国共产党总能及时发现问题、解决问题,了解中国人民群众的真实需求,值得各国政党学习借鉴",而且"中国共产党在制定政策时,既立足中国国情,又与时俱进"。② 也有学者赞扬中国历代党的领袖在国家治理中的远见卓识,认为新中国成立以来中国国家治理

---

① Leib, Ethan, and Baogang He, eds, *The search for deliberative democracy in China*, Springer, 2006, pp. 177 – 178.

② 《"对中国的未来充满期待"（外国政党政要和友好人士看新时代中国共产党）》,《人民日报》,https://wap.peopleapp.com/article/6855856/6721544。

取得的巨大成就,在很大程度上得益于中国共产党的坚强领导及其领导人高超的政治智慧。他们充分肯定习近平主席的治国能力和执政水平,认为习近平主席的坚强意志和责任担当为世界其他国家领导人树立了典范。[①]不少国外学者认为,中国共产党之所以在治国理政中很好地发挥了领导作用,很重要的原因在于其自身能够不断加强党的建设工作。有学者表示,与世界其他政党相比,勇于自我革新是中国共产党的鲜明品格,正是由于中国共产党勇于自我净化、自我完善、自我革新、自我提高,才能够在复杂的形势中不断改革创新、与时俱进。只有在党的革新和现代化的战略尝试中不断地进行评估和评价,才能不断完善自身的体制机制,这也是中国共产党能够不断实现不同阶段战略目标的重要原因。[②]

(二)"制度优势决定论"

持此类观点的学者认为,中国现行的制度体系为国家治理提供了可供灵活调整的空间。长期以来,西方学界的主流观点认为,西方自由民主制度有着其他制度不可比拟的优越性,相应地,基于这一制度建立的自由主义治理体系也理所当然能够有效破解各种治理难题。但近年来很多西方国家出现经济增长停滞、暴恐事件频发、民粹主义泛起、社会骚乱不断等各种乱象,"西方之乱"与"中国之治"的鲜明对比促使西方学界不得不"对 20 世纪所构想的民主体制的优越性进行反思"[③]。

有学者指出,中国特色社会主义制度是中国共产党和中国人民在长期实践探索中形成的科学制度体系,中国国家治理体系和治理能力是中国特

---

① Por José Reinaldo Carvalho, PC da China: 100 anos de coragem, inovação e coerência revolucionárias, https://i21. org. br/especial – centenario – do – partido – comunista – da – china/pc – da – china – 100 – anos – de – coragem – inovacao – e – coerencia – revolucionarias/.

② 韩强:《海外学者论中国共产党百年成功经验》,求是网,http://www. qstheory. cn/qshyjx/2021 – 06/25/c_1127597152. htm.

③ [德]韩博天:《红天鹅:中国独特的治理和制度创新》,石磊译,中信出版社,2019 年,第36 页。

色社会主义制度及其执行能力的集中体现。[①] 也有学者进一步指出，中国制度的优势在于中国共产党既能坚持社会主义根本制度不动摇，同时又具有一种灵活、反教条主义的精神，这种精神使得中国政府能够更好地适应时代发展的需要，及时结合现实情况调整自身具体制度，从而实现经济社会的快速发展。[②] 有些学者结合中国的具体实践行动来评析中国制度的优越性：中国在减贫事业中能确保全国一盘棋，关键在于中国特色社会主义制度，同时，机制优势也是中国减贫事业硕果累累的重要因素之一；[③]在抗击新冠肺炎疫情中，中国向世界展示了社会主义的制度优势，充分说明了中国共产党能够利用完善的制度体系调动各方力量和资源去克服新冠肺炎疫情带来的挑战；[④]等等。

（三）"价值取向主导论"

持此类观点的学者认为，人类社会的发展前行，秉持什么样的价值取向，遵循什么样的国家治理理念，建立什么样的社会制度能够有效应对前进路程上的挑战，是世界各国发展进步不可回避的艰难抉择。他们通过比较、思考中国治理与西方治理所遵循的价值理念的差异得出结论，"中国之治"取得成效的关键在于坚持人民立场。

有学者对中国政治中的群众路线高度认同，指出曾经是革命领导的主要方法之一的"群众路线"，在当今中国作为一种公共政策制定方法仍然发挥着重要作用。群众路线是传统形式政治参与的补充，可以更好地代表那

---

① 《谋划长远未来 贡献世界发展——海外专家学者热议中共十九届四中全会》，新华网，http://www.xinhuanet.com/politics/2019-11/03/c_1125187118.htm。

② Em mensagem, PCdoB saúda amizade e conquistas dos 100 anos do PCCh, https://pcdob.org.br/noticias/em-mensagem-pcdob-sauda-amizade-e-conquistas-dos-100-anos-do-pcch/.

③ 《制度优，中国成了全球减贫火车头》，人民网，http://finance.people.com.cn/n1/2017/0626/c1004-29361523.html。

④ Opa! Essa página não pode ser encontrada, https://pcb.org.br/portal2/27497/partido%EF%BC%8Dcomunista%EF%BC%8Dda%EF%BC%8Dchina%EF%BC%8D100%EF%BC%8Danos/.

些无法通过现有参与机制表达其需求并因此仍然在决策过程之外的社会群体,可以提高政府对更广泛公共利益的响应能力。群众路线作为利益表达和聚合的机制实施意义重大,可以做到"从群众中来到群众中去",这畅通了群众与政府之间信息流通的机制,可以平衡不同利益相关者群体的利益,有利于促进中国政治民主化建设。也有学者指出,中国为了实现国家治理现代化,推行渐进式改革,加强法治和公民权利,促进人民群众形成新的社会共识以及建立新的有效社会管理模式,这对寻找国家亟待解决的问题的解决方案至关重要。① 还有学者从一些具体案例,如中国抗击新冠肺炎疫情的表现中解读"以人民为中心"的理念,指出社会主义中国,以人民健康为先,把健康视为全体人民的普遍权利,改革并强化公共卫生服务体系,是中国成功应对疫情的关键。②

(四)"传统文化承袭论"

持此类观点的学者认为,中国共产党对中华民族源远流长的传统文化、核心价值和民族精神的继承与发扬提高了其对不同环境的适应能力和治理效能。有学者指出,新中国成立七十多年以来在经济快速增长和减少贫困方面取得了巨大成功,这体现出中华文化在国家治理方面的优势,也证明西方发展模式绝非唯一仅有的选项。七十多年来新中国取得的成就体现出中华文化在国家治理方面的优势,要继续发扬中华优秀传统文化,由此实现"中国梦"。几千年来,中华文明绵延不绝,关键就在于其兼容并蓄的文化内涵,并不靠暴力去征服对方,而是让人心服口服,这也是中国文化的特点。如今中国的对外交往,中国优秀传统文化仍然贯穿其中,例如"一带一路"建设代表着"独乐乐不如众乐乐"的思想,人类命运共同体理念体现的是中华

---

① 孙健:《海外学者论新中国70年发展经验》,《红旗文稿》,2019年第5期。
② 姜辉等:《中国战"疫"的国际贡献和世界意义——国外人士看中国抗疫》,当代中国出版社,2020年,第399页。

传统文化中的大同思想、美美与共。①

　　不少学者从爱国主义和民族传统文化教育的视角找寻"中国之治"的文化根基,指出中国共产党和中国政府始终弘扬促进培养爱国主义的中国传统文化,通过弘扬中华民族文化增强国民对本国文化的认同和坚持文化自信。如有学者认为,扎根于中国传统文化的社会主义核心价值观,在动员中国人民投入中国社会主义建设中发挥了积极作用。② 也有学者认为,中华民族前进道路的探索和选择、理想的树立和制度的确立等,都离不开对其优秀文化的继承和发扬,这也是凝聚海内外华侨华人为中华民族伟大复兴而共同奋斗的内在基础和强大动力。③

　　总之,全面深化改革总目标和总体部署的提出,是我国改革开放走向新阶段的根本标志。国外学者为我们提供了观察和研究中国全面深化改革总目标的若干视角和阐释框架,尽管存在一定的偏颇和歪曲。但是国外学者的研究更多是基于西方的经验及其价值理念来分析研究中国全面深化改革总目标及其总体部署,难免带有西方意识形态的色彩。更重要的是,根据存在决定意识的逻辑,在国外学者的逻辑思维中,恐怕很可能从来没有或者很少考虑"东方国家""大国治理"这类独具中国传统和现实特色的问题,故而我们一定要认真分析、冷静思考,做出自己的判断。要实现全面深化改革的总目标,必须不驰于空想、不骛于虚声,一步一个脚印,踏踏实实干好工作,必须夯基垒台、立柱架梁,紧紧围绕解决好人民群众反映强烈的问题,回应人民群众呼声和期待;以经济体制改革为牵引,推进政治体制、文化体制、社会体制、生态文明体制、国防和军队建设、党的建设制度重要领域和关键环节深化改革。

---

①　《海外学者关于中国国家治理现代化 10 个重要观点》,《国家治理》,2019 年第 47 期。
②　孙健:《海外学者论新中国 70 年发展经验》,《红旗文稿》,2019 年第 5 期。
③　孙健:《海外学者论新中国 70 年发展经验》,《红旗文稿》,2019 年第 5 期。

第三章　他者视域下中国未来改革战略研究之改革方法论

改革方法论是习近平新时代中国特色社会主义思想的重要组成部分。全面深化改革之所以能取得巨大成就,正是得益于始终坚持党对改革的集中统一领导,始终坚持解放思想、实事求是、与时俱进、求真务实,始终坚持辩证唯物主义和历史唯物主义世界观和方法论,不断提高改革决策的科学性,确保各项重大改革举措落到实处,确保改革开放行稳致远。国外学者也十分关注中国全面深化改革的方法论体系,他们站在不同的角度,对中国过去改革取得成功的方法体系进行学术研究,也为未来中国深化改革的方法路径"出谋划策",形成了各具特色的研究理路和研究成果。归纳起来,国外学者将中国全面深化改革的方法"密钥"概括为"三个相统一":人民主体性与党的领导方向性相统一;问题倒逼改革与全面深化改革相统一;顶层设计与"摸着石头过河"相统一。

第一节　人民主体性与党的领导方向性相统一

改革为了谁、改革依靠谁,这是全面深化改革的基本问题。国外学者普遍认为,党的十八大以来,以习近平同志为核心的中国共产党提出以人民为中心的发展思想,并将其贯穿于全面深化改革的全过程与各环节,坚持改革为了人民、改革依靠人民、改革成果由人民共享,把扩大人民利益作为改革的目标要求,让改革发展成果更多更公平地惠及全体人民。与此同时,国外学者总结我国改革开放四十多年的成功实践、伟大成就和宝贵经验,得出结论:中国改革开放之所以取得如此成就,最根本、最关键的就是坚持不断加强和改善中国共产党的领导。基于此,不少国外学者认为,面向未来推进全面深化改革,只有始终把中国人民的主体性与中国共产党的领导方向性相统一的方法论原则贯彻到深化改革、扩大开放的各个方面,改革才能无往而不胜。

一、坚持以人民为中心推进改革

以人民为中心是中国共产党在领导全国各族人民进行全面深化改革过程中必须坚持的基本主旨,在经济、政治、文化、社会、生态各个领域全面深化改革的进程中,以人民为中心这一基本主旨必须坚持和贯穿于改革事业的各方面和全过程。党的十八届三中全会审议通过的《中共中央关于全面深化改革若干重大问题的决定》是我们在中国特色社会主义发展新阶段的各项工作中进行全面深化改革必须坚持的科学规划和战略部署,其中着重强调了改革要"坚持以人为本,尊重人民主体地位,发挥群众首创精神,紧紧依靠人民推动改革，促进人的全面发展"①，可以看出，坚持以人民为中心对于改革具有重大的意义。一些外国学者也注意到中国共产党推进全面深化改革的特征与目标指向以人民为中心，他们对中国特色社会主义制度下以人民福祉为执政目标的基本方略表现出极大关注与肯定。国外学者虽然没有对以人民为中心思想进行直接的研究，但是对中国新一届党与国家领导人的全面深化改革方略持有比较高的认同度，也非常重视中国共产党群众路线思想的研究。

（一）坚持改革为了人民

为中国人民谋幸福，为中华民族谋复兴，是中国共产党人的初心和使命，也是改革开放的初心和使命。习近平指出，"人民对美好生活的向往，就是我们的奋斗目标"，"老百姓关心什么、期盼什么，改革就要抓住什么、推进什么"。中国特色社会主义进入新时代，人民对美好生活的需要日益广泛，不仅对物质文化生活提出更高要求，而且在民主、法治、公平、正义、安全、环境等方面的要求日益增长。这就要求我们通过全面深化改革，进一步解放和发展生产力，着力解决好发展不平衡不充分问题，破除满足人民日益增长的美好生活需要的主要制约。

许多国外学者对中国全面深化改革的人民立场和人民情怀深表赞赏。他们表示，中国成功的一个重要经验是充分考虑人民的需求，人民也接受和感受到了改革和发展，因此改革和发展也就能更好地为人民服务。中国领导层很清楚地知道社会中哪些地方仍有改革和发展没有照射到的"阴影"，而且中国的党和政府也能很好地履行自己的职责。中国的改革首先是从经济和社会领域入手，这是非常重要且正确的。而经济改革的目的是以满足

---

① 《中共中央关于全面深化改革若干重大问题的决定》，人民出版社、中国盲文出版社，2013年，第8页。

人民的意愿为前提。① 有学者从扶贫的角度审视中国全面深化改革的人民立场,指出过去的四十多年里,中国经济交出的亮眼成绩单再加上一系列扶贫开发战略的实施成功使八亿多人口摆脱贫困,震撼了世界。② 不同于一些国家把贫困治理作为一种社会慈善事业,中国共产党和中国政府始终把保障人民的生存权和发展权放在首位,把消除贫困作为政府的责任和国家改革的重要内容,并把贫困治理的成效纳入政绩考核指标体系,成功使数以亿计的农村贫困人口摆脱绝对贫困,大大提升了他们的获得感、幸福感和安全感,这对于提升其他发展中国家对贫困治理的重视程度、丰富世界贫困治理理念也具有重要意义。③

（二）坚持改革依靠人民

习近平指出:"提高改革决策的科学性,很重要的一条就是要广泛听取群众意见和建议,及时总结群众创造的新鲜经验,充分调动群众推进改革的积极性、主动性、创造性,把最广大人民智慧和力量凝聚到改革上来,同人民一道把改革推向前进。"④人民群众是推动改革的主体。改革在认识和实践上的每一次突破和发展,改革中每一个新生事物的产生和发展,改革每一个方面经验的创造和积累,无不来自亿万人民的实践和智慧。没有人民的支持和参与,任何改革都不可能取得成功;无论遇到任何困难和挑战,只要有人民支持和参与,就没有克服不了的困难,就没有越不过的坎。

国外学者普遍把党的群众路线作为研究中国共产党领导全面深化改革基本方略的重要着力点,他们认为正是中国共产党毫不动摇地坚持群众路线,才凝聚起亿万人民群众的力量,并取得了中国改革开放的伟大成就。有

---

① 《海外学者关于中国国家治理现代化 10 个重要观点》,《国家治理》,2019 年第 47 期。

② Ana Lugo M., Raiser M., Yemtsov R., China's economic transformation and poverty reduction over the years：An overview, *KCG Policy Paper*, 2022(8)。

③ 付正、刘纯一:《海外视域下的中国贫困治理研究》,《当代中国史研究》,2021 年第 2 期。

④ 《习近平谈治国理政》(第一卷),外文出版社,2018 年,第 98 页。

学者指出,中国在改革进程中采用具有中国特色的群众路线方式,不仅可以增进对民众的了解,把"不了解民众情绪"这一弊端减弱到最低,另外,还可以激发民众参与改革的热情和积极性。① 更多学者从改革决策和政策执行的角度考察群众路线发挥的作用。如有学者指出,群众路线可以使改革的计划和政策具有合法性和合理性;在动员群众支持和执行改革计划时,如果政府所制定的计划本质上是真正反映了群众利益的,则群众路线可以成为一种卓有成效的使领导干部和群众达到密切结合的方法。② 也有学者进一步明确指出,群众路线绝不仅仅是中国共产党领导改革的一种理念,更是一种决策方式:在改革进程中,"直接有关的问题是利益表达和利益综合之间的隐涵区分,即群众表达与党的综合"③,虽然领导扮演着决策者的角色,但是领导的决策在理论上还不是最终的决策,因为领导要不断地听取群众的建议或意见,结合群众的建议意见对决策进行修改完善。

(三)坚持改革成果由人民共享

习近平指出,"改革既要往有利于增添发展新动力方向前进,也要往有利于维护社会公平正义方向前进","如果不能给老百姓带来实实在在的利益,如果不能创造更加公平的社会环境,甚至导致更多不公平,改革就失去意义,也不可能持续"。④ 老百姓关心什么、期盼什么,改革就要抓住什么、推进什么,通过改革给人民群众带来更多获得感。这就要求多推动有利于增添经济发展动力的改革,多推动有利于促进社会公平正义的改革,多推动有利于增强人民群众获得感的改革,多推动有利于调动广大干部群众积极性的改革,让改革发展成果更多更公平惠及全体人民。

---

① [美]李侃如:《治理中国:从革命到改革》,胡国成、赵梅译,中国社会科学出版社,2010 年。
② 王爱云:《国外学者论群众路线》,《中国社会科学报》,2013 年 11 月 8 日。
③ [美]詹姆斯·R.汤森、布兰特利·沃马克:《中国政治》,顾速、董方译,江苏人民出版社,2007 年,第 168~169 页。
④ 《习近平谈治国理政》(第二卷),外文出版社,2017 年,第 103 页。

　　国外学者在肯定中国改革开放四十多年取得的伟大成就时,首要衡量标准就是人民群众共享改革成果的获得感。在国外的一些中国问题专家看来,四十多年的改革开放,中国民众享受改革成果的首先表现是人民群众生活水平的提高,尤其是使中国大部分民众摆脱贫困,这是人类发展史上一个了不起的事情,是改善人权的巨大成就,也是中国改革开放最了不起的成绩。[1] 中国民众享受改革成果还表现在人民群众政治权利的扩大,尤其是村民选举、公民社会的发展和法治的进步,使民众比以前享有了更多的民主和自由,这些都是中国政治体制改革的成果。[2] 中国民众享受改革成果还表现在改善民生的工作也取得了显著效果,特别是在环境整治、教育公平与医疗服务等与民众生活息息相关的领域,均取得了巨大成就。[3] 有学者总结指出,当下,中国人民的获得感、幸福感和安全感空前增强,这是党的十八大以来中国政府在民生工程建设上所取得的巨大成就,不仅在中国国内有力地凝聚了人心,激发起中国人民对更加美好生活的期盼和向往,而且这一伟大实践也给世界提供了可资借鉴和学习的成功案例和榜样。[4]

二、加强和改善党对全面深化改革的领导

　　习近平在庆祝改革开放 40 周年大会上指出:"改革开放 40 年的实践启示我们:中国共产党领导是中国特色社会主义最本质的特征,是中国特色社会主义制度的最大优势。"[5]改革开放四十多年来,正是因为始终坚持党的集中统一领导,我们才能实现伟大历史转折、开启改革开放新时期和中华民族

---

① 刘晓云:《国外高度评价新时代中国生态文明建设成就》,《红旗文稿》,2020 年第 24 期。
② 杨金海、吕增奎:《国外学者眼中的中国改革开放》,《上海党史与党建》,2009 年第 1 期。
③ 刘晓云:《国外高度评价新时代中国生态文明建设成就》,《红旗文稿》,2020 年第 24 期。
④ 刘晓云:《国外高度评价新时代中国生态文明建设成就》,《红旗文稿》,2020 年第 24 期。
⑤ 《习近平谈治国理政》(第三卷),外文出版社,2020 年,第 181 页。

伟大复兴新征程，才能应对一系列重大风险挑战、克服无数艰难险阻。当前，全面深化改革进入新阶段，改革的复杂性、艰巨性更加突出。我们要继续把改革开放推向前进，必须坚持党的领导，不断改善党的领导，确保改革开放这艘航船沿着正确航向破浪前行。国外学者惊叹中国改革开放取得辉煌成绩的同时，也在追问是什么让中国的改革开放有如此辉煌的成就？美国哈佛大学教授约瑟夫·奈一语道出中国成功的关键因素——这些巨大成就正是在中国共产党的领导下才取得的。改革开放取得的巨大成就离不开中国共产党的领导，面向未来的全面深化改革同样离不开中国共产党的领导，这已经成为国际社会的广泛共识。

（一）加强和改善党的领导是改革开放积累的宝贵经验

改革开放拉开历史大幕以来，我们党始终总揽全局、运筹帷幄，在改革开放这一强国之路上，锐意推进经济、政治、文化、社会、生态文明体制和党的建设制度改革，不断扩大对外开放，社会生产力水平不断提高，人民物质文化生活显著改善，党和国家事业发生历史性变革。在这一历史进程中，每一张改革开放宏伟蓝图的设计描绘，每一项重大改革举措的提出实施，每一次重大变革的落地生根，每一个历史成就的取得与发展，都是在党中央的坚强领导下，通过各级党组织、全体党员和全国人民的共同奋斗实现的。在改革开放的重大关头，党中央总是站在时代前列，引领和带动改革开放沿着正确方向前进。

国外学者认为，中国改革开放四十多年的迅猛发展与中国共产党的领导和人民群众力量的发挥是密不可分的。"中国经验"表明，中国共产党领导核心作用的发挥是关键，充分保障了人民当家作主的地位，实现了以人民为中心的发展，凝聚起了"中国力量"。有学者指出，中国的改革开放不能仅仅视为一个渐进的政策创新过程，这背后中国共产党发挥的作用不容忽视。中国共产党巧妙地利用调研进行"适应性动员"，在推动发展区域适应性的基础上进行政策创新,提高指导思想的针对性。他们认为,调研在中国共产党的政治中占有重要地位。通过调研,可以收集信息和积累经验,从而使政治路线适应需求和合理化,灵活制定适应每个地区的政策,同时在统一的思想和国家方针的指导下促进中国的整体发展。也有学者认为,中国共产党政策的延续性保证了中国四十多年的快速发展。例如,党的十八届三中全会出台了全面深化改革方案,党的十九大报告中进一步延续丰富了之前的发展策略:发挥公有制的主导作用、以市场为基础的分配、强调产业政策和科技实现等,旨在以这些策略实现新时代的第一阶段(2020—2035 年),即社会主义现代化。① 还有学者认为,中国政治制度的突出优势在于,中国共产党能够团结其他政党,在共同协商的基础上制定出务实而长远的发展规划,并且一道为实现远大目标而奋斗。这在世界上其他国家是很少见的。有学者进一步指出,中国共产党领导的多党合作和政治协商制度一方面集思广益,广泛听取最广大人民意见,有助于保持社会安定,另一方面决策科学民主,在此基础上达成的共识有助于政策的落实。

在不少国外学者看来,欧洲人要想理解中国,了解中国共产党的执政经验,不能简单地进行类比。只有放在时代和国情背景下,严肃认真地研究中国共产党如何执政,才能正确、客观地看到这一世界上最重要的执政党之一,如何用自己的智慧不断为解决世界问题提出方案。新加坡《联合早报》文章认为,中共领导层对中国未来的发展有着一整套"顶层设计",也有着相对清晰的想法。这套想法融合了对中国共产党自身历史使命之"初心"的坚持、对当代世界发展趋势的认知以及对维护中共长期执政的决心。②

---

① 孙健:《海外学者论新中国 70 年发展经验》,《红旗文稿》,2019 年第 9 期。
② 刘晓云:《国外高度评价新时代中国生态文明建设成就》,《红旗文稿》,2020 年第 24 期。

（二）加强和改善党的领导是将改革进行到底的根本保证

全面深化改革，关键在党，核心是加强和改善党对全面深化改革的领导。党的十八届三中全会指出："全面深化改革必须加强和改善党的领导，充分发挥党总揽全局、协调各方的领导核心作用。"①当前，全面深化改革踏上了新征程、进入了新阶段，每走一步都不是轻而易举的，未来必定会面临这样那样的风险挑战，甚至会遇到难以想象的惊涛骇浪。这就需要充分认识加强和改善党对全面深化改革领导的客观必然性，从而增强认识自觉、思想自觉和行动自觉。

"中国共产党是中国未来的希望。"这是很多国外学者的共识。有学者指出，中国共产党并不是一个只在选举期间努力争取人们的政治捐款和选票的组织松散的政党，她有能力继续领导中国向前发展，而且普通民众对其能力仍然有信心。这主要得益于中国共产党的政党制度，各级党组织负责发展党员、思想教育、表现评估、提拔、调任、审议、决策、纪律以及党内生活的其他方面；党的全国代表大会的一个重要功能就是统一党的政策与导向，并更新最高领导机构。很多学者对中国共产党未来执政充满信心，他们认为中国共产党是中国未来的希望，只要领导人头脑清醒，胆大心细，勇往直前，前途应该是光明的。总体上看，国外学者认为，中国共产党的领导地位有较好的社会基础和制度保障，能够在未来继续担当领导者的角色。②

---

① 《中共中央关于全面深化改革若干重大问题的决定》，人民出版社、中国盲文出版社，2013年，第69页。

② 周文华：《近来海外中国特色社会主义研究评介》，《新视野》，2014年第6期。

第二节 问题倒逼改革与全面深化改革相统一

习近平指出："我们中国共产党人干革命、搞建设、抓改革，从来都是为了解决中国的现实问题。可以说，改革是由问题倒逼而产生，又在不断解决问题中得以深化。"①同时，他又指出："注重系统性、整体性、协同性是全面深化改革的内在要求，也是推进改革的重要方法。改革越深入，越要注意协同，既抓改革方案协同，也抓改革落实协同，更抓改革效果协同，促进各项改革举措在政策取向上相互配合、在实施过程中相互促进、在改革成效上相得益彰，朝着全面深化改革总目标聚焦发力。"②习近平的讲话为我们指明了推进全面深化改革的具体方法原则——坚持问题倒逼改革与全面深化改革相统一。国外学者在为中国全面深化改革谋策建议时，往往也是从坚持以问题为导向深化改革和坚持注重改革的系统性整体性协同性两个方面去考虑的。

一、坚持以问题为导向深化改革

习近平指出："每个时代总有属于它自己的问题，只要科学地认识、准确地把握、正确地解决这些问题，就能够把我们的社会不断推向前进。"③党的十八大以来，以习近平同志为核心的党中央在部署推进各项改革的过程中，始终秉持强烈的问题意识，不论是制定方案，还是部署推动、督促落实，都把

---

① 《习近平谈治国理政》(第一卷)，外文出版社，2018年，第74页。
② 《习近平谈治国理政》(第二卷)，外文出版社，2017年，第109页。
③ 习近平:《之江新语》，浙江人民出版社，2007年，第235页。

切实解决问题作为目标指向。

（一）以聚焦主要问题推动改革部署

改革开放四十多年，中国取得了举世瞩目的成就，但我们仍然面临不少困难和挑战：发展质量和效益还不高，创新能力不够强，脱贫攻坚任务艰巨，城乡区域发展和收入分配差距依然较大，人民群众在就业、教育、医疗、居住、养老等方面面临不少难题，生态环境保护任重道远，等等。这些问题都是各领域内在体制机制矛盾的突出反映。面对改革的复杂形势和繁重任务，要牵住改革"牛鼻子"，既抓重要领域、重要任务、重要试点，又抓关键主体、关键环节、关键节点。

多数国外学者认为，中国目前面临极好的发展机遇，但同时也面临许多挑战。有些学者从经济层面指出中国未来所面临的问题，例如城市扩张的挑战，城镇化带来改善经济条件的机遇与希望，数百万农村人口涌入城市，寻求更好的生活。尽管当前大多数人民群众的生活得到了改善，但还是有很多人难以承担城市的生活成本，所以很多城市周边未开发的土地被改造成简陋的居所，加大了城市治理的难度。[1] 也有学者指出了中国精神文明建设层面的问题，即中国改革开放中出现了价值缺失，认为中国改革开放在取得成绩的同时，"也造成了一种思想和道德标准的真空状态，带来了许多社会问题"。"经济改革越是向前推进，就越是有必要重新加强传统道德，即加强精神文明建设。"[2]也有学者直言，"保持稳定"既是中国政府此前四十多年最大的成就之一，也是今后将面对的最大挑战。为此，中国政府需要大力发展农村和偏远地区经济，尽快提高弱势群体的收入，纠正社会不公。也有

---

① ［尼］约瑟夫：《改革开放40周年：外国人眼里的中国（五）——中国前所未有的成就和未来的挑战与对策》，中华人民共和国国防部网，http://www.mod.gov.cn/2018modgenerallist/2018-09/16/content_4817401.htm。

② 杨金海、吕增奎：《国外学者眼中的中国改革开放》，《上海党史与党建》，2009年第1期。

学者以极其宏大的视野深入分析了中国当前面临的一些深层问题,如贫困与不平等、全球商业革命给中国企业带来的挑战、环境恶化、政府能力的下降、国际关系中存在的挑战、金融机构面临的危机等。由此认为,中国的政治经济已经处在一个十字路口。中国政府要解决现在所面临的各种问题,就要对现有的道路进行改进。其中,尤其强调了国家的作用,强调政府应该在根本上提高效率和消除腐败。①

(二)以解决突出问题落实改革举措

一分部署,九分落实。习近平强调:"继续推进改革,要把更多精力聚焦到重点难点问题上来,集中力量打攻坚战,激发制度活力,激活基层经验,激励干部作为,扎扎实实把全面深化改革推向深入。"②我们应拿出抓铁有痕、踏石留印的韧劲,以钉钉子精神抓好落实,在破除各方面体制机制弊端、调整深层次利益格局上再拿下一些硬任务。

面向未来,国外学者提出,中国的全面深化改革要以问题为导向,全面推进各项改革措施的落实。在经济体制方面,解决好政府与市场的关系,切实解决市场的活力问题,要继续坚持以经济建设为中心,进一步深化经济体制改革,完善社会主义市场经济体制;③在政治体制方面,解决好权力过分集中的问题,扩大社会主义民主,健全社会主义法制,坚持走具有中国特色的民主发展道路;④在文化体制方面,解决好道德失范、诚信缺失等问题,推动文化大发展大繁荣,进一步提高中国国家文化软实力;⑤在社会体制方面,解决好社会不公的问题,大力发展社会建设事业,做好扩大就业和社会保障工

---

① Nolan P. H., China at the Crossroads, *Journal of Chinese Economic and Business Studies*, 2005, 3(1).

② 《习近平谈治国理政》(第三卷),外文出版社,2020 年,第 177 页。

③ Arthur Kroeber, Large and in Charge, 外交政策, http://www. foreignpolicy. com/articles/2013/11/14/xi_jinping_third_plenum_china.

④ He B., Working with China to promote democracy, *The Washington Quarterly*, 2013, 36(1).

⑤ 韩艳涛、许倩:《国外学者对中国经济体制改革的评价》,《经济纵横》,2008 年第 5 期。

作，加强社会管理，提高社会服务水平；在生态文明体制方面，解决好生态环境方面的突出问题，协调好经济发展与节约资源保护环境的关系，加快推动形成人与自然和谐发展的新格局。

二、坚持注重改革的系统性整体性协同性

全面深化改革是一场深刻而全面的社会变革，经济、政治、文化、社会、生态文明等各领域改革紧密联系、相互交融，大部分改革牵涉众多重大利益关系的调整。党的十八大以来，党中央注重处理局部和全局、当前和长远、重点和非重点的关系，在权衡利弊中趋利避害，努力让各项改革举措在方向上相互支持、在实施过程中相互促进、在改革成效上相得益彰。当前的重大改革都是牵一发而动全身的，如果单兵突进，就容易陷入久推不动的僵局。全面深化改革必须从整体上谋篇布局，更加注重增强改革的系统性、整体性、协同性。

国外学者在热议党的十八届三中全会审议通过的《中共中央关于全面深化改革若干重大问题的决定》（以下简称《决定》）时，对全面深化改革的系统性整体性协同性尤为关注。有学者指出，党的十八届三中全会在改革广度、深度和力度上前所未有，此次会议确立的主题是"全面深化改革"，这与十一届三中全会以来的前6次三中全会有所不同。前6次三中全会也都在努力进行改革，但其改革仅集中在某一方面，此次则涵盖了经济、政治、文化、社会、生态、党建六大领域。确立这样宏大的主题，不仅与"五位一体"总体布局相衔接，而且保持了政策的连贯性和一致性。[1] 也有学者表示，《决

---

[1] 倪涛等：《改革力度前所未有 改革决心坚定不移——国际社会高度评价〈中共中央关于全面深化改革若干重大问题的决定〉》，《人民日报》，2013 年 11 月 17 日。

定》是未来中国发展的全面蓝图,涵盖15个领域、60项具体任务,延续了新一届中央领导集体真抓实干的执政风格,紧紧围绕改善民生和社会改革,涵盖了当前中国社会面临的各种难题和挑战,《决定》对谁来改、怎么改、改什么、改革目标都作出规划,不仅向中国人民也向世界明确展示了改革的未来路线图和时间表,改革力度空前,改革措施步伐稳健,内容切实可行,相信《决定》提出的任务一定会完成。[1] 还有学者注意到党的十八届三中全会决定成立的"全面深化改革领导小组",这一新机构负责改革总体设计、统筹协调、整体推进、督促落实,在一定意义上也表现出中国领导层开始重视全面深化改革的系统性、整体性、协同性。[2]

　　当然,我们也要认识到,全面深化改革不是齐步走,强调整体推进也不意味着各项改革平均用力,而应注重抓主要矛盾和矛盾的主要方面,注重抓重要领域和关键环节,实现整体推进和重点突破相统一。而且全面深化改革应做到推进有力,各部门和各地方服从改革大局,不能只算部门账、地方账、眼前账,而应算大账、总账、长远账。唯有如此,才能真正做到问题倒逼改革与全面深化改革相统一。

第三节　坚持"摸着石头过河"和加强顶层设计相结合

　　改革开放的实践表明,推进改革既需要"摸着石头过河",也需要加强顶层设计,二者不可或缺。我们正是因为坚持加强党的领导和尊重人民首创

---

　　① 倪涛等:《改革力度前所未有 改革决心坚定不移——国际社会高度评价〈中共中央关于全面深化改革若干重大问题的决定〉》,《人民日报》,2013年11月17日。

　　② 余晓葵:《美学者热议〈决定〉》,《光明日报》,2013年11月18日。

精神相结合,坚持"摸着石头过河"和加强顶层设计相结合,坚持试点先行和全面推进相促进,既鼓励大胆试、大胆闯,又坚持实事求是、善作善成,才确保了改革开放行稳致远。关于"摸着石头过河"和加强顶层设计的关系,国外学者曾形象地指出:"你从未走过这条河,但是知道河床上有石头,你相信这些石头可以让你落脚并告诉你方向。你也许还要在某些石头上停留一下,以积聚力量继续前行。还有一些石头可能会迫使你改变前进方向。有时候你可能会发现,自己走不通了,就得退后几步,重新探路。"①

一、"摸着石头过河"就是摸规律

我国的改革开放是前无古人的伟大事业,建设中国特色社会主义并没有现成的经验可以直接借鉴。也就是说,我们既没有现成的"桥",也找不到可用的"船",只能通过实践、认识、再实践、再认识的反复过程,从实践中获得真知。"摸着石头过河"是我国改革开放的伟大创造。"摸石头"就是摸规律,符合人们对客观规律的认识过程,符合事物从量变到质变的辩证法。正是坚持"摸着石头过河"的方法论,中央鼓励各种形式的改革探索,先试验、后总结、再推广,从农村到城市、从沿海到内地、从局部到整体、从体制外到体制内,一点一点地探索,一步一个脚印地前进。在局部改革试验成功的基础上,不断总结认识规律,不断校正改革偏差,将成熟的经验形成政策和制度向全国推广,改革开放才取得了举世瞩目的成就。当前,改革在很多领域进入深水区,"摸着石头过河"并没有过时,全面深化改革仍然要坚持基层探索。正如习近平所指出的那样,"研究、思考、确定全面深化改革的思路和重

---

① [美]约翰·奈斯比特、[德]多丽丝·奈斯比特:《中国大趋势——新社会的八大支柱》,魏平译,中华工商联合出版社,2009年,第81页。

大举措,刻舟求剑不行,闭门造车不行,异想天开更不行"①。对认识还不深入、但又必须推进的改革,我们要大胆探索、试点先行;对涉及深层次制度因素和复杂利益关系、一时难以在面上推开的改革,我们要发挥试点的侦察兵和先遣队作用,不断地通过基层探索形成新经验、深化新认识、贡献新方案。

在国外学者看来,中国没有采取其他社会主义国家经济转型的所谓"休克疗法",而是"摸着石头过河",采用渐进的、有序的、可控的方式,②这是改革开放能够取得成功的重要原因。所谓"渐进",是先经济改革,再社会改革,后政治改革;③是以试验方式从少数地区开始改革,再将经验复制推广;④是先让经济腾飞,然后再关注合理的分配。渐进改革的优势体现在如下方面。首先,最大限度地减少了改革阻力。全面改革很容易招致反对改革的人联合起来抵制,使改革难以进行下去,但渐进式改革却很容易在政策制定者中获得通过;⑤渐进式改革有利于人们为接受改革做好思想准备,如果改革成功则可以进一步推广,为全面改革奠定基础。⑥ 其次,最大限度地减少了重大失误发生的可能性。渐进式改革本质是一种试错和纠正机制,⑦使中国有时间和空间来调整政治体制以适应不断变化的经济和社会,⑧可以有效

---

①　中共中央文献研究室:《习近平关于全面深化改革论述摘编》,中央文献出版社,2014 年,第38 页。

②　郑永年:《何为"中国模式"认识仍未深入》,环球网,https://finance. huanqiu. com/article/9CaKrnJqnAp。

③　Garnaut R, Song L, Fang C, *China's 40 years of reform and development*:1978 – 2018, ANU Press, 2018,pp. 56 – 72.

④　李成、郑永年:《中国模式需保持包容与开放》,《观察者》,https://www. guancha. cn/society/2011_01_05_52861. shtml。

⑤　Breslin S,The Political Economy of Development in China:Political agendas and economic realities,*Development*, 2007, 50(3).

⑥　Garnaut R, Song L, Fang C, *China's 40 years of reform and development*:1978 – 2018, ANU Press, 2018,p. 53.

⑦　McMillan J, Naughton B. How to reform a planned economy:lessons from China,*Oxford review of economic policy*, 1992, 8(1).

⑧　郑永年:《中国模式经验与困局》,浙江人民出版社,2010 年,第3 页。

缓解企业面对不断增加的市场风险的压力①。中国改革开放就是在这种渐进改革中不断调整政策，"改革—调整—再改革—再调整……在这个循环中，每一次改革都会带来某些后果（有些是预料之中，有些则是意料之外），接下来又导致调整和进一步的改革"，从而"保持调适性和灵活性"。② 还有学者认为，渐进改革"正确的优先顺序"③也很重要，比如日本学者松田学在对比中国和苏联的改革措施和结果时指出，中国改革之所以保持稳定，在于先从经济改革开始，没有出现经济基础和政治上层建筑的严重对立，而苏联试图通过先进行政治改革，以政治改革推动经济改革，结果却造成社会秩序混乱，使经济改革失去保障。④

二、全面深化改革必须加强顶层设计

全面深化改革是一项复杂的系统工程，经济、政治、文化、社会、生态文明各领域改革和党的建设制度改革紧密联系、相互交融，任何一个领域的改革都会牵动其他领域，同时也需要其他领域改革密切配合。习近平指出，"所谓顶层设计，就是要对经济体制、政治体制、文化体制、社会体制、生态体制作出统筹设计"⑤。改革必须加强顶层设计和整体谋划，把握大局、审时度势、统筹兼顾、科学实施，加强各项改革关联性、系统性、可行性研究，寻求总

---

① Walder A G, Local governments as industrial firms: an organizational analysis of China's transitional economy, *American Journal of sociology*, 1995, 101(2).

② ［美］沈大伟：《中国共产党：收缩与调适》，吕增奎译，中央编译出版社，2012年，第5页。

③ 国际舆论：《中国令世界惊叹仅仅是开始》，环球在线，http://www.chinadaily.com.cn/jjzg/2006-11/06/content_725771.htm。

④ ［日］松田学、关明：《中国的经济改革会成功吗？——与苏联改革的比较及对今后的展望》，《中共中央党校学报》，1991年第12期。

⑤ 中共中央文献研究室：《习近平关于全面深化改革论述摘编》，中央文献出版社，2014年，第38页。

体和全面的解决方案,注重事物的关联性和措施的耦合性,努力做到全局和局部相配套、治本和治标相结合、渐进和突破相促进。

在国外学者看来,党的十八届三中全会通过的《中共中央关于全面深化改革若干重大问题的决定》对全面深化改革作出了顶层设计和总体规划,明确全面深化改革的指导思想、目标任务、重大原则,科学规划全面深化改革的战略重点、优先顺序、主攻方向、工作机制、推进方式和时间表、路线图。有学者具体分析了全面深化改革的总目标后,指出国家治理体系和治理能力现代化是继农业、工业、科技和国防四个现代化后的"第五个现代化"。前四个现代化主要在物质或生产力层面,而第五个现代化则强调制度或生产关系层面。中国共产党通过推动"第五个现代化"进一步解放和发展生产力,借此证明,除了西方制度,中国特色社会主义制度也是可以达成现代化目标的一种模式。① 也有国外学者指出,在中国共产党的领导下,国家中长期发展规划、方针政策具有连续性,是中国经济快速发展奇迹和社会长期稳定奇迹背后的密码,这种长期规划与欧美政府往往反复无常的性质形成了鲜明对比。在欧美国家,本届政府制定的承诺和计划很容易被下一届政府撤销。②

当然,国外学者在探讨中国全面深化改革"摸着石头过河"和加强顶层设计的问题时,往往有所侧重。但我们要清醒地认识到,"摸着石头过河"与顶层设计,二者相辅相成、不可偏废。习近平指出:"摸着石头过河和加强顶层设计是辩证统一的,推进局部的阶段性改革开放要在加强顶层设计的前提下进行,加强顶层设计要在推进局部的阶段性改革开放的基础上来谋

---

① 外媒:《聚焦中国中共开十九届四中全会》,环球网,https://oversea. huanqiu. com/article/9CaKrnKntZt。

② 外媒解读中共五中全会:《强调科技自立自强 释放未来发展信号》,http://cn. chinadaily. com. cn/a/202010/30/WS5f9bc8dba3101e7ce972c61a. html。

划。"①如果说"摸着石头过河"是在实践中探索规律,那么顶层设计则是用实践中得出的规律来指导改革。因此,改革既要注重顶层设计,尽可能少走弯路;又要注重"摸着石头过河",在积累经验、摸清规律后,再从面上推开。

---

① 《习近平谈治国理政》(第一卷),外文出版社,2018 年,第 68 页。

第四章 他者视域下中国未来改革战略研究之改革领域论

习近平指出："改革是一个国家、一个民族的生存发展之道。"①从党的十一届三中全会至今，我国的改革已经历经四十余年，党的十八届三中全会后，我国进入全面深化改革的新阶段。"实现党的十八大描绘的全面建成小康社会、实现中华民族伟大复兴的宏伟蓝图，要求全面深化改革。坚持和发展中国特色社会主义，不断推进中国特色社会主义制度自我完善和发展，进一步解放和发展社会生产力、继续充分释放全社会的创造活力，要求全面深化改革。解决我国发展面临的一系列突出矛盾和问题，实现经济社会持续健康发展，不断改善人民生活，要求全面深化改革。"②全面深化改革是对当代中国改革阶段理论的发展，也是引导当代中国改革实践全面深化发展的客观要求。与此同时，在党的十八届三中全会通过的《中共中央关于全面深

---

① 中共中央文献研究室：《习近平关于全面深化改革论述摘编》，中央文献出版社，2014 年，第10 页。

② 中共中央文献研究室：《习近平关于全面深化改革论述摘编》，中央文献出版社，2014 年，第5 页。

化改革若干重大问题的决定》对经济体制、政治体制、文化体制、社会体制、生态文明体制和党的建设制度改革六个方面进行了全方位部署,提出了许多新论断、新思想、新举措。国外学者在论及中国全面深化改革时,往往聚焦这六个领域的改革。

第一节　经济体制改革的深化

马克思指出:"物质生活的生产方式制约着整个社会生活、政治生活和精神生活的过程。"[①]经济体制改革对其他方面的改革有重要影响,具有牵一发而动全身的作用,重大经济体制改革的进度决定着其他方面体制改革的进度。党的十八届三中全会,不仅用"六个紧紧围绕"全方位部署了经济、政治、文化、社会、生态文明和党的建设等各领域的改革重点,与此同时,也突出强调了"以经济体制改革为重点,发挥经济体制改革牵引作用",因而成为全面深化改革的突破口和着力点。

改革开放四十多年来,中国经济发展取得历史性成就,创造了举世瞩目的"中国奇迹",人民群众普遍富裕起来。因而经济体制改革的研究日益成为国外中国学研究中的显学,尤其是党的十八届三中全会以来,国外学者对中国经济体制改革特别是社会主义市场经济体制改革给予了极大关注。他们不仅希望能够从根本上找到中国经济迅猛发展的原因,而且试图对现阶段中国社会所呈现出来的经济特征做出合理分析,并预测中国经济未来的发展方向,部分学者的研究成果甚至还为西方国家制定对华政策提供决策依据。其重点包含两个方面:一是中国宏观经济的未来走向和经济增长方

---

① 《马克思恩格斯选集》(第二卷),人民出版社,2012年,第2页。

式的转变;二是中国经济发展对全球经济的影响。

一、完善社会主义市场经济体制

处理好政府和市场关系是经济体制改革的核心问题。习近平指出:"经济体制改革仍然是全面深化改革的重点,经济体制改革的核心问题仍然是处理好政府和市场关系。"①处理好政府和市场关系,实际上就是要处理好在资源配置中市场起决定性作用还是政府起决定性作用这个问题。国外学者在解读中国全面深化改革的相关部署时,不约而同地聚焦有关社会主义市场经济的内容。

（一）社会主义市场经济的本质问题

习近平在党的十九大报告中强调,"坚持社会主义市场经济改革方向","加快完善社会主义市场经济体制"。这是紧紧围绕实现"两个一百年"奋斗目标,结合我国进入中国特色社会主义新时代新的历史方位,在深刻总结改革开放宝贵经验基础上,提出的改革新思想和新目标,不仅极大丰富了中国特色社会主义政治经济学的内涵,而且为新的历史条件下以深化经济体制改革为牵引、加快建设社会主义现代化强国,提供了理论指导和行动指南。

从最直接的概念界定而言,社会主义市场经济可以被化约为"社会主义+市场经济"。因此可以肯定的是,这一概念表达具有很明显的社会主义意蕴。中国社会主义市场经济是在坚持社会主义基本制度之上,适当引入资本主义的经济运行机制以调动社会主义生产的积极性与能动性,是社会主义的"体"辅之以市场经济之"用"。但在国外部分学者那里,这种"嫁接""结合"的经济运行方式,被误认为将最终倒向资本主义。有学者认为,尽管

---

① 《习近平谈治国理政》(第一卷),外文出版社,2018 年,第 75 页。

政府仍然在市场经济运行中占据主导地位，但中国经济实际上已经实现资本主义化，已经"通往彻底的资本主义复辟"①。当然，与持资本主义属性观点相对立的是，有部分学者仍然承认社会主义市场经济的社会主义属性问题，如有学者提出，中国在改革开放后取得了巨大的成就，但并不能就此说明中国走向了资本主义，中国发展所走的道路是市场社会主义模式。"市场社会主义"将社会主义公有制和市场经济相结合，既坚持公有制主导下的市场经济，又在实行市场经济的同时坚持中国共产党执政，确保了市场经济能够为社会主义的中国服务。② 也有学者明确指出，中国所实行的经济体制就是社会主义市场经济，它可以发挥市场对资源配置的基础作用，不断促进经济增长，从而更好地完善社会主义。③ 还有一部分学者认为，社会主义市场经济的实质既非资本主义，也非社会主义，而是开创了世界发展的"第三条道路"。有学者表示，"如果我们所说的'第三条道路'是指国家与市场之间的一种创造性、共生的相互关系，那么我们可以说，中国2000多年来一直在走它自己的第三条道路"。中国的这种发展道路既能激励市场又能控制市场，并且还与中国传统道德思想相结合，这奠定了中国长期经济社会发展的基础。④

从上述学者的争论可以看出，国外学者基于不同的视角对社会主义市场经济的性质进行了分析和研究，形成了各自不同的观点和见解。应当说，那些否定中国发展道路的社会主义性质的观点或者属于认识上的问题，或者是别有用心的歪曲。他们不质疑中国改革取得的成绩，但很少有西方学

---

① Martin H. L., Paul B., China and Socialism：Market Reforms and Class Struggle, *Monthly Review*, 2005.

② 徐玉明：《国外中国特色社会主义研究述评》，《社会主义研究》，2014年第4期。

③ 徐玉明：《国外中国特色社会主义研究述评》，《社会主义研究》，2014年第4期。

④ Nolan P. H., China at the Crossroads, *Journal of Chinese Economic and Business Studies*, 2005, 3(1).

者肯定中国经济体制的社会主义性质,他们没有抓住社会主义的本质属性而纠缠于事物的表现,不能辩证地看待社会主义市场经济。如果我们从实际出发去分析就会发现,中国自改革开放以来始终坚持走社会主义道路,并没有走所谓的资本主义道路或其他道路。在经济上我们始终坚持公有制的主体地位,在政治上始终坚持人民民主专政、坚持人民代表大会制度,坚持共产党的领导,在思想上始终以坚持马克思主义为指导,这些都表明我们始终坚持的是社会主义方向。因此,对这些观点和见解,我们必须立足实际,以马克思主义的观点和方法理性分析与辨别,坚决驳斥各种错误观点。

(二)社会主义市场经济中政府与市场之间关系问题

社会主义市场经济尽管坚持了市场在资源配置中的决定性作用,但政府在整体经济运行过程中始终发挥着强有力的调控作用,因而政府与市场之间的关系构成了国外学者关注的重要问题。随着 2008 年全球经济危机的暴发以及中国在危机中借助政府强有力宏观调控实现率先复苏,这一点更是引起了国外学者关于社会主义市场经济中政府与市场关系的研究兴趣。尽管国外学者在指认中国政府具有强大调控力方面是不存在分歧的,但从这一相同的基础出发却引出了不同的结论。有学者认为,当前存在自由市场模式与国有资本模式两大类型,中国政府强大的调控能力意味着自由市场的终结,中国式市场经济其实就是国家资本主义。① 也有学者剔除国家的宏观调控能力,将中国式市场经济明确划入新自由主义经济阵营,这其中以哈维在《新自由主义简史》中的相关阐释为代表。当然,也有学者在此问题上提出了不同意见,他们认为中国式市场经济并非新自由主义的产物,而是复归于以斯密为代表的古典市场经济形式,因为政府仅仅是利用市场作用

① 外媒:《中国到底是什么样的国家?》,http://www. sinovision. net/portal. php?aid = 149955&mod = view。

经济治理的形式。①

党的十八届三中全会不仅牵动着国内学界的神经,国外学界亦在第一时间对公报进行了解读。其中,有关市场对资源配置起决定性作用的内容不约而同地成为国外学者关注的焦点。有学者指出,党的十八届三中全会的重要思路是完善市场体系、转变政府职能与改进企业体制并举。而这种经济治理方式的转变将推动中国经济向去垄断化和市场化迈步,中国的行政管理体系也将得到优化,从而提升经济发展的整体质量。也有学者指出,"从公报看,中国完全展示了从管理型政府向服务型政府转变的决心。中国致力于用法制来规范市场行为,让市场对资源分配发挥决定性作用,同时减少行政干预,从而最大幅度释放中国经济的活力和潜力,为未来十年中国经济稳定增长提供保障"②。也有学者从对外开放的角度进行解读,指出中国此次提出市场起"决定性"作用可能意味着经济的对外开放度将会扩大,特别是在过去政府约束较多的领域,比如金融、能源、电信等,而这对外国企业来说也意味着更多机会。有学者总结道,中国正努力打造高水平的市场经济体系,这需要进一步克服计划经济思维下政府对市场的直接干涉欲望。因此,党的十八届三中全会提出的"全面改革六十条"以及其他经济领域的改革方案,都是为了让市场在资源配置中发挥决定性作用。③

(三)社会主义市场经济体制改革

中国经济体制改革是四十余年改革开放的中心问题,其目的是为了确立社会主义市场经济体制,因而构成了国外学者研究社会主义市场经济的

---

① 尚庆飞:《新世纪以来国外"中国问题"研究最新进展》,《南京政治学院学报》,2016 年第 1 期。

② 外媒看全会:《聚焦市场"决定性"作用》,《第一财经日报》,https://www.yicai.com/news/3112607.html。

③ 解读中国工作室:《读懂中国——海外知名学者谈中国新时代》,天津人民出版社,2019 年,第 122 页。

重要维度。国外学者在中国经济体制改革问题上，相关研究主要聚焦在如下几个方面。一是经济体制改革的导向问题。这里存在背离社会主义与坚持社会主义的两种对立观点。他们中的不少人都认为，中国引入资本与市场必然会导致向资本主义的复归。但也有学者提出了不同的看法，诸如日本马克思主义理论家不破哲三，他严厉批评了认为中国经济体制改革必然导向资本主义的错误观点，认为当前中国经济发展进入了类似于列宁"新经济政策"的阶段。① 二是经济体制改革与政治体制改革的关系问题。政治是经济的集中表现，这是马克思主义的精髓。社会主义市场经济体制的改革必然牵动政治体制的相应变革，苏联和东欧在经济上采取了私有化的进程，在政治上放弃了共产党的领导，彻底脱离了社会主义的轨道，从而把探索社会主义市场体制下政治体制改革的重任留给了中国。西方学者对社会主义市场体制下政治体制问题的研究，有两种论断，即循序渐进论与阻碍论观点的对立。前者主要集中在对中国持有理论亲近感的学者中，诸如学者郑永年关于中国改革的"三步走"战略设计的论断，他认为中国改革因为自身历史与现实原因的限制，必须遵循经济、社会与政治的循序进程。② 而持阻碍论观点的学者主要认为，中国的政治体制改革已经远远落后于经济体制改革，甚至成为进一步推动经济发展的阻碍。当然，在上述截然对峙的观点之外还存在另一种声音，这种观点认为中国经济改革与政治改革之间并不矛盾，政治改革始终伴随着经济改革而进行。"政治变革的要素一直伴随着经济改革和经济自由化。政治的经济化，不再是阶级斗争，而是将经济目标移入政治行动的中心。"③

国外学者对社会主义市场体制基本问题的争论，似乎每提出一种观点

---

① 徐觉哉:《国外学术界热评中国特色社会主义(续)》,《社会科学报》,2008 年 5 月 8 日。

② 郑永年:《中国模式:经验与困局》,浙江人民出版社,2010 年,第 3～4 页。

③ 吕增奎:《民主的长征:海外学者论中国政治的发展》,中央文献出版社,2011 年,第 48 页。

都有一个相反的观点与之相对应,每一种观点都能提出自己的论证。美国纽约大学的伯特尔·奥尔曼甚至将这些正反观点收集起来编了一部名为"市场社会主义——社会主义者之间的争论"的书。这一现象本身说明,即使是熟知资本主义市场体制的西方学者,对于社会主义与市场体制的结合这一新事物也有着诸多的不解与困惑。然而他们的理论分析,至少使我们看到,我国市场体制中存在着某些消极现象,有些是由于初建时体制不健全造成的,有些是市场体制本身具有的特性。[1]

二、坚持和完善基本经济制度

以公有制为主体、多种所有制经济共同发展的基本经济制度,是中国特色社会主义制度的重要组成部分,是经济体制改革的必然要求。党的十九大把"两个毫不动摇"写入了我国新时代坚持和发展中国特色社会主义的基本方略,确定为党和国家的一项大政方针。2018 年 11 月 1 日,习近平在民营企业座谈会上特别指出,"基本经济制度是我们必须长期坚持的制度"[2]。

所有制形式是生产关系的基础和核心,而生产关系只有充分反映和适应生产力的性质和水平,才能有效地促进生产力的发展和社会的进步。所有制改革历来都是我国经济改革中最核心、最敏感的话题。国外学者们关于我国的所有制改革一直也是争论不断的。国外学者在分析中国所有制改革时,既注重从宏观方面来分析中国所有制改革的总体模式,也没有忽略从微观方面来探究中国所有制的特殊动力。他们对我国过去四十多年的所有制改革的研究和论述,对于我国今后进一步促进所有制的改革和经济的发

① 魏小萍:《国外学者关于社会主义市场经济体制焦点问题讨论述评》,《马克思主义研究》,2001 年第 1 期。

② 习近平:《在民营企业座谈会上的讲话》,人民出版社,2018 年,第 7 页。

展具有一定的借鉴价值。

（一）中国所有制改革的宏观分析

关于所有制改革的总体原则，有学者指出，马克思、恩格斯早期著作中包含许多建设社会主义的有益启示，马克思、恩格斯一直主张具体问题具体分析，不能从任何教条出发而应从实际状况出发研究具体问题，在对待人类社会发展问题上绝不可以采取唯意志论的主观行为。有学者列举了"消灭私有制"的例子，指出中国可以根据具体情况采取合乎国情的所有制形式，只要这种所有制形式可以保障大多数劳动人民的生活，保证他们的居住、医疗卫生、教育及其子孙后代的生活，这就是好的所有制形式。他们指出，正是由于中国共产党在过去几十年的社会主义建设中采取了一系列务实的态度和政策促进了国家的发展和社会的进步。也有学者从经典作家的著作中寻找依据，认为社会主义国家所有制形式应该不拘一格，采取灵活多样的形式是马克思主义者具体问题具体分析的典范。[1]

也有学者通过对比中俄两国的经济转型前后的经济绩效，认为中国在经济转型中特别是所有制改革中采取了比较正确的手段，"把国有企业私有化推延搁置了一个很长的时期"，"保留了对大型国有企业的国家指导"，避免了新自由主义的影响。这些措施促进了中国的经济发展，突出表现在国内生产总值的高增长上。一些学者着重批判了对私有化的迷信，指出那些迷信私有化并实行大规模私有化的国家并没有取得好的经济效益，恰恰相反导致了经济的衰退。在中国这样的拥有巨大市场份额的社会主义国家，保持大量的公有制企业对维护社会主义制度是极为重要，盲目私有化必然

---

[1]　丁晓钦、谢长安：《国外马克思主义者对中国经济改革和发展的研究》，《海派经济学》，2014年第2期。

会威胁社会主义制度的生存。①

(二)中国所有制改革的微观分析

在分析中国所有制改革时,国外学者除了关注宏观的改革原则与方向外,还对中国所有制改革某一具体领域的实践问题进行了深入而专门的探究。

1.关注点之一在于中国农村地区的家庭联产承包责任制

不少国外学者认为,"中国的农村土地制度虽然不承认永久性的土地私有权,但承认私有生产的合法性"②。这一观点与农村经济体制改革的性质界定密切相关。大量西方学者鼓吹中国应实行全面的私有化,其中的一个重要部分就是土地的私有化。有学者通过总结前社会主义国家在土地所有权和私有化方面的经验教训,论证了如下观点,即中国经济之所以在过去几十年一直保持活力的原因之一就是"农业土地由集体或村镇掌握,这为劳动力适应经济总体发展情况而随时离开或回到农业生产提供了内部手段"。他们认为,"转型政策不能依靠意识形态来引导,而是要由谨慎分析和对实际发生的情况的具体评估来引导"③。而中国在土地所有权问题上采取的政策正体现了这一点,从而保证了经济的快速发展。当然也有学者尝试将马克思主义经典理论与农村改革相结合,比如,"马克思的财产理论是理解从公社制度到家庭联产承包责任制的制度变迁的关键,它揭示了家庭联产承包责任制是马克思在后资本主义社会中设想的一种'个人财产'"④。

---

① 丁晓钦、谢长安:《国外马克思主义者对中国经济改革和发展的研究》,《海派经济学》,2014年第2期。

② Garnaut R., Song L., Yao Y., et al, *Private enterprise in China*, ANU press, 2012, p.11.

③ Bromley D. W., Property rights and land in ex-socialist states, *Developmental dilemmas: Land reform and institutional change in China*, 2005, p.31.

④ Meng G., The Household Responsibility System, Karl Marx's theory of property and Antony M. Honoré's concept of ownership, *Science and Society*, 2019, 83(3).

2. 关注点之二在于中国的国有企业改革

中国的国企改革曾经在国内外引起过广泛而激烈的争论。国内外学者们关于此问题基本上有两种对立的观点：一种主张是将国企全部私有化，一种主张是正视问题，坚决反对私有化。西方主流经济学界持有"国企低效论"，即认为国有企业产权不清晰，缺乏有效的激励机制，无法有效解决"激励相容"问题，因此为中国国企改革开出了"国企私有化"的解决方案。也有不少国外学者持反对私有化的观点，他们认为中国在转型改革中不应该去改变产权，而是应该创建大型企业集团以及这些大型企业集团正常运行的必要的体制基础，简单地以所有制改革的名义将国有企业拆散是与客观规律相违背的。① 一些学者在对现实情况分析后得出结论：中国的国企改革选择了后者。中国改革实践经验证明，"在向市场经济过渡的过程中国企私有化并非优先选项"，国有企业始终是"公有制的制度化实践载体"。此外，与前一轮政策制定不同之处在于，当前阶段中国的国企改革希望同时实现对国有企业激励和治理的改善并加强监督，以提高其对政治目标的反应速度，而国有资产投资运营公司成为当前深化国企改革的重点参考选项。②

因此，关于未来中国国企的改革方向，我们应该有十分清醒、明确的认知，即绝不应该是私有化。这是由以下四个原因决定的：

第一，在当前的国际要素市场上，寡头垄断的本质是金融垄断，只有获得国家强有力支持的大型企业（甚至是巨型企业），才有能力对抗金融寡头，才能具有与国际寡头平等竞争的实力。我国的大型国企是我国进入国际要素市场的唯一希望，也是我国获得国际要素市场定价权的唯一希望。

第二，国有企业是我国国内要素价格稳定和国民经济稳定的"定海神

---

① Sutherland D., *China's large enterprises and the challenge of late industrialisation*, Routledge, 2003.

② Garnaut R., Song L., Fang C., *China's 40 years of reform and development*: 1978 - 2018, ANU Press, 2018, p. 375.

针"。国企的垄断问题可以通过反垄断法来解决。我国应该首先反对外资在国内的各种垄断行为,而不应该仅仅针对所谓的国企垄断。大型国有企业的存在,是我国政府实施宏观调控的重要保障。

第三,西方发达国家的许多大型跨国企业,基本上相当于国有企业(具有准国企的特征),它们事实上获得了政府的各种行政支持。例如,政府给予的非竞争订单、行政给予的变相财政补贴、各种融资便利等。西方发达国家根本不存在所谓的自由市场和完全的无行政干预现象,西方国家对本国的国际化企业是高度保护的,对本国国际化企业的海外并购是极端敏感的(我国在海外的多次并购失败就是明证)。

第四,国有企业是我国人民币国际化的重要保证。人民币国际化的本质就是在国际上用人民币对大宗商品进行结算。当前,只有国企才能获得国际要素市场的足够份额,才有可能在大宗商品交易过程中使用人民币结算。如果国企消失,人民币的国际化将根本无法实现。国企的兴衰关乎民族、国家的兴衰。因此,我国在今后相当长时间内都应该保护国企并支持其向外发展。①

3. 关注点之三在于私营经济在中国的发展

国外学者在此问题上持有的基本观点是,鼓励私营经济在中国经济发展中发挥更加重要的作用。有学者认为,目前中国所有制转型取得了成功,所有制转型应继续应用于那些仍完全处于国有制下的企业。如果中国政府想要继续寻求经济改革的红利,那么如何在公司治理中通过增加私有制比重以提高私营作用,就应该成为政策优先考虑的问题。② 中国经济要做到包

---

① 丁晓钦、谢长安:《国外马克思主义者对中国经济改革和发展的研究》,《海派经济学》,2014年第2期。

② Liu G. S., Beirne J., Sun P., The performance impact of firm ownership transformation in China: mixed ownership vs. fully privatised ownership, *Journal of Chinese Economic and Business Studies*, 2015, 13(3).

容性增长,离不开地方政府及其对地方企业发展的支持,中小型企业事关中国的包容性增长。由于国有企业多为资本密集型企业,因此打破其垄断还可以创造大量的就业机会,中小型企业的发展可以促使中国经济朝着更稳固、更均衡的方向发展。通过创造就业机会、形成充足的市场参与者与交易,引导整体资源配置效率的改善;通过固定资产投资与出口带动经济增长;促进技术消化以提升产业专业化与差异化;增加税收,使政府可以资助重要的社会经济计划。"鼓励更多的私人投资将有助于刺激国内消费,获得改革红利,并且保持经济的长期稳步增长。"①当然,国外学者们也指出,私有化程度越高,并不意味着公司业绩越好。总体而言,国有制企业在转变为国有、私营混合制结构后,更能实现最佳业绩,从经济增长的角度看,部分私有制似乎是所有制模型中表现最好的类型,政府应该进一步大范围推广混合所有制形式。有学者更是声称:"当前政府主导经济的国家资本主义在结构上是合理的,意味着企业通过与政府的联系获取更多的政治优势。因此,没有政治先一步的改革,就很难预见在不久的将来完全私有化成为中国企业的主导模式。"②

可以看到,国外学者对中国所有制方面的改革关注较多,针对一些西方政要和研究结构所提出的"极端"建议,我国应该保持高度警惕。以公有制为主体、多种所有制经济共同发展是我国的基本经济制度,"是我们必须长期坚持的制度",这是我国所有制改革必须坚持的基本前提。我国是社会主义国家,坚持公有制为主体,对于发挥社会主义制度的优越性,增强我国经济实力、国防实力和民族凝聚力,防止两极分化,维护社会公平正义,逐步实

---

① Awan A. G., China's Economic Growth – 21st Century Puzzle, *Global Disclosure of Economics and Business*, 2013, 2(2).

② Liu G. S., Beirne J., Sun P., The performance impact of firm ownership transformation in China: mixed ownership vs. fully privatised ownership, *Journal of Chinese Economic and Business Studies*, 2015, 13(3).

现共同富裕等都具有重要意义。目前，我国公有制经济的经营性资产在社会总经营性资产的占比仍然较高，大量非经营性资产都是全民所有，矿产、土地等自然资源由国家和集体所有，国有经济重点布局在关系国家安全、国民经济命脉的重要行业和关键领域，这些都在客观上保障了公有制经济的主体地位。

改革开放以来，我们党明确了非公有制经济在社会主义初级阶段的地位和作用，把它作为社会主义市场经济的重要组成部分。习近平指出："我国非公有制经济，是改革开放以来在中国共产党的方针政策指引下发展起来的，是在中国共产党领导下开辟出来的一条道路。"[1]经过四十多年的发展，我国非公有制经济从无到有、从小到大，在稳定增长、促进创新、增加就业、改善民生等方面发挥了重要作用，形成了公有制经济与非公有制经济你中有我、我中有你，相互合作、相互补充，错位发展、协调发展的格局。党的十八届三中全会指出："公有制经济和非公有制经济都是社会主义市场经济的重要组成部分，都是我国经济社会发展的重要基础。"[2]

实践证明，公有制经济与非公有制经济的共同发展，是国民经济持续快速增长、人民收入水平不断上台阶的重要基础，是社会主义市场经济体制的根基。习近平在庆祝改革开放40周年大会上特别强调，"前进道路上，我们必须毫不动摇巩固和发展公有制经济，毫不动摇鼓励、支持、引导非公有制经济发展"[3]。通过公平竞争，各类市场主体的活力和创造力被激发，各种所有制经济实现扬长避短、取长补短、相互促进、融合发展，共同推动国民经济高质量发展。

---

① 《习近平谈治国理政》（第二卷），外文出版社，2017年，第258页。
② 《中共中央关于全面深化改革若干重大问题的决定》，人民出版社，2013年，第9页。
③ 《习近平谈治国理政》（第三卷），外文出版社，2020年，第185页。

第二节　政治体制改革的深化

以什么样的思路来谋划和推进中国特色社会主义民主建设,在国家政治生活中具有管根本、管全局、管长远的作用。

改革开放以来,中国共产党团结带领人民成功开辟和坚持了中国特色社会主义政治发展道路。社会主义政治建设作为巩固社会主义制度、发挥社会主义制度优越性、推动社会主义制度不断向前发展的实现途径,必须重视政治制度建设的突出作用,真正实现政治制度建设的现实发展及实践创新,而政治体制改革就是社会主义政治制度的自我完善和发展。在转型性发展的关键时期,尤其要高度重视和进一步加大政治体制改革的力度,充分发挥政治关系对于转型性发展的调节与保证作用。政治体制改革是中国实行全面深化改革的重要组成部分,也是实行全面深化改革的重要政治基础。

党的十八大以来,以习近平同志为核心的党中央坚持深化政治体制改革,致力于推动中国特色社会主义制度更加成熟更加定型,推进国家治理体系和治理能力现代化,社会主义民主政治不断发展。在庆祝改革开放 40 周年大会上,习近平指出,前进道路上,"我们要坚持党的领导、人民当家作主、依法治国有机统一,坚持和完善人民代表大会制度、中国共产党领导的多党合作和政治协商制度、民族区域自治制度、基层群众自治制度,全面推进依法治国,巩固和发展最广泛的爱国统一战线,发展社会主义协商民主,用制度体系保证人民当家作主"[1]。在不少国外学者看来,中国的政治体制改革远远落后于经济改革,但改革开放以来中国的政治生活正在发生明显的变

---

[1] 《习近平谈治国理政》(第三卷),外文出版社,2020 年,第 185 页。

化。即使按照西方政治标准看，他们也认为，中国政治文明发展取得了很大进步。

一、不同视域下的中国政治发展

改革开放以来中国政治独特的发展路径及其对国家发展目标的有效实现引发了国外学者的兴趣。就理论视角而言，国外学者对中国政治发展的观察解读从发展视角转向了治理视角。就观察对象而言，改革开放以来更加开放的政治—社会结构和多元化的社会阶层成了国外学者的主要关注点。

（一）政治发展视角下的中国政治发展

改革开放以来，海外研究者和观察家认识、理解中国政治发展的理论视角不是一成不变的。在改革开放初期，政治发展理论在学术界处于绝对优势的地位，成了观察、理解中国政治改革的主要理论方法。有学者认为，中国存在着三种不同的政治发展视野，对应着不同的改革路径、方法和目标。第一种是经济发展主义，认为经济现代化将成为政治发展的基础。第二种是制度化的人格主义，目标是将实践中存在的非正规的规则和行为制度化。第三种是渗透模式，改革从基层的部分试验开始，得到高层领导认同后进行推广。在中国的政治发展中，这三种视野是共存的，可以同时并进。[①]

中国改革开放始于经济领域，但其影响绝不限于经济领域，这已经成为国外学者研究当代中国政治发展的一个基本学术共识。改革开放伊始，有学者就详细分析了经济改革所引发的政治变化：一是广泛而大量的经济活

---

① Dittmer L., Three visions of Chinese political reform, *Journal of Asian and African Studies*, 2003, 38(4-5).

动的决定权下放到省和地方权力部门,使得地方组织或者单位有可能以牺牲整体的利益为代价而追求自身利益;二是经济改革引起了城市中的阶级或者阶层的重新区分,社会结构的多元化、社会利益的多样化成为共产党和政府面临的新挑战;三是经济改革对共产党的意识形态产生了重大影响。[①]基于此,一些国外学者提出,随着中国经济的持续增长,中国公众的政治文化态度正变得更加倾向于自由主义和民主派;这种政治文化态度可能为中国转向某种形式的大众民主提供基础。[②]

自20世纪80年代中后期以来,威权主义逐渐取代极权主义、多元主义,成为国外当代中国政治研究中广为使用的思想资源和颇具影响的理论范式。在一些国外学者看来,当代中国政治具有一个显著特征:制度化的人格主义,目标是将实践中存在的非正规的规则和行为制度化。有学者指出,改革开放以来,中国政府积极推动国家制度建设,通过制度化的方式来管理权力斗争过程中的冲突,通过建立退出机制来缓解权力竞争的程度,但中国政治领域协调权力斗争的制度化水平仍较低。由于长期存在的裙带关系,中国政治运行具有极强的非制度特征,关系等非制度性因素在权力分配中发挥了十分重要的作用。[③] 因此,在国外学者看来,中国的威权体制具有脆弱性,但中国政府进行了调适性改革,从而使威权体制具有了一定的韧性。其中,提升国家治理制度化水平是中国威权体制保持韧性的根本原因。一方面,中国政府推动权力继承和更替的制度化,实现权力的和平有序更替,减少了威权国家权力继承和更替的政治风险;另一方面,按照"四化"原则选拔

① Burns J. P., China's governance: political reform in a turbulent environment, *The China Quarterly*, 1989, 119.

② Wang Y., Rees N., Andreosso - O'callaghan * B, Economic change and political development in China: findings from a public opinion survey, *Journal of Contemporary China*, 2004, 13(39).

③ Tanner M. S., Feder M. J., Family politics, elite recruitment, and succession in Post - Mao China, *The Australian Journal of Chinese Affairs*, 1993 (30).

干部，提升了官僚系统的执政能力。①

自 20 世纪 90 年代以来，渗透模式，即政策试验逐渐成为国外中国政治研究的一个热点问题，一批政治学家认为，政策试验是中国共产党在面对纷繁复杂的政治挑战时所采取的一种适应性治理机制。有学者研究发现，中国共产党在新中国成立以来的土地改革、社会主义建设和改革开放过程中始终坚持以政策试验推进各领域改革，即在政策制定过程中采取试点方式进行反复试验，试点取得经验后进行更大范围的复制推广，最终上升为国家政策和法律。② 国外学者普遍认为，中国采取政策试验的方式渐进推动政治改革缘于应对政治不确定性的现实需要，是渐进决策理论在中国制度情景下的具体实践。所谓政治不确定性是指一项政策因为观念、利益等原因在决策层暂时难以达成一致意见，导致改革创新思路被否决和政策难产。政策试验能够在高层决策尚存争议的情况下暂时搁置争议，通过个别地区试点来验证政策设计的科学性，从而减少改革的政治阻力。③

从总体上看，由于政治发展理论的最终目标是实现政治的西方式民主化，因而通过这一视角来分析和观察中国政治的发展自然难以全面解释中国政治的现实。改革开放以来，中国政治的发展打破了政治发展理论对中国发展的预期，客观上也说明了这一理论视角并没有准确把握中国政治发展的内在逻辑和中国政治体制的自我革新能力。

（二）治理视角下的中国政治发展

中国特色社会主义展现出的蓬勃生机同西方政治学研究的推演结果形

---

① Nathan A. J., *China's changing of the guard*: *Authoritarian resilience*, Critical Readings on the Communist Party of China (4 Vols. Set). Brill, 2017, pp. 86 - 99.

② Heilmann S., Policy experimentation in China's economic rise, *Studies in comparative international development*, 2008, 43(1).

③ Xu C., The fundamental institutions of China's reforms and development, *Journal of economic literature*, 2011, 49(4).

成的强烈反差促使国外学者不得不重新审视他们传统政治发展视角下的研究成果。进入 21 世纪以来,国外学者逐渐摒弃从宏观视角观察中国的研究路径,开始采用以"治理"和"善治"作为全新的观察视角,越来越多地关注中国治理的中观过程,试图从中了解中国的发展走向,探寻中国治理的密码。

1. 一方面,不少国外学者对当代中国政治治理的鲜明特色和独特优势进行了归纳

其一,有学者指出,中国政治治理模式显现出了巨大的灵活性和适应性,能够根据情况的变化及时做出调整,并将其概括为"适应性"治理。这一治理模式能够迅速有效地通过纠错机制来修复其存在的严重问题。①

其二,有学者关注到战略规划在国家治理中的关键性作用,中国政府按照一个又一个"五年计划/五年规划"持续推进国家治理和进步,并将其概括为"规划式"治理。这一治理模式是通过"自上而下与自下而上的合作实现的切实可行的目标"②。

其三,有学者注意到,中国开始积极探索通过协商和对话的形式应对政治发展中涌现的诸多复杂的治理难题,并将其概括为"协商式"治理。这一治理模式能够有效反映民众利益诉求,达到改善干群关系、实现良好治理的效果。③

2. 另一方面,国外学者在分析归纳中国政治治理呈现出鲜明特色的同时,也十分注重探索这些治理成效背后的深层原因

其一,发挥中国共产党的领导核心作用。国外学者认为,充分认识中国共产党在中国政治治理中的领导核心作用是解开"中国之治"密码的关键。

---

① Lai H., *China's governance model: Flexibility and durability of pragmatic authoritarianism*, Routledge, 2016.

② [美]约翰·奈斯比特、[德]多丽丝·奈斯比特:《中国大趋势——新社会的八大支柱》,魏平译,中华工商联合出版社,2009 年,第 81 页。

③ *The search for deliberative democracy in China*, Springer, 2006, pp. 177－178.

"中国共产党是中华人民共和国的支柱""中国共产党是中国百年沧海桑田巨变中的核心力量""坚持中国共产党的领导,这是中国迈向新高度的最大优势"已经成为很多国外学者和政客的共同心声。[①]

其二,充分保障人民当家作主权利。不少国外学者对中国政治治理中的"群众路线""人民代表大会制度"等高度认同,认为这些政治运动和政治制度不仅畅通了群众与政府之间信息流通的机制,而且增强公众政治参与度,保障人民当家作主地位的发挥。[②]

其三,传承传统政治文化的光辉。一些国外学者认为,中国政治治理对中华民族源远流长的传统文化、核心价值和民族精神的继承与发扬提高了其对不同环境的适应能力和治理效能。有学者指出,从毛泽东到习近平,所有的共产党领导人都强调对传统文化要"取其精华,去其糟粕",使传统政治文化的光辉渗透到了中国政治治理的全过程。[③]

其四,中国的社会主义制度具有无可比拟的优势。一些国外学者高度肯定中国社会主义制度的优越性,认为完善的制度体系为中国政治治理提供了基本前提和制度保障。有学者指出,中国制度的优势在于既能坚持社会主义根本制度不动摇,同时又具有一种灵活、反教条主义的精神,这种精神使得中国政府能够更好地适应时代发展的需要,及时结合现实情况调整自身具体制度,从而有效解决发展过程中出现的各种政治难题。

---

① 国纪平:《为人类和平与发展的崇高事业而共同奋斗——中国共产党的世界眼光》,《江苏党史学习教育》,http://theory. jschina. com. cn/lilunzhuanti/dsxxjy/tt/202106/t20210626_7137753. shtml。

② Wong J., Zheng Y., *China After the Ninth National People's Congress*:*Meeting Cross - century Challenges*, World Scientific, 1998.

③ Bell D. A.,*The China Model*:*Political Meritocracy and the Limits of Democracy*,Princeton University Press, 2016, pp. 179 - 198.

二、中国特色社会主义民主展示出光明前景

尽管中国当前深化政治体制改革仍然面临诸多挑战,既要保持现行体制有效功能的延续性,又要突破现有体制对深化改革构成的体制性障碍,但一些国外学者认为,中国特色社会主义民主仍然前景一片光明,对世界各国尤其是发展中国家产生了重要影响。他们甚至认为中国特色社会主义民主将成为世界民主发展的样板,成为世界民主发展的一种重要趋势。

(一)中国特色社会主义民主是对西方民主的超越

许多国外学者早就提出,西方的"选举民主"制度并不是民主的唯一方式,任何民主都有其适用的条件,这个条件包括现实的社会经济环境、政治环境以及历史文化传统等。有学者指出,"就民主来说,今天的世界已经呈现出了两大趋势,一是民主化,二是民主形式的多元化。不管西方世界多么反对非西方世界的民主形式,民主形式的多元化已经成为一个现实"[1]。基于这一观点,不少学者旗帜鲜明地表示,中国特色社会主义民主既不同于传统的苏联社会主义民主,也不同于西方国家近代以来形成的资本主义民主,中国特色社会主义民主是对西方民主的超越,两者具有本质区别。

第一,中国特色社会主义民主超越了西方民主的资本逻辑,始终坚持人民至上。外国哲学认为,坚持利益至上还是坚持人民至上,这是社会主义和资本主义的本质区别,体现的是两种截然不同的价值观念追求。有学者指出,资本主义民主是金钱操纵下的民主,实际是资产阶级精英统治下的民主。选举是资本主义民主的重要形式,但常常被金钱、媒体、黑势力、财团等影响和操纵,事实上是有钱人的游戏,是资本玩弄民意的过程。中国特色社

---

① 郑永年:《中国民主模式初步成形》,环球网,https://opinion.huanqiu.com/article/9CaKrnJF2x9。

会主义民主强调人民当家作主,其表现出的包容性和协调性,有利于反映不同社会阶层和群体的利益;中国的政治领导人通过善治赢得了广大民众的信赖和支持,是适合中国国情的。[①] 许多国外学者认为,中国特色社会主义民主与西方民主相比具有更大的优越性,西方的民主制度模式在各种重大危机面前已经深刻地暴露了其内在的矛盾,而社会主义中国展现出蓬勃的生机和活力表明,应坚持走具有中国特色的民主发展道路。

第二,中国特色社会主义民主比西方民主更能有效遏制腐败。一些国外学者在研究中发现,西方的选举腐败以及被西方国家公认的一些民主国家的严重腐败,已经证伪了"西方多党民主能够消除腐败"的论断。与之相比,中国特色社会主义民主制度更能有效地遏制腐败。[②] 有学者指出,"如果和同等发展水平的民主国家相比,中国在打击腐败方面可能做得更好,因为政权的生死存亡依赖于解决腐败问题。中国新领导人已经显示出朝着积极方向前进的信号"[③]。也有学者认为,中国政治文化中尽管缺乏西方所固有的以外部制衡为特征的三权分立和多党制约,但中国政界因为博弈所产生的制衡和监督效应,往往被西方学者所忽视和轻视。实质上,正是中国政治治理结构中始终存在着一定程度的分权和制衡,所以中国的核心领导层能够不断地调整,为中国的发展保存和延续了相当的潜力和活力,也使得中国在遏制腐败方面可能更加有效。[④]

---

① 王琎:《突破西方政体类型学的当今中国政治制度——国际知名学者帕斯夸里·帕斯奎诺谈中国政治制度》,《光明日报》,2013 年 8 月 20 日。

② 李海、贾绘泽:《国外学者论中国特色社会主义民主的优势与走向》,《毛泽东邓小平理论研究》,2015 年第 5 期。

③ 汪嘉波:《两会展现中国"协商民主"特色——访俄罗斯科学院远东研究所所长季塔连科》,《光明日报》,2014 年 3 月 15 日。

④ Chaohui H., *The China Uniqueness – Dilemmas and Directions of China's Developmen*, Cozy House Publisher, 2004, pp. 87 – 99.

（二）中国特色社会主义民主为世界广大发展中国家的民主发展提供中国经验

中国特色社会主义民主的成功实践让不少国外学者，尤其是发展中国家的学者认识到，各国应该结合自身的国情去选择适合自身的民主制度和治理体系。他们普遍认为，中国在推进中国特色社会主义民主建设过程中创造了一种不同于西方的民主模式，这种民主模式的经验启示为世界广大发展中国家提供了有益借鉴。

有学者指出，国际金融危机暴发以后，发展中国家的民众对民主制度极为不满，所以亚洲、非洲和拉丁美洲许多国家的领导人正在更为仔细地学习中国的发展模式，这一模式最终会促使这些国家民主制的瓦解。① 有学者观察到，越来越多的青年学子，尤其是发展中国家的学生到中国参观、学习，中国的"软实力"攻势使之对实行西式民主的国家产生了越来越大的影响力，甚至在比较自由的国家，这场攻势也使北京的发展模式更加具有吸引力。甚至一些负面解读中国政治发展的学者也不得不承认，中国模式"在东南亚及世界其他地区备受推崇"，"中国模式"发展为西式民主制度的替代样板。②

一些国外学者在总结中国特色社会主义民主发展经验的同时，也强调要加强同中国的合作交流，希望在合作交流中学习中国的经验。有学者提出，要"积极推动全方位交流，努力提高合作水平，以推动政治领域实现新的更大发展"③。有学者表示，其他国家"可以在实现全民义务教育、确保妇女

---

① Kurlantzick J., *Democracy in retreat*：*The revolt of the middle class and the worldwide decline of representative government*，Yale University Press，2013.

② 田苗：《西式民主制度在全球范围内呈衰退趋势》，《求是》，2013 年第 17 期。

③ "CP of Venezuela, Saludo del PC de Venezuela al PC de China en el Marco de la Celebración del 99 Aniversario del PCCh"，http：//www. solidnet. org/article/CP - of - Venezuela - Saludo - del - PC - de - Venezuela - al - PC - de - China - en - el - marco - de - la - Celebracion - del - 99 - Aniversario - del - PCCh/.

与少数民族平等地位、发展现代工业等方面积极向中国学习"①。"中国在实现国家转型,推动社会主义改革等方面具有丰富的经验。中国一直以来追求和平崛起的发展方式,这种发展方式和发展经验值得南非共产党学习。希望在一些国际问题上加强同中国的沟通协作,从而努力实现全球的发展和人类的解放。"②

　　深化政治体制改革,是新时代全面深化改革的重要内容,是社会主义现代化建设的必要条件,是坚定"四个自信"的重要基础。改革开放四十多年来,我们党始终坚持中国特色社会主义政治发展道路,不断深化政治体制改革,人民当家作主的制度保障和法治保障得到有力强化,社会主义政治制度日臻完善。到2035年国家治理体系和治理能力现代化基本实现,到2050年把我国建成富强民主文明和谐美丽的社会主义现代化强国,都离不开社会主义政治制度进一步的自我完善。深化政治体制改革,就是要健全人民当家作主制度体系,发展社会主义民主政治。必须牢牢坚持中国特色社会主义民主发展道路,坚持党的领导、人民当家作主、依法治国有机统一,坚持以人民为中心,积极稳妥推进政治体制改革,坚持和完善人民代表大会制度、中国共产党领导的多党合作和政治协商制度、民族区域自治制度、基层群众自治制度,全面推进依法治国,统筹推进党和国家机构改革,巩固和发展最广泛的爱国统一战线,发展社会主义协商民主,实现社会主义民主政治制度化、规范化、程序化,实现国家治理体系和治理能力现代化,以体现人民意志,保障人民权益,激发人民创造活力。

---

① Robert Griffiths. MANCHESTER – celebrating 100 years of the CP of China, https://www.communistparty.org.uk/manchester – celebrating – 100 – years – of – the – cp – of – china/.

② The 70th anniversary of the founding of the People's Republic of China, https://icp.sol.org.tr/asia/70th – anniversary – founding – peoples – republic – china.

第三节　文化体制改革的深化

一个国家、一个民族的强盛，是以文化兴盛为支撑的。没有文化的弘扬和繁荣，一个国家、一个民族就失去了文脉和滋养，就不可能屹立于世界。马克思主义经典作家的文化观是中国特色社会主义文化发展道路的理论渊源。马克思、恩格斯从多方面论述了文化的概念和内涵，揭示了文化的能动性、阶级性、开放性、民族性等特性。列宁在领导俄国革命和苏维埃建设过程中，对发展社会主义文化问题进行了深入思考，提出了"没有文化就不能建成社会主义""汲取资本主义的文明成果与一切有益的东西""人民群众是文化建设的根本力量""坚持无产阶级文化领导权"等思想。改革开放以来，在推进中国特色社会主义事业的伟大进程中，中国共产党坚持马克思主义文化发展理论与中国实际相结合，逐步探索出了一条适合中国国情的文化发展道路。

党的十八大以来，文化体制改革攻坚克难、纵深推进，重点任务全面发力，取得重大进展和阶段性成效。一批具有"四梁八柱"性质的重大改革取得突破性进展，改革主体框架基本确立，重点改革支撑作用日益凸显，为社会主义文化建设注入了新动力、带来了新面貌。但从整体上看，与其他方面的改革相比，文化体制改革还比较滞后，制约文化事业和文化产业发展的体制性问题还远没有解决。只有通过进一步深化改革，解放和发展文化生产力，才能更好地满足人民群众不断增长的精神文化需求。进一步深化文化体制改革，需要推进文化管理体制建设完善，构建现代公共文化服务体系以及现代文化市场体系，提高文化开放水平。一言以蔽之，要使中国特色社会主义文化制度更加成熟、更加健全，必须实现国家文化治理体系和文化治理能力现代化。如何进一步明确政府在文化体系中的职能定位，通过有效的政府治理推进文化体制机制创新，已成为摆在我们面前的重要任务。

党的十七届六中全会将"文化命题"作为全会的议题，提出要深化文化体制改革，建立"文化强国"的目标之后，国外学者对我国文化建设的研究一路升温达到高潮。他们对我国文化体制改革研究的重点主要集中在软实力建设、社会主义核心价值体系建设、文化产业的发展、网络监控以及国际传播能力建设等几方面。国外学者的相关研究是折射国际社会对我国文化体制改革关注面的"三棱镜"。从总体上看，尽管有着社会、文化背景上的差异，但国外大多数学者都能本着尊重历史、尊重事实的治学精神，采取一种比较客观公正的态度，因而绝大多数人对我国文化体制改革有较为客观的认识和评价。但由于问题本身的复杂性，加上他们对中国国情缺乏了解和国外媒体的影响，因而有些学者在对深化文化体制改革的分析和把握上，表现出各自的局限性。

一、关于当前中国文化发展现状的研究

国外学者对当代中国文化发展的研究历史悠长。尤其是从 2011 年党的十七届六中全会深化文化体制改革，建立"文化强国"的重大命题和战略任务到 2012 年党的十八大统筹"五位一体"总体布局，强调坚定文化自信，坚持中国特色社会主义文化发展道路，国外学界对中国特色社会主义文化的学术兴趣和关注正在增多。从整体上看，关于当前中国文化发展的现状，国外学者褒贬不一。

（一）积极肯定说

有些国外学者按照历史发展脉络对中国的文化发展过程进行了梳理，重点介绍了改革开放对中国文化发展的影响以及带来的挑战，认为中国实

行改革开放之后,从计划经济向社会主义市场经济转变的过程中,文化行业也经历了前所未有的变革。① 有学者充分肯定了近年来中国对外文化政策的积极成效,认为中国正着手于文化外交以消除外界对中国崛起的敌视,运用文化手段在其邻国以及欧洲、大洋洲和第三世界国家提高自身形象、强化软实力。除了政治和经济,文化正快速发展成为中国外交的第三大支柱,中国爱好和平的传统理念得到了展现;中国同时还通过与第三世界国家精英成员的交流不断完善自身的发展模式。② 不少国外学者仍然习惯于从传统文化的角度去认识和评判当代中国文化发展。有学者指出,"中国政府加大了对于文化的重视程度,并且号召全社会关注优秀传统文化,值得称赞"③。有学者更是鲜明地肯定中华文化具有国家治理优势,指出新中国成立七十多年来在经济快速增长和减少贫困方面取得了巨大成功,这体现出中华文化在国家治理方面的优势。七十多年来新中国取得的成就体现出中华文化在国家治理方面的优势,要继续发扬中华优秀传统文化,由此实现"中国梦"。几千年来,中华文明绵延不绝,关键就在于其兼容并蓄的文化内涵,并不靠暴力去征服对方,而是让人心服口服,这也是中国文化的特点。如今中国的对外交往,中国优秀传统文化仍然贯穿其中,例如"一带一路"建设代表着"独乐乐不如众乐乐"的思想,人类命运共同体理念体现的是中华传统文化中的大同思想、美美与共。④

（二）改革落后说

也有不少西方学者认为中国在文化发展方面取得的成就远不如经济方

---

① Kraus R. C., *The party and the arty in China*: *The new politics of culture*, Rowman & Littlefield Publishers, 2004.

② Lai H., *China's soft power and international relations*, Routledge, 2012, pp. 95 – 115.

③ 程佳:《外媒:中国对文化的重视值得称赞》,中华人民共和国国务院新闻办公室网站,http://www.scio.gov.cn/zhzc/2/32764/Document/1544969/1544969.htm。

④ 《海外学者关于中国国家治理现代化10个重要观点》,《国家治理》,2019年第47期。

面明显,他们更多的是对中国经济的快速发展给予肯定,而对于文化实力,并没有给予高度的评价,不少研究提出,文化发展应在中国全面崛起的进程中发挥更大的作用。有国外调查报告对于中国实力的评估主要是从经济方面与美国进行比较,而没有用文化作为比较的指标。这也说明,美国对于中国实力更多的是对经济发展的肯定,而对于文化实力,并没有给予高度的评价。[①] 也有学者具体分析了中国经济高速发展的背景下中国文化所面临的各种问题,认为中国人与其传统文化有着密不可分的关系,不愿看到传统文化中的忠、孝、礼、义、善等美德在现代社会消亡,希望中国在发展社会现代化的同时仍然保留这些传统的道德价值观念;中国又不能忽视外来文化和意识形态所带来的积极影响;当代中国文化面临的问题是一方面如何选择吸收有益的外来文化,另一方面如何保留传统文化的精髓。[②] 还有学者提出,文化发展应在中国全面崛起的进程中发挥更大的作用。他们认为,尽管中国强劲的经济发展势头正在影响全球,但中国的发展若要对世界贡献更持久的积极力量,还要依靠由文化及知识的复兴驱动的经济增长;文化和知识的复兴在中国及其他国家的历史上都曾出现过,目前在中国可以看到这种复兴的曙光(初始阶段);虽然目前来看,中国文化发展的前景看好,但中国能否充分发挥思想引领的作用还未可知,因为这在很大程度上取决于中国的知识分子、其他社会阶层以及中国政府对此的认知及态度。[③]

二、关于中国文化软实力问题的研究

改革开放四十多年来,中国的文化影响力与日俱增,文化"软实力"不断

① 帅颖、卢丽珠、佟斐:《国外学者中国文化强国建设问题研究述评》,《思想理论教育导刊》,2014 年第 1 期。

② Heng S. H., China's cultural and intellectual rejuvenation, *Asia Europe Journal*, 2008, 6(3).

③ Heng S. H., China's cultural and intellectual rejuvenation, *Asia Europe Journal*, 2008, 6(3).

增强。2009 年 3 月,美国战略与国际研究中心出台了一份《中国软实力及其对美国的影响——两国在发展中国家的合作与竞争》的报告,对中国软实力的现状、实施、来源、特征等做了深入的探讨。报告指出:如今在中国,软实力是热门话题。无论是对中国的传统文化进行重新评价,还是建立"社会主义核心价值观体系";无论是遵循"科学发展观",还是建设"和谐社会";无论是关于要"韬光养晦"或是"有所作为"的辩论,还是反驳"中国威胁论"并建设和谐世界,在所有这些问题的讨论中,"软实力"都贯穿其中。因而关于中国文化软实力问题的研究,是近年来国外学者最关注的中国问题之一。研究的主要内容可归结为两个方面:中国文化软实力的建设现状,中国文化软实力的建设难题。

（一）中国文化软实力的建设现状

一些国外学者在研究中国加强软实力建设的政策举措,普遍表示注意到中国政府的努力,但认为我国软实力建设的效果差强人意。国外学者普遍肯定了中国在发展软实力方面的巨大投入与主观努力。有学者指出,中国在积极参与国际或区域组织事务、改善国际形象、扩大对外交流、提升中国政治经济制度的国际认同度和加强海外援助等方面都有出色表现。也有学者详细考察了中国的软实力战略,并宣称中国将是继苏联之后第一个在国际影响方面与美国抗衡的国家。[1] 还有学者关注中国软实力建设的出发点,认为中国更加重视国内建设中软性指标的提升,因而中国的软实力建设是防御性的,策略包括打造良好的国际形象以改变其他国家对中国的误解、抵御西方腐朽文化和政治理念的侵蚀等。[2]

----

[1]　Kurlantzick J., *Charm offensive*: *How China's soft power is transforming the world*, Yale University Press, 2007.

[2]　Mingjiang L., China debates soft power, *The Chinese journal of international politics*, 2008, 2(2).

（二）中国文化软实力的建设难题

从总体看来，国外学者制约中国文化软实力发展的主要因素大致可归纳为以下几方面：

其一，缺乏系统协调的国家软实力发展战略。不少国外学者认为中国尚且缺乏系统协调的国家软实力发展战略，目前的软实力战略的主要目的是防御和应对外来冲击，或着眼于消除外界中国威胁论的负面影响。有学者直言，中国学者之所以对于软实力的学术关注度不够，一方面原因可能是中国的软实力研究处于发展初期，另一方面原因是中国缺少软实力最核心的要素。①

其二，作为软实力基础的硬实力有待提升。软实力以硬实力为基础，是硬实力的延展。在国外学者看来，尽管中国文化表现出越来越强的世界吸引力和影响力。但是中国目前的软实力要达到真正的强国水平还需要进一步努力。这些现实问题让"北京共识"的吸引力仅仅局限于发展中国家，而在西方发达国家产生的效果则大打折扣。②

其三，缺少民众参与的体制机制建构。有学者指出，软实力不能仅仅依靠政府层面的对外政策，而是要着眼于国内民众的努力，因为中国的民众是充满才智的，应该让他们充分自由发挥。③ 也有学者认为，尽管中国文化具有吸引力，但文化产品的市场开发能力不强。"中国制造"的产品虽然多，但像微软那样的中国公司、米老鼠那样的影视产品或著名品牌仍然少见；而且尽管中国占世界人口的五分之一，但全球信息资源中只有4%采用中文。④

---

① Shambaugh D. L., The new strategic triangle: US and European reactions to China's rise, *The Washington Quarterly*, 2005, 28(3).

② Nye Jr J. S., Jisi W., Hard decisions on soft power opportunities and difficulties for Chinese soft power, *Harvard international review*, 2009, 31(2).

③ Shambaugh D. L., *China goes global: The partial power*, Oxford University Press, 2013.

④ Suzuki S., Chinese soft power, insecurity studies, myopia and fantasy, *Third World Quarterly*, 2009, 30(4).

三、关于社会主义核心价值观①

2012 年 11 月,党的十八大报告首次以 12 个词语凝练和概括了社会主义核心价值观:"倡导富强、民主、文明、和谐,倡导自由、平等、公正、法治,倡导爱国、敬业、诚信、友善。"国外学者对社会主义核心价值观一直非常关注,他们的研究构成了我们值得认真思考以反观自身的镜像。其关注点主要有三个方面:社会主义核心价值观的传统渊源、社会主义核心价值观与"普世价值"的论战、社会主义核心价值观与中国共产党意识形态发展的关系。

（一）社会主义核心价值观的传统渊源

国外学者对中国社会主义核心价值的定位是:中国儒学文化区域的一员,但又属于广泛的受共产主义影响的区域,②即中国的社会主义核心价值观属于传统儒学价值观。有学者认为,中国的价值观具有强烈的儒家传统文化色彩:"中华文明的延续性主要体现在两个方面,即国家和教育,从儒家学说中可以找到它们的根源。"③"中国政治秩序涂抹了浓厚的基于儒家传统文化的伦理色彩……例如以团体为基础的集体主义而非个人主义、家族导向性很强和家族根基深厚得多的文化、法治意识和以法律手段解决纠纷的意识淡薄得多,并将随着中国影响力与日俱增,对全球产生重要影响。"④有学者以"和谐"这个概念为例,认为社会主义核心价值观中的和谐概念可能被理解为提出另一种把新的治理方式,把传统的儒家的因素同"自由主义"

---

① 祝大勇:《海外学者视野中的当代中国核心价值观研究》,清华大学博士学位论文,2016 年。
② ［美］塞缪尔・亨廷顿、劳伦斯・哈里森:《文化的重要作用:价值观如何影响人类进步》,程克雄译,新华出版社,2010 年。
③ ［英］马丁・雅克:《当中国统治世界:中国的崛起和西方世界的衰落》,张莉、刘曲译,中信出版社,2010 年,第 163 页。
④ ［英］马丁・雅克:《当中国统治世界:中国的崛起和西方世界的衰落》,张莉、刘曲译,中信出版社,2010 年,第 316 页。

的个人自我实现和自我负责的治理方式结合了起来。社会"和谐"一词令人想起了传统的社会自治价值观，这种价值观的基础是个人自律与为社会秩序稳定做出贡献的儒家伦理。① 甚至有学者认为儒家正在崛起以填补所谓的"意识形态空白"，"邓小平的改革削弱了共产主义意识形态，改变了中国的社会经济制度，提高了中国的国际地位。结果，儒家重新从共产主义的灰烬中崛起"。② 但也有学者不同意中国的核心价值观即儒学价值，比如亨廷顿认为儒教虽然是中国文明重要的组成部分，但中国文明却不等同于儒教。③ 他们认为关于儒家或新儒家成为中国意识形态的观点犯下了"囫囵吞枣"的错误。

（二）社会主义核心价值观与"普世价值"的论战

国外学者对普世价值的自信集中表现在弗朗西斯·福山的《历史的终结》一文。20 世纪末苏联解体、东欧剧变和冷战格局的结束，意识形态终结的论调出现，这种论调乐观地认为意识形态终结于西方的"自由民主"，终结论可以概括为普世价值胜利论。然而就在 2008 年国内关于普世价值的争论④中，全球金融危机来袭，美国首当其冲，经济萧条政治乏力，相比较之下，中国发展呈现出"风景这边独好"的气象，随着历史时空的转换，福山也在逐

---

① 吕增奎：《执政的转型：海外学者论中国共产党的建设》，中央编译出版社，2011 年，第 14 页。

② Hu S., Confucianism and contemporary Chinese politics, *Politics & Policy*, 2007, 35(1).

③ ［美］塞缪尔·亨廷顿：《文明的冲突与世界秩序的重建》（修订版），周琪等译，新华出版社，2010 年，第 24 页。

④ 2008 年国内先后发起三场关于普世价值的争论：第一次引发争论是 2008 年 4 月 3 日，英国《金融时报》中文网特约撰稿人长平发表了题为"西藏：真相与民族主义情绪"的评论（原文已被新闻网站删除），在评论中提到了"普世价值"。他指的是一些情绪激动的人，"他们从中得出结论说，普世价值都是骗人的玩意儿，只有国家利益的你争我夺"。由此篇评论，引发了关于"普世价值"的争论。第二次引发争论是在 2008 年 5 月 12 日汶川发生大地震之后，《南方周末》在 5 月 22 日刊登了一篇署名《南方周末》编辑部"的评论员文章《汶川震痛，痛出一个新中国》，文中写道：救灾中"国家正以这样切实的行动，向自己的人民，向全世界兑现自己对于普世价值的承诺"，这又成为点燃了关于"普世价值"论争的导火索。第三次引发争论是 2008 年 7 月 19 日，招商局集团董事长秦晓在清华大学经管学院毕业典礼上发表演讲，号召学生们追求"普世价值"，再次引爆争论。

渐修正他的观点。

　　然而社会主义核心价值观一提出就有国外学者提出，中国正在拥抱"普世值"。有学者发表文章指出，社会主义核心价值观"纳入西方普世价值是一次大胆突破"。"官方将西方普世价值中的民主、自由、平等、公正、法治等重要理念都纳入'社会主义核心价值观'，是对中共传统意识形态的一次大胆突破，展示了中共在意识形态和治国理念上试图'与时俱进'的意愿。"[1]有些学者却对"普世价值"不以为然，直言"普世价值"在很大程度上是个伪命题，因为任何一种文明都是其核心价值和共享价值的结合，即特殊性和一般性的结合。文艺复兴以来，东西方很多价值观早已交融，例如理性主义、世俗化等。从长远来看，各文明在自我发展的同时，也会不断和其他文明融合。[2]如果真的论及普世的文明价值，反倒是中华文明和价值观更加普世。不要忘记英国历史学家汤因比提到过的，在近6000年的人类历史上，出现过26个文明形态，但是在全世界只有中国的文化体系是长期延续发展而从未中断过的文化。中华文化历经几千年繁盛不衰，它的奥妙在于"和谐"是中华文化价值核心，和谐是宇宙万物的本然状态和最佳状态，最具有普世价值。[3]

　　（三）社会主义核心价值观与中国共产党意识形态发展的关系

　　在中国共产党执政"合法性"的理论框架下，很多国外学者认为随着中国国内日益加剧的社会差距和各种矛盾叠加，中国共产党要解决合法性基础脆弱的问题，必然要重构党的意识形态，在这个重构过程中，中国共产党面临一个坚持和创新意识形态的问题。按照布莱特利和汤森的观点，意识

---

　　①　于泽远：《中共加强宣传24字"社会主义核心价值观"》，[新加坡]《联合早报》，2014年2月13日。

　　②　郑永年：《塑造社会道德价值意义重大》，《人民日报》，2014年8月25日。

　　③　祝大勇：《海外学者视野中的当代中国核心价值观研究》，清华大学博士学位论文，2016年。

形态作为一种整合力量,①核心价值观作为凝聚人心的整合力量,必然获得意识形态的某些属性。现实意识形态斗争的态势表明:价值观之争已经成为意识形态斗争的主要形式,通过倡导和培育社会主义核心价值观实质是应对当前意识形态斗争态势的必然也是坚持中国特色社会主义道路的主动宣示。从文字表述来看,核心价值观体现了某种意识形态灵活性的创新,在文字表述中没有出现强烈的意识形态属性的词汇,以十二个词语的价值共识概括最大限度地凝聚人心;用社会主义的限定词修饰核心价值观,又体现了意识形态的连续性,国外学者认为这样做的目的是"或多或少是为了使党的领导人提出的主张合法化"(海克·霍尔比格),也体现出了意识形态的某种连续性,因为社会主义核心价值观凝练于社会主义核心价值体系,表述中很多词语都曾出现在党的文件报告中。

无论是从意识形态高度还是单纯从凝聚社会来讲,改革开放继续和中国的稳定发展都需要形成共识,核心价值观在概括提炼的过程中始终坚持对这种最大公约数的共识强调。虽然并未提及核心价值观,但很多国外学者认为,中国的繁荣能否持续,很大程度上在于中国内部能否继续维持四十多年一直发挥统一凝聚作用的共识。

通过对国外学者关于社会主义核心价值观研究的梳理,我们可以发现,国外学者的核心价值观研究表现出几个特点:首先,在研究动机上,国外学者更加务实地分析中国社会主义核心价值观建设和中国共产党和国内社会问题,而不再简单地区分优劣然后恶意攻击;其次,在研究方法上,他们不再仅仅把中国同西方做简单的横向比较,而是深入中国悠久的历史隧道,对中国社会主义核心价值观进行从历史到现状的纵向比较,试图找寻核心价值

---

① [美]詹姆斯·R.汤森、布莱特利·沃马克:《中国政治》,顾速、董方译,江苏人民出版社,2010年。

观发展变化的独特逻辑;再次,在研究的领域上,他们既注重对核心价值观的微观研究,又从政策、体制和社会制度层面对核心价值观进行宏观的分析,力图全方面立体把握;最后,在研究态度上,他们已不再把西方的自由民主那套"普世价值"视为唯一的终极的价值,而是认为中国特色社会主义具有独特的核心价值观。可以看出,国外学者对基于中国特色社会主义发展具体实际而呈现出的价值观表现出足够的重视、理解和尊重,但对政治宣传中的口号式的词汇却没有多大兴趣,甚至不进入学术话语讨论的范围。

四、关于中国国家形象的研究

作为综合国力和软实力的重要组成部分,中国的国家形象问题也得到了国外学者的着重关注。有学者肯定了中国政府在国家形象的建设方面的努力,如在处理重大公共危机、国际公共事务等表现出的负责任大国形象,得到国际社会广泛赞誉;越来越多担当中国文化大使、运动大使的中国各界知名人士传达出中国文化的良好形象,而中国丰富的文化和迷人的自然景观近年来吸引了大量的海外游客;中国在对外文化政策方面的积极努力提升了中国的形象,孔子学院提升了中国文化的吸引力。[①] 虽然多年来中国政府努力营造被国际社会普遍认同的良好国家形象,但目前国际智库反映的现状是中国国家形象的国际认知呈献多元化、多极差异甚至偏差较大的症状。

尽管国际智库的评估机制和数据结果因为种种原因很难绝对客观,但在某种意义上反映了中国国家形象的某些问题。中国国家形象认知的问题

---

① Lai H., *China's cultural diplomacy*: *Going for soft power*: *Hongyi Lai*, China's soft power and international relations, Routledge, 2012, pp. 95 – 115.

可以归纳为三方面:其一,中国国家形象的国际认知差异巨大,中国人对自己国家形象的"自我认知"和国际社会对中国国家形象的"他者认知"间没有达成某种程度的平衡;其二,中国国家形象的认知差异存在"地域性"特征,即发展中国家对中国的印象明显好过发达国家;其三,西方国家近年来对中国的国家形象评估不甚理想——中国出现"形象危机",这与当下中国的利益诉求是背道而驰的。① 对于中国国家形象的国际认知问题出现的原因,有学者认为与政府的宣传机制有很大的关系,如中国对外传递的各类信息大部分都是刻意为之,实际上政府和许多学者都混淆了软实力、公众外交和对外宣传的概念。②

综合看来,国外学者对中国当前文化发展和国家形象褒贬不一、各执一词,既有发自内心的认同与支持,也有由来已久的傲慢与偏见,对此,我们要有自己清晰、准确的判断,更要有坚定的文化自信。自古以来,中华民族就以"天下大同""协和万邦"的宽广胸怀,自信而又大度地开展同域外民族的交往、交流和交融。中国人民以改革开放的姿态继续走向未来,有着深远的历史渊源、深厚的文化根基。推进人类各种文明交流交融、互学互鉴,进而推动民心相通,让世界变得更加和谐美丽、各国人民生活得更加美好,是建立人类命运共同体的应有之义,也是提升文化软实力、扩大中华文化影响力的迫切需要。

一方面,加强中外文化交流,要完善交流机制,创新交流方式。把政府交流与民间交流结合起来,把双边交流与多边交流结合起来,把调动国内力量与借助国外力量结合起来。用好"一带一路"民心相通等载体,拓宽渠道和途径。鼓励社会组织、学术团体、艺术机构和企业承担人文交流项目。支

---

① 许雨燕:《中国国家形象的国际认知差异及其原因分析》,《深圳大学学报》(人文社会科学版),2015 年第 5 期。

② Shambaugh D. L., *China goes global:The partial power*, Oxford:Oxford University Press, 2013.

持和加强与港澳台同胞、海外侨胞的文化交流合作,共同弘扬中华文化。中外文化交流要坚持文化自信,树立良好国家形象,强化民族凝聚力、自信心和自豪感。

另一方面,争取国际话语权,必须要加强对外话语体系建设,既要重视渠道建设,也要重视内容建设。渠道建设的核心是完善国际传播工作格局,在汇聚更多资源力量的同时进一步集中优势资源,把握大势、区分对象、精准施策,着力打造具有较强国际影响的外宣旗舰媒体,强化中央主要媒体驻外机构对外传播职能。文化传播仅靠新闻发布、官方介绍是远远不够的,内容建设更为重要。文艺是很好的交流方式,要发挥好各级领导干部、文艺工作者、新兴媒体的作用,把优秀传统文化的精神标识和具有当代价值、世界意义的文化精髓提炼出来、展示出来,主动宣介习近平新时代中国特色社会主义思想,主动讲好中国共产党治国理政的故事、中国人民奋斗圆梦的故事、中国坚持和平发展合作共赢的故事,让世界更好了解中国。用外国民众容易接受的方式,把"陈情"和"说理"结合起来,把"自己讲"和"别人讲"结合起来,使故事更为国际社会和海外受众所认同。

第四节　社会体制改革的深化

习近平指出:"人民对美好生活的向往,就是我们的奋斗目标。"[①]为了更好地实现这一目标,必须改革创新社会体制,坚持以人民为中心的发展思想,解决好人民最关心最直接最现实的利益问题,以促进社会公平正义和增进人民福祉为出发点和落脚点,着力解决公共服务和社会保障发展不平衡

---

① 《习近平谈治国理政》(第一卷),外文出版社,2018 年,第 4 页。

不充分的问题,全面推进幼有所育、学有所教、劳有所得、病有所医、老有所养、住有所居、弱有所扶,使改革发展成果更多更公平惠及全体人民,不断满足人民日益增长的美好生活需要,促进人的全面发展和社会全面进步。因此,在党的十七大上首次将社会体制改革作为社会建设的重要内容;党的十八大在社会建设实践经验深刻总结的支撑下,创新性地提出加强社会建设的"两个必须",即"加强社会建设,必须以保障和改善民生为重点"以及"加强社会建设,必须加快推进社会体制改革"。虽然我国社会体制改革取得了一些成就,但是仍然存在很多问题:在社会结构复杂,新媒体崛起的新挑战下,社会管理手段、理念与社会经济发展不相适应,管理体制机制存在缺陷不能科学有效地发挥其作用,没有理顺企业、政府以及社会之间的关系。因此党的十八届三中全会在以往改革的基础上进一步强调"紧紧围绕更好保障和改善民生、促进社会公平正义深化社会体制改革,改革收入分配制度,促进共同富裕,推进社会领域制度创新,推进基本公共服务均等化,加快形成科学有效的社会治理体制,确保社会既充满活力又和谐有序"①。不断提高对于创新社会治理的关注度,以实现共同富裕和社会治理、解放和增强社会活力作为改革目标,维护社会安全稳定,促进实现社会管理新机制。

如前所述,中国在经济、政治和社会治理方面也取得了长足进步,得到国外学界和智库的积极评价。然而尽管宏观来看成就巨大,但当视角推进到更为微观的范畴和领域时,与经济的快速发展相对照,社会治理和制度变革稍显滞后。一些前所未见的问题以及政策引发的副作用渐次抬头,改革的深入推进也面对诸多困难和阻力。上述种种,不仅在国内引发讨论,也吸引和带动了境外智库和从事中国问题研究的学者争相开展研究,有些还提

---

① 《中共中央关于全面深化改革若干重大问题的决定》,人民出版社、中国盲文出版社,2013年,第5页。

出了针对性的对策与建议。国外学者们的目光聚焦在"保障和改善民生"和"推进社会体制改革"这两大问题上。

一、保障和改善民生

国外学者对中国民生问题的关注由来已久,从20世纪五六十年代开始,他们就对新中国的教育变革、城市住房、城市劳动力就业、医疗与公共卫生等问题予以持续关注和研究。改革开放后,尤其是进入21世纪后,社会民生建设逐步成为国外学者研究中国当代社会问题的重点,社会保障与医疗改革、贫困治理与社会公平、人口政策与妇女问题等领域都出现了许多深入具体的专题研究。

(一)社会保障与医疗改革

在中国改革开放四十多年的历史进程中,社会保障制度的改革既是整个改革事业不可或缺的重要组成部分,也是维系经济改革与社会转型的重要前提和基础。从改革开放初期延续20世纪50年代建立的主要面向城镇居民的"国家—单位保障制度"到如今覆盖全部城乡居民的"国家—社会保障制度",中国的社会保障体系历经四十多年特别是近二十年的改革与发展,实现了新旧制度的整体转型,重建了满足不同群体需要的、多层次的新型社会保障体系,这一历史性变革也引发了不少国外学者的关注。他们从政治、经济、社会政策等多个视角对中国社会保障制度的变革进行了探讨,既肯定了不同时期改革举措取得的成效,也指出了这些政策中存在的缺陷和问题。

从卫生政策和经济视角对中国社会保障制度进行研究,国外学者常常以"福利"作为出发点,反复讨论的是这样几个问题:(1)在各个社会群体之间,社会医疗保险福利的提供是否偏向于富有阶层? 是否不公平? (2)在城乡之间以及贫穷和富有的社会阶层之间,医疗保险的覆盖是否不平等?(3)社会医疗保险福利在地区间是否不平等?(4)风险分担和管理是否存在割裂状态?有学者经过实证分析得出结论:尽管中国社会医疗保障制度在过去的十二年里发展迅速、收效显著,但医保覆盖面的迅速扩大和医保项目的增加非但没有减少反而扩大了地区间差异。造成区域差异的主要原因则是中央和地方领导人政策选择。[①] 还有一些学者认为,户籍制度是阻碍人口迁移和福利分配的关键因素,但这一观点没有实证证据的支持,显然是站不住脚的。[②]

从政治经济角度对中国社会保障制度进行研究,国外学者多将经济改革或是从计划经济向市场经济的转型看作社会保障变革的决定因素,以及调适社会保障政策的压力所在。其中国家在经济改革之初从社会保障供给中的"撤出"尤其得到系统研究,并受到广泛批评。有一些学者将过去几十年里中国社会福利制度建立的碎片化和零敲碎打式的改革归因于从计划经济向市场经济过渡造成的影响。[③] 在他们看来,正是转型时期的经济政策导致了贫穷和不平等情况的加剧,进而改变了城市的贫困救济方案,而市场化,尤其是国企的私有化和重组导致了"铁饭碗"和以单位为基础的福利制度的崩溃,促进新的养老金政策的制定和实施。[④] 然而尽管经济转型对中国社会保障制度的影响是巨大的,但是国外学者并没有充分解释导致社会保障供给各自为政的政治机制。

---

① Huang X., Four worlds of welfare: understanding subnational variation in Chinese social health insurance, *The China Quarterly*, 2015, 222.

② Zhang L., Li M., Acquired but unvested welfare rights: migration and entitlement barriers in reform – era China, *The China Quarterly*, 2018, 235.

③ Duckett J., Challenging the economic reform paradigm: policy and politics in the early 1980s' collapse of the rural co – operative medical system, *The China Quarterly*, 2011, 205.

④ Leung J. C. B., Dismantling the 'iron rice bowl': welfare reforms in the People's Republic of China, *Journal of social policy*, 1994, 23(3).

近年来,从政治学角度探讨中国社会保障制度改革的研究成果日益增多,为认识这一问题的政治机制提供了诸多新的视角。国外学者的观点呈现两种不同的趋势。趋势之一集中于地方官员在提供社会福利方面的经济和政治激励因素。一些学者认为经济激励机制是促使地方领导人提供社会福利的重要原因,如有学者研究发现,那些经济实力较强的地方领导比其他地区的同行更看重自己的职位,因此为了保住他们的领导职位更愿意满足农民提出的各种福利要求。① 还有一些学者认为政治动机才是地方领导人加强社会保障建设的动力源泉。② 与此相反,趋势之二则聚焦于精英政治对中国社会保障制度变革的影响。有学者提出,80 年代初农村合作医疗制度迅速崩溃主要原因在于农业"去集体化"的经济政策以及家庭联产承包责任制的引入,归根到底在于 20 世纪 70 年代末至 80 年代初中国精英政治和意识形态的变迁。③

从医保改革角度看中国社会保障制度的改革,国外学者普遍结论是,尽管中国的医改取得了一定进展,但一些根本性的问题如看病难、看病贵等仍未得到解决。有学者认为其原因在于:首先,政府资金的投向存在问题;其次,中央政府用于实施基本药物目录的资金远不足以补偿公立医院采用这一目录之后的潜在经济损失;最后,被普遍认为是医疗改革关键要素的公立医院改革尚未取得重大进展。因此,要想从根本上解决看病难和看病贵的问题,就要求政府给予需求方更多的投入,深化医改,以改变医疗提供者的行为。针对目前医保制度改革所面对的挑战、人口老龄化的加速、人们平均

---

① Huang Y., Bringing the local state back in: the political economy of public health in rural China, *Journal of Contemporary China*, 2004, 13(39).

② Lü X., Liu M., Public goods with private benefits: understanding local governments' incentives in education provision in China, *Annual Meeting of American Political Science Association*, 2013, 28:31.

③ Hillier S., Shen J., Health care systems in transition: People's Republic of China: Part I: An overview of China's health care system, *Journal of public health medicine*, 1996, 18(3).

寿命的延长，以及中国目前的保健护理水平、职业队伍与护理需求之间存在的巨大缺口，兰德公司专门发布了相关研究报告，其中指出，中国亟待建立一种新式医保制度，否则将面临人口质量下降的风险，进而危及中国的经济增长与实现和谐社会的愿景。①

总的来看，国外学者对中国社会保障制度与医疗制度改革的态度逐渐从"消极批判"转为"积极认可"，他们在不同时期看法的变化、采用不同视角的研究也从侧面显示出中国社会保障制度改革的阶段性、复杂性和多样性。必须承认，中国新型社会保障体系建设的任务尚未完成，社会保障制度中还存在着诸多问题。因此，尽管国外学者的研究多基于自身的标准和价值准则，但其中的问题意识及一些具有建设性的政策建议仍然值得重视。

（二）贫困治理与社会公平

中国社会的城乡差别、地域差距和收入不平等既有其历史和制度根源，也有新的发展战略和社会政策制定中的偏差带来的增强效应。经济发展不仅带来了人民生活的富足，也加速了社会阶层的分化，引发了新的社会问题和社会矛盾。正因为如此，除了一些固有问题，近年来政策研究者和制定者关注的贫困治理、教育公平等现象和问题，也纷纷进入境外学者和智库的关注中心，而他们的研究所采取的不同方法和视角对于国内学界而言无疑是重要的补充。

关于贫困治理问题，国外学者普遍对中国的减贫成效予以了充分赞赏，他们称赞"改革开放以来的中国经历了从绝对贫困到相对贫困、从普遍贫困到局部贫困、从持久性贫困到暂时性贫困的明显转变"，同时也充分肯定了中国为全球减贫事业做出的突出贡献。联合国秘书长安东尼奥·古特雷斯对此做出高度评价：中国对全球减贫事业贡献率超过70%，是为全球减贫做

---

① 刘霓：《国外中国研究中的民生视角与社会治理》，《国外社会科学》，2016年第1期。

出最大贡献的国家。从规划宏观战略到实施精准扶贫,从改善贫困地区基础设施建设到增加扶贫投资规模,从实行开发式扶贫方针到动员全社会力量共同参与……国外学者指出,中国政府在减贫领域的战略部署和政策实施切实有效,经济增长与减贫成就相辅相成,彰显了中国的制度优势。与此同时,中国的减贫方案和经验也给全球带来启迪,成为越来越多国家和国际组织的研究样本。国外学者认为,中国经验和中国智慧将助力其他国家相关领域建设、促进共同消除贫困。① 国外学者对中国减贫的评价日趋积极、对中国减贫的解读渐趋理性,表明中国减贫取得的经验正越来越获得国际认同,表明中国减贫经验对世界其他国家借鉴的重要性和必要性,表明全球贫困治理的"中国方案"成效显著。国外学者对中国减贫的研究对于我们具有重要参考价值,有利于我们更好推动中国扶贫事业的发展,在国际上讲好中国减贫故事,推动中国扶贫经验的传播,为全球贫困治理做出更大贡献。

关于教育公平问题,在国外学者看来,无论是改革开放前还是改革开放后,中国都存在教育不平等的问题。尤其是改革开放以来,"中国虽然随着市场经济的推进和功利主义教育观的渗透,因学历差距而导致的收入分配差距扩大问题日益显现"。尽管人们对教育不平等政策已经表现出不满和不信任,但是"要求现行教育制度进行改革的呼声并不大",主要原因在于"既得利益阶层在中国政治体制中掌握着绝对的权力,难以反映弱者的声音的社会结构仍然没有改变";最重要的是"导致目前中国社会不平等的原因的一些制度(户籍制度、国有要素和共产党员优先等)其实都是社会主义体制的产物"。② 改革开放后的教育改革,是国外学者重点研究领域。国外学

---

① 财经观察:《海外人士热议中国减贫经验全球启示》,新华网,http://www.xinhuanet.com/world/2020-09/23/c_1126531564.htm。

② [日]阿古智子:《评〈中国问题丛书8 教育不公平问题能克服吗〉》,吴金海译,《日本当代中国研究》,2011年,第205~207页。

者尤为关注的是 20 世纪 80 年代中国教育改革的缘由及特点。有学者认为,20 世纪 80 年代的中国高等教育改革,虽然不能简单说成是以美国模式取代苏联模式,但显而易见苏联模式束缚正在被突破,而一些新的变革既与现代西方尤其是美国模式相联系,也与中国的发展现实相一致。① 但是也有学者持不同意见,认为中国在教育领域没有模仿西方模式,而是实施了自己的发展战略——中国特色社会主义教育体制;西方教育的市场模式虽然对 20 世纪末中国教育改革者有影响,但由于中国教育在传统上受到教育理想的精神制约,所以对于中国来说,教育的"市场模式"就其纯粹形式来说是不可接受的。② 关于新时代教育改革对中国社会变迁尤其是市场经济下社会不平等的影响,国外学者看法不一。有学者指出:"如果中国要继续保持社会主义核心价值体系,那么中国的社会主义市场经济必须更好地保证教育公平,但是目前却看不到这种情况。"有人则认为"与其他发展中国家相比,中国在使最大多数人接受教育这方面取得了巨大成就"③。应该说,后一种观点比较客观。有学者注意到中国政府在扶贫攻坚过程中十分重视教育的作用,认为中国政府重视贫困地区的教育事业,为脱贫注入持久的动力。有学者分析了教育与脱贫之间的关系,通过研究发现教育可以提高个人和家庭的收入:教育的提升一方面可以让农民出身的孩子有机会参与更多的非农业活动,另一方面良好的教育可以让农民更富创新精神,更积极地引用新技术。中国的脱贫成就与重视教育有很大关系。④ 有学者总结道,中国的脱贫

① Orleans L. A.,*Soviet influence on China's higher education*,China's education and the industrialized world. Routledge, 2017, pp. 184－325.

② 朱小蔓、张男星:《一位外国人眼中的中国教育改革——读俄罗斯学者妮娜·鲍列夫斯卡娅〈国家与学校——带入 21 世纪的中国经验〉一书》,《当代教育论坛》,2005 年第 24 期。

③ Postiglione G. A.,*Education and Social Change in China:Inequality in a Market Economy:Inequality in a Market Economy*,Routledge, 2015.

④ Knight J., Shi L., Quheng D., Education and the poverty trap in rural China:Closing the trap,*Oxford Development Studies*, 2010, 38(1).

奇迹背后的一大逻辑就是"抓教育",良好教育为人们提供了更多就业和创业的机会,增加了摆脱贫困的可能性。①

关于就业问题,也是国外学者研究较多的内容。有学者结合改革前的劳动力安排中所存在的问题,考察了改革开放以来劳动力市场改革的情况,分析了农村经济改革对农村劳动力市场和城市劳动力市场改革的影响,以及农村劳动力向城市流动对农村和城市经济增长和城市就业、失业产生的影响。② 也有学者着重探讨中国加入世界贸易组织对宏观经济和部门就业的影响,认为虽然短期的就业损失可能发生在中国,但长远来看,将能创造更多就业机会,特别是在第三产业,通过将高成本的生产从沿海地区向廉价劳动力供应充足的内地转移,它可以保持其比较优势的劳动密集型产品出口。③ 改革开放后出现的失业问题一直吸引着国外学者的目光。有国外学者甚至编纂了《中国失业:经济、人力资源与劳动力市场》一书,收录了澳大利亚、加拿大、英国、美国、中国香港地区以及中国多位社会学、经济学、人类学、管理学专家的文章,从各自的学科视野考察改革开放以来尤其是90年代中期以来中国的失业问题。④ 国外学者的普遍观点是失业对中国社会的稳定产生了重要影响。有的学者研究认为,无论是失业的农民工还是大学生,都不会对社会秩序和稳定造成严重威胁;而且政府方面对失业问题高度重视,对农民工和大学毕业生提供各种可供选择的就业和培训,并通过运用财政力量和向人民发送很强的信号,在短期内可以防止社会动荡。⑤ 有的则认为失业会导致社会不平等,下岗失业会引发的种种社会问题,尤其是贫困发

---

① 李东旭:《中国脱贫奇迹具有强大历史逻辑——专访乌克兰中国问题专家德罗博丘克》,《参考消息》,2020年5月26日。

② Meng X., *Labour market reform in China*, Cambridge University Press, 2000.

③ Bhalla A. S., Qiu S., Qiu S., *The Employment Impact of China's WTO Accession*, Routledge, 2003.

④ Unemployment in China: economy, *human resources and labour markets*, Routledge, 2006.

⑤ Zhao L., Huang Y., *Unemployment and Social Instability in China: will they run out of control?*, East Asian Institute, National University of Singapore, 2009.

生率的提升和收入差距的扩大。①

二、推进社会体制改革

在新的历史起点上,党的十八届三中全会把"促进社会公平正义"定为社会体制改革的价值目标,顺应了转型期社会的基本需求,而且指明了社会体制下一步改革的三个方向"改革收入分配制度,促进共同富裕""推进社会领域制度创新,推进基本公共服务均等化""加快形成科学有效的社会治理体制"。2014年2月,中央全面深化改革领导小组第二次会议审议通过了《关于深化司法体制和社会体制改革的意见及贯彻实施分工方案》,提出要加快形成科学有效的社会治理体制,促进社会公平正义,保障人民安居乐业。国外学者对中国社会体制改革即社会转型也给予了充分关注。他们一方面运用西方的"社会转型理论"对中国社会体制改革进行分析,另一方面站在各自的立场指出中国社会体制改革存在的问题及前行路径。

(一)理论视角下的中国社会体制改革

西方的"社会转型理论"认为,社会转型的过程实质就是现代化的过程,在这个过程中,它由一系列社会变化的不断积蓄而产生。运用"社会转型理论"分析改革开放新时期的中国社会体制改革问题,国外学者的研究视角大致可以分为三种。一是从政治社会学角度入手,主张中国改革开放社会体制改革是以政治局部改革为主,在整体保持政治稳定和原有政治运行体系的基础上通过政治权力下放,一定程度上使整个经济社会发展拥有一定自主权,从而促进社会转型发展。二是从市场经济转型角度对改革开放新时期的中国社会体制改革问题进行研究,这种视角首先区分出市场经济与再

---

① Unemployment, *inequality and poverty in urban China*, Routledge, 2006.

分配经济两种不同经济形态从而形成理论框架,指出中国在改革开放进程中的市场经济转向,从根本上改变了再分配经济形态下的社会分层机制。主导再分配经济的权力由此受到削弱。市场经济的转型直接推动了权力分配的转移,最终导致市场主体获益的增多和壮大。但此观点具有很大争议,原因是市场转型导致的结果具有多样性和复杂性。三是从社会资本的视角看待改革开放新时期的中国社会体制改革问题。这种视角主张应从社会资本的力量着重分析改革开放以后中国社会发生的巨大变化。社会资本力量通过对官方政策的准确顺应,充分运用政治力量、经济力量等力量要素,实现社会资本的利益最大化,最终实现了社会力量方面的发展壮大。例如温州模式、苏南模式、珠三角模式等。总体看来,国外学者相对偏好某一理论视域对改革开放新时期的中国社会转型进行深层次研究,表面上看似乎说服力很强,但没有能够全面展现改革开放新时期中国社会体制改革的结构性特征。

（二）实践视域中的社会体制改革[①]

一是关于中国社会体制改革的意义和重要性,有的学者认为,中国社会体制改革是为了应付和解决经济改革所带来的负面结果,加快推进以改善民生为重点的社会建设就是对这种单方面发展反思的产物。但是社会体制改革可以为未来经济新增长奠定新的制度基础,为中国未来政治改革做好制度准备。[②] 二是关于社会问题,有的学者从不同侧面指出了中国存在的诸多社会问题,如社会冲突加剧,主要是官、资、民三者之间的对立,往往导向

---

① 严振书:《转型期中国社会建设国内外研究述评》,《北京工业大学学报》（社会科学版）,2010 年第 5 期。

② 陆学艺、唐军、刘金伟:《中国社会建设与社会管理:探索·发现》,社会科学文献出版社,2011 年,第 173～176 页。

群体性事件的发生；①社会不公严重，如医疗资源的巨大城乡差距；②民生问题突出，最典型的是住房问题；③社会制度脆弱，缺乏有效的公共服务体制。④此外一些学者还对中国社会中的贫富差距、社会保障、环境污染等问题也较为关注。三是关于社会体制改革的成就，有的学者高度评价中国提出的"和谐社会""以人为本"的理念；有的称赞中国构建了绝无仅有的医疗安全网；有的学者对中国基层治理和法治的进步给予肯定；……他们认为，"中国正在发生很多变化，在政府中、在共产党内、在经济领域中和在一般社会生活中，这些变化可能改变中国人对民主的看法，并进而塑造中国政治的未来"⑤。四是关于社会体制改革的路径，有学者指出，加快以改善民生为重点的社会体制改革，需要政府调整政策思路，把经济政策与社会政策明确区分开来，并大量增加社会性投资；调整中央和地方财税关系，把中央与地方的权责统一起来，减少地方政府社会政策"经济化"的动机；政府还要充分利用国有企业这一杠杆来推进社会保障政策的实行。⑥ 有的学者提出，要建立公平的社会保障体系，通过加大对中西部地区的投入，提高农业补贴等措施积极解决发展不平衡问题；要改革收入分配机制，在初次分配中既要保证效率也要达到基本的社会公平，在二次分配上，需大力推进社会事业的发展，包括社会保障、医疗卫生、教育事业、环境保护等方面；政府可以出台有效的政

---

① 郑永年：《中国解决权、钱、民问题刻不容缓》，联合早报网，https://www.zaobao.com/special/forum/pages7/forum_zp090526.shtml。

② 英媒：《中国儿童死亡率凸显城乡差距》，环球网，https://oversea.huanqiu.com/article/9CaKrnJnb39。

③ 董博：《外媒：高房价让中国年轻人焦虑》，环球网，https://finance.huanqiu.com/article/9CaKrnJmLxl。

④ ［新加坡］《联合早报》：《金融危机与建设美好中国社会》，中国新闻网，http://www.chinanews.com.cn/hb/news/2008/12－02/1470975.shtml。

⑤ 杨金海、吕增奎：《国外学者眼中的中国改革开放》，《上海党史与党建》，2009年第1期。

⑥ 董博：《外媒：中国要平衡国家发展权和社会民生权》，环球网，https://finance.huanqiu.com/article/9CaKrnJn6Ib。

策鼓励富人从事慈善事业,同时限制奢侈性消费,等等。① 总体看来,国外学者对我国社会体制改革的种种观点,大都是"就事论事""点到为止",缺乏整体性、系统性的研究成果。

改革创新社会体制意义极为重大。要进一步明确目标和方向,以促进社会公平正义和增进人民福祉为出发点和落脚点,着力解决民生领域发展不平衡不充分问题,创造更加和谐的社会环境;要进一步理顺经济增长与社会建设的关系,实现经济增长与社会建设的良性互动;要立足各个相关领域的制度建设和完善,着力补短板,不断提升各种公共服务质量和民生保障水平;要进一步理顺政府与市场、政府与社会以及不同层级政府之间的关系,动员全社会力量,切实推进共建共治共享。

第五节　生态文明体制改革的深化

生态文明建设是中国特色社会主义现代化建设事业的重要内容,关系人民福祉,关乎民族未来,事关"两个一百年"奋斗目标和中华民族伟大复兴中国梦的实现。习近平生态文明思想为推进美丽中国建设、实现人与自然和谐共生的现代化提供了方向指引和根本遵循。加快生态文明体制改革,是加快转变经济发展方式、实现高质量发展的内在要求和战略举措,是推进生态文明建设的根本保障。2015 年党中央、国务院印发《生态文明体制改革总体方案》,首次确立了生态文明体制改革的总体目标,即到 2020 年,构建起产权清晰、多元参与、激励约束并重、系统完整的生态文明制度体系,推进

①　郑永年:《中国中产阶级的厄运和社会的不稳定化》,联合早报网,https://www.zaobao.com/special/forum/pages7/forum_zp090715.shtml。

生态文明领域国家治理体系和治理能力现代化，努力走向社会主义生态文明新时代。《中华人民共和国国民经济和社会发展第十三个五年规划纲要》明确了 2020 年生态文明建设领域的一系列目标。党的十八届三中全会明确了加快生态文明制度建设的四项内容，即健全自然资源资产产权制度和用途管制制度，划定生态保护红线，实行资源有偿使用制度和生态补偿制度，改革生态环境保护管理体制。《生态文明体制改革总体方案》又提出了生态文明体制改革的"四梁八柱"，即健全自然资源资产产权制度、建立国土空间开发保护制度、建立空间规划体系、完善资源总量管理和全面节约制度、健全资源有偿使用和生态补偿制度、建立健全环境治理体系、健全环境治理和生态保护市场体系、完善生态文明绩效评价考核和责任追究制度。这明确了生态文明体制改革的方向和重点领域。

根源于生态破坏引发的对文明持续性发展问题的探讨，将生态保护从局限于单一的环境领域上升至国际性政治议题的高度。在此背景下，中国正在进行的生态文明建设引发了国外学者的广泛关注。国外学者对中国生态文明建设的研究重心集中在建设成效、基本经验、存在问题以及实践路径等方面，成果颇为丰富。综合来看，国外学者对中国生态文明建设的前景持积极肯定的态度，但也存在基于政治制度与意识形态差异而产生的误读与偏见。

一、改革开放以来中国生态文明建设成效显著

党的十八大以来，在习近平生态文明思想引领下，中国走出了一条适合自身国情的独特的生态文明建设道路，不仅指引中国朝着美丽中国方向大步前进，也为改善全球生态环境做出巨大贡献，赢得了国际社会广泛关注与积极评价。国外学者积极评价中国生态文明建设的举措及成效，对中国生

态文明建设的未来充满信心,部分学者提出中国可以成为全球生态文明建设的表率。

(一)对生态文明建设的重视程度不断提升

国外学者认为,中国对于生态文明建设日益重视,将生态文明建设置于"五位一体"的总体布局。有学者提出,中国政府将生态文明作为指导中国实现中国特色生态文明的所有决策的核心。生态文明作为一个目标被写入中国共产党党章,表明这一概念具有与经济、政治、文化和社会发展同样的地位。① 基于对生态文明建设重要性的认识,国外学者形成三种代表性观点:第一,生态文明建设引领中国发展方向。这种观点认为生态文明建设引领着中国社会的未来方向。有学者以苏州和无锡的城市建设为例,指出中国在推动生态文明建设的背景下,将会打造越来越多的生态城市。② 有学者指出,生态文明建设建构了和谐世界的形象:在这个世界里,生产和消费继续增长,技术和科学解决了污染和环境退化的基本问题,中国人民在共产党的领导下作为中产阶级公民而生活。③ 第二,生态文明建设是中国国家发展战略。有学者指出,生态文明建设得到中国政府的广泛认可,已被列为国家发展战略,纳入 2016—2020 年"十三五"规划,并在 2018 年初全国人民代表大会的主要会议上获得全面认可。有学者提出,在 2013 年 5 月 24 日中央政治局集体学习时,习近平表示,环境保护是一项坚定不移的追求,如果有人在不考虑环境的情况下制定政策造成严重后果,我们将终生追究其责任。④ 第三,生态文明建设需要集中国家权力,有效的生态治理需要集中的国家权

---

① Simões F. D., Consumer behavior and sustainable development in China: The role of behavioral sciences in environmental policymaking, *Sustainability*, 2016, 8(9).

② Yanarella E. J., Lu C., Curating China's Pursuit of an Ecological Civilization: Chinese Eco – Cities and Urban Planning Exhibition Halls, *Sustainability: The Journal of Record*, 2018, 11(5).

③ Hansen M. H., Li H., Svarverud R., Ecological civilization: Interpreting the Chinese past, projecting the global future, *Global Environmental Change*, 2018, 53.

④ Kitagawa H., *Environmental policy and governance in China*, Springer Japan, 2017.

力作为保障。有学者认为,在中国,由中国共产党领导的政府通过国家控制的媒体传播环境意识形态,这是一场针对污染的隐喻性"战争";中国共产党正在为民众在一些人所谓的《环境威权主义》下的生活做准备;与西欧和美国公民的期望相反,中国公民对国家集中权力管制公众的环境行为并未感到不安。[①]

(二)创造了全球生态文明建设的"中国模式"

其一,积极承担了国际生态责任,得到国际社会好评。面对全球生态环境挑战,中国率先发布《中国落实 2030 年可持续发展议程国别方案》,实施《国家应对气候变化规划(2014—2020 年)》,向联合国交存《巴黎协定》批准文书,同联合国环境署等国际机构共建"一带一路"绿色发展国际联盟。这彰显了中国为全球生态文明建设做出的新贡献,得到国际社会的普遍赞誉。有学者指出,中国领导人"庄重地宣称:作为应对气候变化国际合作的主导者,中国已经成为全球生态文明努力的重要参与者、贡献者和启蒙者"[②],这标志着中国将自己提升为全球气候领袖的雄心。[③] 有学者表示,中国在环境问题上的利益和承诺使得中国作为全球领导者脱颖而出。[④] 与此形成鲜明对比的是,少数国家不积极、不认真履行国际生态义务,有学者指出包括美国在内的大多数国家都不会拿出政治意愿来实施这些昂贵的生态建设项目,因为这些国家深受狭隘的国家利益立场、民族主义情绪以及特殊利益集团的

---

① Schmitt E. A., Living in an Ecological Civilization: Ideological Interpretations of an Authoritarian Mode of Sustainability in China, *CADAAD Journal*, 2018, 10(2).

② Klimeš O., Marinelli M., Introduction: Ideology, propaganda, and political discourse in the Xi Jinping era, *Journal of Chinese Political Science*, 2018, 23(3).

③ Imbach J., Is Green the New Red: Cultural perspectives on ecological civilization, *Eurics*, 2020, 5.

④ Womack B., Xi Jinping and continuing political reform in China, *Journal of Chinese Political Science*, 2017, 22(3).

束缚,难以在克服全球生态危机的行动中有所表现。① 基于两种截然不同的表现,有学者总结道,中国在生态文明建设的道路上不断取得进步,给全球生态文明建设带来了希望之光。中国向世界展示了环境保护和经济发展并行不悖,中国特色社会主义制度在这方面比西方资本主主制度做得更好。②

其二,形成了有效应对全球生态危机的"中国模式"。国外学者的普遍观点是中国在生态建设领域开辟了新路,形成了有效应对全球生态危机的"中国模式"。有学者指出,中国是当今绿色能源革命的领导者之一,中国走过的发展道路完全不同于欧美国家,中国对污染的治理为其他国家提供了样板。③ 有学者对"中国模式"的基本属性进行了界定,指出中国生态模式属于社会主义生态文明模式,它与西方资本主义生态文明模式强调利用自然为资本扩张服务具有显著区别,注重生态文明建设的为民性、非逐利性以及集体性。④ 有学者论证了中国生态模式的可持续性,指出"经济从快速增长模式向更具社会、宏观经济和环境可持续性的模式转变",清晰表明了中国生态模式的可持续性特质。⑤ 还有学者考察了中国生态模式的适用性即生态文化多样性保护。有学者指出,中国建构了统一的生态模式,但并不反对少数民族生态文化,相反,强调要注重少数民族生态文化多样性。还有学者认为,中国在强调生态文明的同时,还采取了保护少数民族文化的重要立场,因为自然环境保护是由当地的土著文化来维护的。⑥

---

① Ishwaran N., Hong T., Yi Z., Building an ecological civilization in China: Towards a practice based learning approach, *Journal of Earth Sciences and Engineering*, 2015, 5.

② 刘晓云:《国外高度评价新时代中国生态文明建设成就》,《红旗文稿》,2020年第24期。

③ Vlcek A., Chinas Determined March Toward the Ecological Civilization, *MR online*, 2018, 16.

④ Schwartzman D, China and the prospects for a global ecological civilization, *Climate and capitalism* (*on-line*), 2019, 17(09).

⑤ Berger B., All That Xi Wants: China's Communist Party is Trying to Reform the Country from the Top Down, https://nbn-resolving.org/urn:nbn:de:0168-ssoar-56259-4.

⑥ Zeng L., Dai identity in the Chinese ecological civilization: Negotiating culture, environment, and development in xishuangbanna, southwest China, *Religions*, 2019, 10(12).

二、改革开放以来中国生态文明建设的基本经验

国外学者在肯定中国生态文明建设取得成就的同时,更加注重总结中国生态文明建设取得成就的经验。尽管中国生态文明建设仍面临着诸多问题和挑战,但是已经在很多方面呈现出鲜明的治理特色和独特优势,大致可以归纳为以下三种观点。

（一）传统发展智慧延续论

一些国外学者认为,中国生态文明建设的思想智慧源自中国传统文化中的某些理念。有学者指出,西方的传统文化观念中,人类处于世界中心的位置,人类以外的世界万物都处于消极被动的地位,这种观点是以功利主义视角审视人与自然的关系;中国传统的"仁爱"思想包含了对宇宙万物的爱,强调将人类的道德关怀推及世界万物,孟子的"仁民而爱物"的思想则体现了人与自然界实属一体的哲学思维。① 也有学者认为。儒家的天人合一思想则是中国生态文明建设的文化渊源。② 除了儒家思想外,一部分学者认为,道教思想是中国生态文明建设的主要理论来源之一,指出中国传统的道家文化中蕴含了丰富的概念性资源,道家认为人类文明与自然是圆融共通的整体,要求人类遵循自然或"道"的戒律,强调"天人合一""畏天、畏地、畏自然"等哲学理念,为当代中国环保主义的兴起提供了强有力的阐释空间,③而中国生态文明建设"将遵循道家宗旨变成一个隐含愿望"④。还有一些学

---

① ［美］杰里米·里夫金:《同理心文明:在危机四伏的世界中建立全球意识》,蒋宗强译,中信出版社,2015 年。

② Kitagawa H., *Environmental policy and governance in China*, Springer Japan, 2017.

③ Mok B. K. M., Reconsidering ecological civilization from a Chinese Christian perspective, *Religions*, 2020, 11(5).

④ Schönfeld M., Chen X., Daoism and the Project of an ecological civilization or Shengtai Wenming, *Religions*, 2019, 10(11).

者认为,中国生态文明建设融合了多种中国传统文化理念,指出中国传统的道家、儒家以及佛学思想中均包含了可持续发展的哲学基础;与西方历史上诸多主流的环保范式不同,中国传统生态思想属于一种弱人类中心主义的环保伦理。① 因而这些传统价值让中国的生态战略独树一帜,并深深影响着当前的政策话语与环境管理策略。②

（二）政党执政理念主导论

国外学者认为,中国共产党在中共生态文明建设中发挥着举足轻重的作用,践行了为人民服务的政党宗旨。有学者指出,中国共产党始终将中国人民的需求置于首位,提出了建设中国特色社会主义生态文明的目标,并积极参与全球生态文明建设。中国共产党第十八次全国代表大会明确指出要把生态文明建设放在突出地位,建设生态文明是关系人民福祉、关乎民族未来的长远大计。③ 有学者十分赞赏中国共产党生态文明建设理念,指出"对于中国和全世界来说,生态文明是一个很有胆识的理念,中国共产党是第一个把生态文明建设写入行动纲领的执政党"。有学者进一步解释,中国共产党将"绿水青山就是金山银山"作为生态文明的核心发展理念。"两山"理念兼顾经济发展和环境保护,走出了生态文明之路,这是高质量的绿色发展之路。"两山"理念为中国的生态文明建设和绿色发展提供了强大的理论支撑。中国生态建设成就获得广泛赞誉,这不仅是对中国发展理念的肯定,也寄托着世界人民对全球未来绿色发展的共同愿景。④ 有学者梳理了历次党代会中关于生态文明建设的表述,指出党的十八大明确将生态文明建设纳

---

① 杰里·A.麦克贝斯、珍妮弗·H.麦克贝斯、袁方、于水:《中国传统文化视野中的"生态文明"》,《国外理论动态》,2018 年第 8 期。

② Miller J, *China's Green Religion：Daoism and the Quest for a Sustainable Future*,Columbia University Press, 2017.

③ 卢卡斯·古铁雷斯·罗德里格斯:《中共对生态文明的承诺与担当》,楼宇译,《光明日报》,2021 年 8 月 1 日。

④ 刘晓云:《国外高度评价新时代中国生态文明建设成就》,《红旗文稿》,2020 年第 24 期。

入中国特色社会主义"五位一体"总体布局，把生态文明建设放在突出地位，融入经济建设、政治建设、文化建设、社会建设各方面和全过程。党的十九大明确要建立健全绿色低碳循环发展的经济体系，同时，要继续实施生态系统保护和修复措施。由此表明，生态文明建设不仅与中国发展的短期目标密切相关，也与中国发展的中期长期目标紧密相连，即到 2035 年基本实现社会主义现代化，到 21 世纪中叶把中国建成富强、民主、文明、和谐、美丽的社会主义现代化强国。[①] 还有学者强调党的十八大以来中国的环境治理举措及成效，他们关注中央领导的有关讲话以及不断增加的财政投入和不断完善的法律法规。有利于采取新型增长方式，确保中国的持续进步，改善公民的生活质量、保护全球环境安全，中国将开启"生态文明"时代。[②]

（三）制度体系优势决定论

国外学者认为，中国现行的制度体系为生态文明建设提供了可供灵活调整的空间。有学者指出，构建生态文明，需要完善国家政策，提高企业和个人的意识，在这些方面，中国具有得天独厚的优势，尤其是在制度上拥有巨大优势。有学者直言，只有中国能够做得了这样大的决定，办得了这样的大事——引领世界走可持续发展道路。也有学者认为，中国政府有强大的执行能力，因此当政府意识到环保问题的重要性时，就可以打破利益藩篱。一旦中国生态文明建设的"睡狮"觉醒，所爆发出的优势和能量是传统的西方环保体系无法比拟的。还有学者通过对中国具体政策的分析，指出了中国生态文明建设的制度优势所在。有学者认为，中国已经制定了许多非常好的规划。像是在绿色金融领域，中国已成为全球领跑者。除此之外，中国

---

① 姜辉等：《共同见证百年大党——百位国外共产党人的述说》（下册），当代中国出版社，2021年，第 505 页。

② 《国际社会积极评价中国大力推进生态文明建设》，新华网，www. xinhuanet. com/politics/2012 – 11/15/c_113699851. html。

大力推行河长制、湖长制,这些都是非常创新的体制安排。也有学者指出,近年来,中国在政策、资金和技术等各层面都加大了环境保护力度。"这些工作的顺利推进,归功于中国不断完善的生态环境保护制度,不断创新的生态治理和保护方式,以及民众广泛参与。"①不少国外学者注意到,中国政府组建环境保护机构成倍增长,从组织机构薄弱、人员不足、地位低下的局面逐渐发展成为一个拥有真正权威的政府机构。学者们还发现,中国政府十分注重从制度层面加强环保建设,出台了一系列环境保护的制度规定和法律法规。有学者研究指出,在过去的 20 年里,中国几乎从零开始建立起了一个环境保护制度体系,今天的环境保护制度包括大约 20 项法律、40 项法规、500 项标准以及其他 600 项与环境保护和污染控制相关的法律规范。此外,中国约有 1000 项地方环境法规,并签署了 80 项环境保护条约。尽管这不代表中国的环境保护制度是完美的或者足够的,但这意味着中国在环境保护制度方面已经迈出了重要的一步。

三、中国生态文明建设需要关注的几个问题

中国生态文明建设尽管取得较好成效,但仍需加强。国外学者在高度肯定中国生态文明建设突出成效的同时,还分析了需要特别关注和重点解决的三个问题。

（一）平衡经济增长与生态文明建设之间的关系

随着中国经济的发展,环境问题也日益凸显,如何平衡经济增长与生态文明建设的关系既是中国必须面对的重要议题,也是国外学者所关注的焦点。在许多西方学者看来,生态文明建设与经济发展一直是冤家对头。建

---

① 刘晓云:《国外高度评价新时代中国生态文明建设成就》,《红旗文稿》,2020 年第 24 期。

设生态文明为了提供生态环境良好的经济发展空间,而经济发展却成了生态危机的标识。生态文明建设与经济发展是需要长时间解决的相互掣肘难题。有学者在追寻中国环境污染问题的原因时,往往认为经济优先的发展理念以及"先污染后治理"的发展道路对中国环境造成了严重损害。有学者在 1998 年发表的文章中指出,一种贯穿中国全局的管理理念就是维持经济的增长比维护环境重要得多。① 这就使很多环境政策在执行的时候在很大程度上是无效的,特别是当这些政策与经济发展目标相冲突的时候。② 因此,如何平衡生态文明建设与经济发展的关系已成为中国社会发展的一个关键问题,它不仅直接影响生态文明建设的效果,而且直接关系到中央与地方的关系、地方之间的关系、环保法规的制定与执行的关系、政府主导与社会参与的关系等。鉴于此,有学者指出,中国要找准生态保护与经济增长的结合点,一方面,人民"对新鲜空气、清洁水、高质量环境和其他生态产品的需求越来越大,这一趋势为生态条件较好的地区提供了新的经济发展机会"③,另一方面,经济增长又是促进环境保护的有效手段,"经济工具是减少环境问题的最佳手段"④。

(二)处理好中央与地方的关系

中央的政策能否在地方得到执行是影响中国生态文明建设的一个极为重要的因素。⑤ 西方分权式环境治理理论认为,由于地方政府更接近公众、

---

① Jahiel A. R., The organization of environmental protection in China, *The China Quarterly*, 1998, 156.

② Sinkule B. J., Ortolano L., *Implementing environmental policy in China*, Greenwood Publishing Group, 1995.

③ Liu C., Chen L., Vanderbeck R. M., et al, A Chinese route to sustainability: Postsocialist transitions and the construction of ecological civilization, *Sustainable Development*, 2018, 26(6).

④ Schmitt E. A., Living in an Ecological Civilization: Ideological Interpretations of an Authoritarian Mode of Sustainability in China, *CADAAD Journal*, 2018, 10(2).

⑤ 周文华、董莹:《海外对中国改革开放以来生态文明建设的研究述评》,《国外社会科学》, 2018 年第 6 期。

更了解环境问题,地方分权有利于提升环境治理绩效。但是在另外一些学者看来,中国环境治理的分权体系恰恰是产生而非解决环境问题的主要原因。有学者以推诿政治作为理论框架,采用文献话语分析和田野调查的方法考察了各级政府官员的推诿行为,认为这正是导致"差序政府信任"并造成中国环境治理分权体系功能性障碍的根源所在。① 既然分权体系容易造成地方政府环保执法"过松、过软"以及各种推诿行为,那么加强中央管控是否就能带来好的结果呢? 也有学者对此提出了异议。有学者对中央集权化能否减少地方保护主义对污染治理造成的负面影响的研究发现,中央集权化的趋势使执法实践变得更加严格和频繁,而且不同地区执法实践的发展并不均衡,并没有对减少污染起到什么改善作用。② 有学者则从理论和实践两个层面描绘了一幅中央和地方在环境治理模式中交叉、互动的复杂画面:中央和地方对环境的治理并不像看上去那样迥然不同,不管是在积极执法还是消极推卸责任的方面,中央和地方都有很多利益重叠的情况,而且重新集权化也并不能在每种情况下都能提升环境治理效果。③ 对于如何处理中央与地方的关系,国外学者提出一些建议。有学者认为,尽管中央政府对环保工作提出要求,但有些地方官员仍倾向于集中能源和资源发展经济,因此除了需要设定目标和加大投资,还需要为地方官员和企业建立起合适的激励机制。环境危机可能对中国经济奇迹的持续、公共卫生秩序的维护以及良好的国际声誉构成威胁,中国应更多地激发地方与产业界维护环境的动

　　① Ran R., Understanding blame politics in China's decentralized system of environmental governance: actors, strategies and context, *The China Quarterly*, 2017, 231.

　　② Van Rooij B., Zhu Q., Na L., et al, Centralizing trends and pollution law enforcement in China, *The China Quarterly*, 2017, 231.

　　③ Kostka G., Nahm J., Central – local relations: Recentralization and environmental governance in China, *The China Quarterly*, 2017, 231.

力,发挥司法部门、环保团体与媒体的监督作用。[①] 也有学者指出,中国政府制定了积极的环境保护、降低能源强度和提升清洁能源的目标,但自上而下的政策效果有限。如果经济增长是考核地方官员的主要指标,对地方官员的环保举措缺乏有效的保障机制,国家法律法规和政策目标就会变得无效且无力。因此,他建议从国家治理角度入手,激励公司自愿提出能源效率承诺。[②]

(三)发挥多主体的积极作用

在国外学者看来,环境问题具有公共性和复杂性,任何单一主体都不足以应对。我国的环境治理除继续发挥政府与专家的重要作用外,还应进一步发挥广大民众、企业、民间组织等多主体的协同作用。毕竟,政府可能存在信息失灵以及多目标的协调问题,专家则可能受制于技术理性的局限性与不确定性。国外学者特别强调了广大民众在环境治理中的作用。作为社会主体的广大民众应参与环境治理全过程,既参与决策的制定,又监督决策的执行,既作为环境权利的主体,又作为环境义务的主体,努力避免"吉登斯悖论"和"公地悲剧"。"吉登斯悖论"是指全球变暖带来的危险尽管很可怕,但在日复一日的生活中它们却不是有形的、可见的,因此许多人会袖手旁观。"公地悲剧"是说如果对公共资源进行自由使用而不加以限制,则公共资源最终将被完全耗尽。在中国,确实有部分人对环境状况不满,却又不愿改变自己的生产和生活方式,甚至边抱怨污染边享用"污染的红利"。这种状况必须有所改变,因为只有每个人自觉意识到并认真履行自己的环境义务,才能更好地享受环境权利。

---

① Economy E. C., The Great Leap Backward – The Costs of China's Environmental Crisis, *Foreign Aff.*, 2007, 86.

② Minas S., China's climate change dilemma: policy and management for conditions of complexity, *Emergence: Complexity & Organization*, 2012, 14(2).

企业更应自觉肩负起环境治理的责任。20 世纪 80 年代起西方环境治理的创新主要集中在市场领域,从一系列市场中的工具、企业社会及环境责任、环境治理的公私合作、经济评估技术与方法、环境税到公用事业民营化等,由于中国 20 世纪 90 年代才开始由计划经济向市场经济转型并且坚持优先发展经济而忽视生态环境,所以将市场工具及经济因素引入环境治理都要晚于西方。[①] 时间上的滞后也为吸取西方经验与教训提供可能。如果说经济改革与发展引致了当前中国巨大的生态环境挑战,中国的领导层当然更希望从经济层面出发寻求有效的环境治理手段,实现经济发展与环境保护的双赢——可持续发展。有学者估测中国空气污染分别对健康和经济的影响后,认为从控制污染中取得的社会和经济收益要高于公众健康损失的成本,中国政府大可采用市场机制来解决污染问题,建议征收环境税为政府治理地区污染解决收入来源问题。[②] 发挥企业在环境治理中的作用,除了加大对污染企业的惩处力度外,还可以借鉴国外的成功经验,由政府制定高污染、高耗能企业的退出援助政策,同时帮助这些企业的员工提高工作技能,成功实现再就业。

中国非政府组织的发展一直是国外学者高度关注的话题,由于环境问题的特殊性,环境非政府组织相对也更活跃。中国环境非政府组织非铁板一块,除了环保事业单位外还有正式环保非政府组织、草根组织和国际非政府组织。这与西方对公民社会的偏好结合在一起,他们认为环保人士和环保非政府组织充分有效适应现有的政治条件,通过自我审查、去政治化、与党政建立非正式关系等方式获得一定的政治影响和活动空间,进而可以在

---

①　Economy E., Environmental governance: the emerging economic dimension, *Environmental Politics*, 2006, 15(02).

②　*Clearing the air: the health and economic damages of air pollution in China*, Mit Press, 2007.

中国环境治理中发挥重要作用。①

　　尽管国外学者在生态文明建设的一些重要问题上的看法不尽相同,但他们提出的中国生态文明建设需要关注的几个问题值得我们思考。中华民族向来尊重自然、热爱自然,绵延五千多年的中华文明孕育了丰富的生态文化。近年来,我国生态文明建设取得了显著成绩,但形势依然十分严峻,资源消耗总量过多,能源资源利用效率偏低,环境污染和生态破坏较严重,还有不少难关要过,还有不少硬骨头要啃,还有不少顽瘴痼疾要治。生态文明建设中存在的这些突出问题,在很大程度上与生态文明体制不健全有关。生态文明建设依赖于生态文明制度建设,生态文明制度建设依赖于生态文明体制改革。用制度保护生态环境,就要通过改革进而建立和完善制度。从根本上讲,加快推进生态文明体制改革,需要全面加强党对生态环境保护的领导,落实党政领导干部责任,强化考核问责,不断改革创新,不断夯实生态文明建设的制度基础。

第六节　党的建设制度改革的深化

　　中国共产党作为协调各方的领导核心,深化党的建设制度已然成为全面深化改革取得成功的重要保证。在党的十三大首次明确提出“党的自身建设也必须进行改革,以适应改革开放的新形势。党的思想建设、组织建设、作风建设,都应当体现这个指导思想”,并且要求“切实加强党的制度建设”。②

---

① Ho P., Edmonds R. L., *China's Embedded Activism: Opportunities and Constraints for a Social Movement*, Routledge, 2008.

② 中共中央文献研究室:《改革开放三十年重要文献选编》(上),人民出版社,2008 年,第497 页。

党的十四大强调"坚持党要管党和从严治党,加强和改进党的建设,努力提高党的执政水平和领导水平"①。党的十六大强调加强和改进党的建设"一定要把思想建设、组织建设和作风建设有机结合起来,把制度建设贯穿其中"②。党的十七大进而提出"以改革创新精神全面推进党的建设新的伟大工程","以健全民主集中制为重点加强制度建设"。③ 党的十八大以来,在以习近平同志为核心的党中央坚强领导下,党的建设制度改革深入贯彻落实新时代党的建设总要求和新时代党的组织路线,制定实施了一批力度大、措施实、接地气的改革举措,形成党的组织制度、干部人事制度、基层组织建设制度、人才发展体制机制改革齐头并进、互相支撑的良好态势。随着对自身规律认识的不断深化,《中共中央关于全面深化改革若干重大问题的决定》强调指出:"全面深化改革必须加强和改善党的领导,充分发挥党总揽全局、协调各方的领导核心作用,建设学习型、服务型、创新型的马克思主义执政党,提高党的领导水平和执政能力,确保改革取得成功。"④

苏联解体、东欧剧变后,国外很多中国观察家认为,中国很快也会步苏东后尘,"中国崩溃论"不绝于耳。但中国共产党不仅没有崩溃,反而创造了经济持续快速增长和政局大体稳定的双重奇迹。越走越宽广的中国道路引起了国外学界的高度关注。一些国外学者认识到,中国共产党是中国道路的核心,是解读中国奇迹的钥匙。因此,在沉寂了近二十年后,国外当代中国研究学界发出了"把中国共产党带回来"的呼声,对党的研究逐渐升温。

---

① 中共中央文献研究室:《改革开放三十年重要文献选编》(上),人民出版社,2008 年,第671 页。

② 中共中央文献研究室:《改革开放三十年重要文献选编》(下),人民出版社,2008 年,第1265 页。

③ 中共中央文献研究室:《改革开放三十年重要文献选编》(下),人民出版社,2008 年,第1738 页。

④ 《中共中央关于全面深化改革若干重大问题的决定》,人民出版社、中国盲文出版社,2013 年,第69 页。

毛泽东将党的建设视为中国革命的"三大法宝"之一,而且是最重要的法宝。习近平在党的十九大报告中指出,"四个伟大"互相嵌套,其中起决定作用的是党的建设新的伟大工程。中国共产党的自身建设问题亦成为国外中国共产党研究的重要组成部分,一些优秀的研究成果得以涌现。国外中共党建研究是现实经验与理论视角双向交流的产物。国外学者擅长使用理论框架,对于社会科学研究方法的运用比较娴熟,这就使得他们的研究具备较强的学理色彩。他们在研究议题的设置上有着突出的现实关怀。他们对党加强自身建设的一些举措进行了肯定,也提出了一些对加强党的建设具有参考价值的观点。

一、中国共产党为什么能?

2021年是中国共产党成立100周年。中国共产党历经百年沧桑,经过艰苦卓绝奋斗,铸就历史伟业,谱写了中国近现代史上最为可歌可泣的壮丽篇章。中国共产党是一个在筚路蓝缕、艰难奋斗中铸就辉煌的马克思主义政党。从中国共产党成立到今天,中国经历了从站起来到富起来、强起来的历史性跨越,消除了延续几千年的绝对贫困和区域性整体贫困,实现了从温饱不足到总体小康进而全面建成小康社会的历史性成就。中国用几十年走完了西方发达国家几百年的工业化历程,中国社会各方面发生了深层次、根源性的伟大变革,中国特色社会主义事业取得了全方位、开创性的历史成就。现在,中国已经成为世界第二大经济体,综合国力及国防实力进入世界前列,在众多高科技领域开始实现领跑,取得了一系列原创性的重大成果,国际地位和影响力获得前所未有的提升。与此形成鲜明对照的是,近年来西方国家普遍经济增长乏力,债务危机、金融危机、福利危机频发,失业、难民、安全等社会问题迭出,政治斗争加剧,社会分裂加深,逆全球化和民粹主义思潮蔓延,本国人民的生活水平停滞不前甚至逆向沉降,资本逻辑和金钱政治使"惠及民众"的改革停留于口头,西方社会乱象已然成为世界不稳定的重要根源。"西方之乱"与"中国之治"的鲜明对照使"中国崩溃论""中国失败论""中国威胁论""历史终结论"等论调彻底破产,国外学者转而赞叹中国共产党改天换地的卓越成就,从不同视角、不同层次探索"中国共产党为什么能"的伟大逻辑。

(一)中国共产党:殊勋茂绩一百年

历经百年跌宕起伏,中国不但没有步入苏联的后尘走向历史的终结,反而在中国共产党的领导下随着改革开放等一系列政策的持续推进实现了经济社会快速发展。中国共产党成立百年所取得的成就、原因及其世界性意义,引起了国外学者的极大关注。在国外学者眼中,中国共产党已然成为"一个站在政治、经济和文化发展前沿,在保护自然生态方面发挥重要作用的政党"[1]。中国共产党正以"中国奇迹"的创造者、社会主义的引领者、和平发展的倡导者日益走近世界政党舞台的中央。

第一,中国共产党领导中国取得了革命、建设和改革开放的巨大成就,创造了"中国奇迹"。国外学者对中国共产党百年成就的评述,主要是从两个维度来展开:其一,从国家使命的履行维度看,认为中国共产党使中国由弱国变成世界强国,洗刷了近代以来中华民族的屈辱历史,完成了国家重建、保障国家和平稳定发展、振兴国家的重要使命。有学者总结了中国共产党百年历史征程的伟大功绩:一是克服国内政治、军事等压迫,取得了人民革命和民族解放的伟大胜利;二是秉持国家和民族大义,建立抗日民族统一战线,战胜了日本侵略者;三是赢得人民群众的广泛支持,取得了解放战争

---

① 银斋·银塔维康、孔奇特·普塔伊宾、敏文:《老挝人民视角中的"一带一路"倡议》,《世界社会主义研究》,2021 年第 1 期。

的伟大胜利；四是恢复国民经济，施行了以土地改革为代表的一系列经济政策；五是主导改革开放，促进了中国经济的显著增长；六是展开反腐败运动，增强了中国共产党的领导力。[①] 正是中共领导中国人民为实现民族独立、国家统一进行不懈奋斗与长期斗争，建立起了拥有独立主权的中华人民共和国，才为中国今天的崛起奠定了坚实基础。中国社会发生的变革、中国人民命运发生的变化，其广度和深度、政治影响和社会意义，在人类发展史上都是十分罕见的。[②] 其二，从建设与发展成就的实现维度看，国际社会普遍认为中共百年来带领中国人民取得了"人类历史上的史诗级成就"。有学者指出，在中国共产党的领导下，中国生产力飞速发展，经济迅速增长，社会流动加速，减贫进程加快，成为当今世界主要经济体之一，成为当之无愧的新兴大国，成为国际舞台上的积极贡献者，具有重要国际影响力，这是中国历史的辉煌时期。在这一阶段，中国经济发展巨大，国家实力显著提升，核心利益得到坚决维护，继续朝着建设一个富强、民主、文明、和谐、美丽的社会主义现代化强国而努力。[③] 也有学者感叹，中国共产党的 100 年是经济创新的一段"传奇"。1949 年中国共产党上台执政时，中国是一个非常贫穷的国家，是一个饱受战争蹂躏的半封建国家，完全依靠自给自足，但随后中国共产党从过去的错误中吸取教训，实行改革开放，扩大对外贸易和吸引投资，使中国逐渐从政治孤立和经济的滞后中恢复过来。中国经济以两位数的速度迅速增长，使数亿人摆脱贫困。在中国共产党的领导下，中国对世界经济增长的年贡献率接近 30%，对全球减贫的贡献率超过 70%。今天，中国的全球影

---

① 姜辉等：《共同见证百年大党——百位国外共产党人的述说》（上册），当代中国出版社，2021 年，第 209 页。

② 姜辉等：《共同见证百年大党——百位国外共产党人的述说》（上册），当代中国出版社，2021 年，第 135 页。

③ 何塞·雷纳尔多·卡瓦略：《中共一百年：建设伟大国家 捍卫世界和平》，《光明日报》，2021 年 6 月 10 日。

响力不断增强。在新冠肺炎疫情大流行的背景下,中国是唯一一个在2020年实现经济正增长的经济体。中国共产党的成功,不仅对中国人民和中华民族具有重大意义,而且具有深远的世界意义。① 总之,在许多国外学者看来,正是中国共产党,自成立至今的一百年来,从把先进的马克思主义理论引入中国,到领导中国革命和建设事业,进而实施改革开放政策,伴随着中国特色社会主义进入新时代,中国在中国共产党的领导下,经济发展势头迅猛,人民生活水平不断提高,国际地位不断提升。中华民族这一百年来,正是因为有了中国共产党,才重新开启了民族复兴的新征程。②

第二,中国共产党始终坚持走中国特色社会主义道路,引领着世界社会主义和人类进步事业。不少国外学者尤其是国外共产党人对中国共产党在世界社会主义发展和振兴中的作用给予高度评价。主要体现在两个方面:一方面,他们普遍认为中国共产党所开创和壮大的中国特色社会主义,对冷战后世界社会主义的发展做出了重大贡献。有学者指出,中国共产党在带领中国人民和中华民族开展革命、建设和改革的过程中始终坚持马克思列宁主义与中国实践相结合,坚持走中国特色社会主义道路,在世界社会主义进入低谷的危险时刻,保住了社会主义的发展前途。时至今日,中国的巨大成功更进一步地证明了社会主义的优越性和光明前景。③ 有学者充分肯定中国共产党对推动国际共产主义运动发展所作的突出贡献:一是中国共产党领导成立的新中国使世界四分之一人口走向社会主义;二是中国共产党领导下的中国道路与中国模式使中国发展成为世界最大的经济体之一,为

---

① Eric Biegon,100 years of Communist Party of China; Legacy of economic revolution,https://www.kbc.co.ke/100 – years – of – communist – party – of – china – legacy – of – economic – revolution/.
② 姜辉等:《共同见证百年大党——百位国外共产党人的述说》(上册),当代中国出版社,2021年,第126页。
③ 姜辉等:《共同见证百年大党——百位国外共产党人的述说》(上册),当代中国出版社,2021年,第271页。

世界社会主义的发展奠定了一定的物质基础。并且面对苏联解体、东欧剧变的重创，中国共产党不改方向，不断发展壮大，成为国际共产主义运动的中流砥柱。近年来，中国共产党提出的人类命运共同体理念以及"一带一路"建设为世界和平发展提供了解决方案。中国共产党领导的中国特色社会主义不断展现社会主义制度的优越性，与西方不断滑向深渊的资本主义形成鲜明对比。[①]

另一方面，他们普遍认为中国共产党所建立的社会主义伟业，给世界共产党人以极大的鼓舞。中国共产党领导中国人民探索的中国特色社会主义道路的成功，对于全世界信仰马克思主义的共产主义者具有重大现实意义。有学者指出，一百年来，中国共产党打破了帝国主义的枷锁，战胜了殖民主义、战争和反革命，建立了一个稳定的人民国家，成为所有真正憧憬社会主义的社会主义者的灯塔。中国证明，尽管发生了苏联解体、东欧剧变，但社会主义并没有被埋葬。[②] 也有学者指出，苏联解体后，"历史终结论"盛行于西方世界。如今，中国特色社会主义在经济和社会领域所取得的巨大成就，已经有力地终结了"历史终结论"。这要归功于中国共产党坚定不移地推动改革开放，并破除了市场具有资本主义属性等教条主义观念，从而繁荣了社会主义经济。中国的发展给世界上所有致力独立于帝国主义的国家和人民树立了榜样。[③]

第三，中国共产党倡导构建人民命运共同体，为世界和平与发展做出了重要贡献。国外学者主要从两个层面来评述。一是大都赞赏中国的发展对

---

① 秦振燕：《国外共产党视域下中共百年成就与未来》，《中国社会科学报》，2021 年 10 月 14 日。

② 姜辉等：《共同见证百年大党——百位国外共产党人的述说》（上册），当代中国出版社，2021 年，第 193 页。

③ 姜辉等：《共同见证百年大党——百位国外共产党人的述说》（上册），当代中国出版社，2021 年，第 309 页。

世界的积极作用。有学者指出,中国已经成为世界开放性经济的重要参与者,将世界各国联系起来,并带来了发展的希望,使其他国家获得更好的发展。[①] 也有学者认为,中国的发展正在造福世界,中国的中等收入群体不断壮大,越来越多的人实现中等收入,这是人类历史上前所未有的,为世界带来了很多机会。[②] 有学者甚至直言,中国依然是世界经济增长马力最大的发动机,没有中国的贡献,世界经济早已陷入衰退。[③] 二是认为中国为推动世界的和平发展与全球治理做出了重要贡献。一些国外学者评价中国共产党构建人类命运共同体的理念,是为国际社会提供了看待世界的新方式和愿景。有学者认为,中国以全人类的福祉为目标,积极推动多边主义外交,扮演了促进世界和平稳定的角色。中国提出的"一带一路"建设,为推动包括中欧合作在内的全球各地合作带来新机遇,为探索一条合作而非片面强调竞争的世界发展新道路提供了有益启迪。[④] 也有学者指出,人类命运共同体是中国共产党提出的应对世界难题的倡议,体现了中国共产党对中国人民和世界人民的责任担当。[⑤] 还有学者指出,中国经济的发展、科技的进步和军事力量的壮大,是世界和平的最重要保证。"一带一路"建设和构建人类命运共同体是非常崇高的理想和愿景,中国正在为世界和平与发展做出最重要的贡献。[⑥]

---

① 解读中国工作室:《读懂中国——海外知名学者谈中国新时代》,天津人民出版社,2019 年,第 36 页。

② 解读中国工作室:《读懂中国——海外知名学者谈中国新时代》,天津人民出版社,2019 年,第 95 页。

③ 解读中国工作室:《读懂中国——海外知名学者谈中国新时代》,天津人民出版社,2019 年,第 287 页。

④ 《中共治国理政成就赢得世界敬意——外国政党领导人眼中的中共》,参考消息网,http://ihl. cankaoxiaoxi. com/2017/1020/2239750. shtml。

⑤ 姜辉等:《共同见证百年大党——百位国外共产党人的述说》(上册),当代中国出版社,2021 年,第 279 页。

⑥ 姜辉等:《共同见证百年大党——百位国外共产党人的述说》(上册),当代中国出版社,2021 年,第 325 页。

(二)中国共产党为什么能?

在中国共产党的领导下,中华民族从积贫积弱走向繁荣富强,中国特色社会主义事业蒸蒸日上。中国共产党为什么能? 这是国外学者高度关注的问题。他们以局外人和第三者的视角,把中国共产党放在国际共运的大舞台上,在与其他国家共产党的比较中总结中国共产党独特的成功密码。

第一,始终坚持马克思主义,实现了马克思主义的中国化,这是中国共产党成功的思想保障。有学者强调,中国共产党是在马克思列宁主义的影响下建立的工人阶级政党,建立之后又一直以马克思列宁主义作为党的思想灵魂,用马克思列宁主义全面武装自己,使党的一切行动有了正确指南。正是有了马克思列宁主义的思想灵魂,中国共产党获得了无穷的力量,战胜了千难万险,取得了革命的成功,建立了新中国,并成为执政党。在马克思列宁主义的指导下,中国共产党不断创新,领导人民开展了伟大的社会主义建设和改革开放事业。中国共产党在走过的一百年奋斗历程中,总是把马克思列宁主义基本原理同中国具体实际相结合,与中国文化、中国民族特点相结合,在实践中不断发展马克思列宁主义,创造性地形成了毛泽东思想、中国特色社会主义理论体系,并用以指导中国共产党和中国的实践,走出了适合中国实际的中国特色社会主义道路。习近平新时代中国特色社会主义思想是人类进入 21 世纪后,马克思列宁主义在中国的新发展,成为中国特色社会主义理论体系的重要组成部分。这一伟大理论内涵十分丰富,思想十分深刻,是新时代中国特色社会主义发展进步的旗帜,是中国共产党在新时代的座右铭、指南针。党的十八大以来,在马克思列宁主义及其创新理论的指导下,创造了人类历史上前所未有的社会主义发展奇迹。[①] 这一观点已经

---

① 姜辉等:《共同见证百年大党——百位国外共产党人的述说》(上册),当代中国出版社,2021年,第102~103页。

成为国外学者尤其是国外共产党人的共识。

第二,始终保持无产阶级政党本色,坚持人民至上,这是中国共产党成功的力量保障。人民至上是马克思主义的政治立场。中国共产党把人民放在心中最高位置,一切奋斗都致力于实现最广大人民的根本利益。之所以如此,是因为人民群众是历史的创造者,是社会主义事业的依靠力量。有学者指出,中国共产党自建党之初便将为中国人民谋幸福、为中华民族谋复兴作为己任,引领人民实现了国家独立,建立了中华人民共和国,人民首度成为国家的真正主人。中国共产党的根基在人民,一直把人民放在心中最高位置,在提升人民福祉的问题上科学民主决策。民调显示,连续几年来,中国民众对中国共产党和政府的信任度超过90%。[①] 也有学者指出,中国共产党在国内保持崇高地位的主要因素在于贴近群众,与此相对应的是"人民至上"和"以人民为中心"等原则。中共中央总书记习近平多次强调,尊重人民主体地位,尊重人民群众在实践活动中所表达的意愿、所创造的经验、所拥有的权利、所发挥的作用,充分激发蕴藏在人民群众中的创造伟力。中国领导人所说的方针在实践中一直得到贯彻执行。中共立足于人民,为人民谋福祉,一直致力于满足人民群众日益增长的物质文化需求。得益于这一点,中国避免了很多大国遭遇的贫富差距不断拉大等诸多问题。[②] 除此之外,国外学者还指出,中国共产党自建立以来,引领中国实现伟大跨越,取得了突出成就,做出了重大贡献,其中的秘诀之一在于始终贯彻"人民至上"原则,注重向历史和人民群众学习。中国共产党重视倾听、吸取群众意见,为此党和政府设计了多种渠道,包括开展协商民主、进行网络投票等,由此极大地

---

① 《外媒:"人民至上"是中国共产党成功法宝》,环球网,https://oversea. huanqiu. com/article/43curnemk2g。

② 俄共主席久加诺夫文章:《中国共产党成功的最重要秘诀》,参考消息网,http://www. ckxx. net/p/263421. html。

增强了共识,凝聚了力量。①

第三,始终坚持自我革命,具备优秀品质和突出能力,这是中国共产党成功的组织保障。中国共产党是领导中国崛起的关键,这是国外学者的共识。中国共产党具有自我革命精神,善于总结经验,有严密的组织体系,有科学迅速的决策力和坚决强大的执行力。这些优秀的品质和突出的能力,保障中国共产党不断战胜困难,引领中国一步步走向强大。有学者指出,中国共产党的历史正是不断自我革新的百年奋斗史。在改革开放起步时,中国共产党就已意识到,推动改革进程既是执政党的义务,也是结合本国国情深入认识马克思主义的契机,只有在党的革新和现代化的战略尝试中不断地进行评估和评价,才能不断完善自身的体制机制,这也是中国共产党能够不断实现不同阶段战略目标的重要原因。一些学者认为,中国共产党不仅持续推动自我改革,而且还将改革措施制度化。他们提到,中国共产党颁布了大量的党内法规制度,形成了一系列详细复杂的制度体系,包括人才选拔、绩效评估、晋升奖惩等。通过这些党内法规制度,中国共产党依法治国、依规治党,有效加强了党的建设。有学者总结道,中国共产党实现长期执政的一个原因是在逆境中形成了自我更新、自我恢复、自我改变的能力。② 也有学者高度赞扬中国共产党党的建设的相关理论与实践,高度赞赏中国共产党发展党员的趋势与特点,高度肯定中国共产党党建的理论与实践对增强其政治延续性的重要作用。中国共产党作为执政党一直高度重视对党员的教育,高度重视党的建设,中国共产党坚持通过吸收新成员以获取广泛的社会支持。坚持对党员的严格考察和系列教育,则保持了党组织的纯洁和

---

① 韩强:《中国的发展变化在于有了中国共产党的坚强领导——海外学者论中国共产党百年成功经验》,《一带一路报道》(中英文),2021 年第 4 期。

② 韩强:《中国的发展变化在于有了中国共产党的坚强领导——海外学者论中国共产党百年成功经验》,《一带一路报道》(中英文),2021 年第 4 期。

富有凝聚力;吸收社会优秀人士入党使党员职业来源多样化,清晰地反映了政党获取社会支持策略的变化。① 近年来,中国共产党的强力反腐败也得到了美国学者的高度赞同。他们认为,国家能力的增强需要聚集个体的力量。反腐败,可以重新加强国家的权力,也是当代中国反对"西化"的最有力的思想武器。②

(三)中国共产党前景光明,任重道远

一些国外学者政要回顾中国共产党百年风雨历程,认为中国共产党所取得的巨大成功使其执政基础更加稳固,前景更加光明,但前进的道路不会一帆风顺,仍然面临许多严峻的困难与挑战。

有国外学者基于中国共产党的优势,对中国 2035 年基本实现社会主义现代化的前景充满期待。他们相信,到 2035 年中国数字化程度及相关产业将成为世界一流,而中国从农村到北京、上海等大都市的生态环境质量将显著提升。③ 也有国外学者称,中国共产党所取得非凡成就,令世界惊叹,没有理由怀疑中国共产党的领导能力,中国是世界上前途最可预见的国家。有国外媒体指出,中国共产党是中国未来的希望,只要领导人头脑清醒,胆大心细,勇往直前,前途应该是光明的。有学者对即将召开的中共二十大表达了期待和祝愿:"中共二十大将为中国未来发展目标任务作出谋划,提出新的思路、新的战略、新的举措。我对中国的未来充满期待。"④有学者总结道,现在,全世界都在关注中国,因为中国的成功向其他国家有力证明了中国道

---

① 薛念文、孙健:《近年来美国学者对中国共产党的肯定性评价越来越多》,《红旗文稿》,2017 年第 19 期。

② Zhao S., Whither the China model: revisiting the debate, *Journal of Contemporary China*, 2017, 26(103).

③ 《"中国共产党这个百年大党能与时俱进"》,环球网,https://china. huanqiu. com/article/ 433LQibKxIF。

④ 《"对中国的未来充满期待"(外国政党政要和友好人士看新时代中国共产党)》,环球网, https://3w. huanqiu. com/a/22b871/49WkJsPJ1Nx?agt=28。

路的优越性。中国必将不断取得新成就，而中国共产党作为执政党，将不断适应新的条件、战胜各种挑战，并领导中国人民最终实现伟大民族复兴的目标。①

当然，在国外学者看来，中国共产党仍面临严峻困难与挑战。有国外学者认为，中国共产党在腐败治理、人口老龄化、环境污染、地区发展不平衡等多个方面，仍面临严峻的困难与挑战，尤其是能否跨越"中等收入陷阱""塔西佗陷阱""修昔底德陷阱"等，仍待检验。② 也有学者指出，中国共产党应该意识到加强自身建设的重要性，因为他发现在部分地区，虽然中国共产党党员获得了各类保障，但这并没有有效转化为对各级政府的支持。而如果听任在部分地区党员对政党的腐蚀，这会导致十分严重的后果，甚至会使地方的稳定受到影响。③ 还有学者认为，中国社会更加多元化，而中国共产党领导人经过一代一代的传承，权威在递减，因而面临建立共识等挑战，因此建立强有力的领导核心对于中国正面临的社会转向意义重大。④

总的说来，国外学者关于中国共产党成立 100 周年的研究具有重要的理论和实践意义。这些研究在一定程度上引领着国际舆论环境的"话语主题"，彰显了国外学者关注中国共产党的"视角"和"立场"，扩大了中国共产党故事的"对外传播广度和深度"，建构了中国共产党百年历史的"海外叙事话语"。总之，尽管存在着某些局限性与不足，但国外学者对中国共产党成立 100 周年的研究成果，对于我们从国外视角来深入学习和研究中国共产党成立 100 年来的光辉历史、研判这一重大历史节点的国际舆论环境、更好地

---

① ［苏］弗拉基米尔·斯科瑟列夫：《俄罗斯独立报：中国将救世主的角色揽上身》，http://www.chinaru.info/News/shizhengyaowen/50323.shtml。

② 李海、范树成：《国外学者政要纵论新时代的中国共产党》，《广西社会科学》，2019 年第 5 期。

③ Dickson B. J., Who wants to be a communist? Career incentives and mobilized loyalty in China, *The China Quarterly*, 2014, 217.

④ 马凯硕：《中国需学会"驾驭成功"》，《红旗文稿》，2012 年第 24 期。

建构新时代中国特色社会主义国际话语体系等工作,都具有重要的参考价值和借鉴意义。

二、强化政治统领不断完善党的建设制度体系

政治问题,任何时候都是根本性的问题。党的建设制度改革怎么改、改什么、取得什么样的效果,是有立场、有方向、有原则的,必须坚持正确政治方向、找准政治定位、坚守政治原则。党的十八大以来,党的建设制度改革,总体设计依据党的章程,改革指向强化党的领导,改革重心突出党的建设质量,改革举措坚持问题导向,改革任务聚焦全面从严治党,党的建设制度改革主体框架基本确立,党的建设制度体系不断完善,制度执行力不断提高。作为世界上第一大党,中国共产党的建设制度改革备受国外学者关注。国外学者对中国共产党的研究涉及党的建设的各个领域,包括思想建设、组织建设、纯洁性建设、党内法规建设,等等,几乎直接或者间接地涉及了党的建设的各个方面。

(一)思想建设

列宁指出:"没有革命的理论,就不会有革命的运动……只有以先进理论为指南的党,才能实现先进战士的作用。"①在强大思想武装下,中国共产党在政治方向上保持高度一致,在思想认同的基础上达到政治认同。因此,坚持思想创新是坚定政治方向的前提,是中国共产党长期成功执政的关键。众所周知,中国共产党是高度重视思想建设的党,而政治方向是党生存发展第一位的问题,事关党的前途命运和事业兴衰成败,因此只有进一步开拓马克思主义思想发展新领域,用马克思主义的最新思想研究成果武装全党,始

---

① 《列宁选集》(第一卷),人民出版社,2012年,第311页。

终坚持中国特色社会主义,我们的伟大理想才能真正实现,并始终保持党长期奋斗的正确方向。对此,国外学者认为,正是因为中国共产党在长期的革命和建设过程中始终坚持党的思想创新,才能在各种执政风险和考验中坚定正确的政治方向。

有学者指出,中国共产党是马克思列宁主义与百年前中国工人运动相结合的产物。中国共产党在先进理论的指导下,把握革命进程的方向,为中国开辟了一条新的发展道路。中国共产党的优点之一就是以马克思列宁主义为理论指导,同时充分结合中国国情的特殊性、每个阶段的特殊性。[①] 有学者回顾中国革命道路时指出,中国共产党创造性地运用马克思列宁主义的基本原理,把它同中国革命的具体实践结合起来,形成了伟大的毛泽东思想,找到了夺取中国革命胜利的正确道路。这对于马克思主义的发展是一个重大贡献。也有学者指出,中国共产党一贯强调理论学习的重要性,坚持用毛泽东思想、邓小平理论、"三个代表"重要思想、科学发展观、习近平新时代中国特色社会主义思想等重要理论成果武装全党,不断深化对共产党执政规律、社会主义建设规律和人类社会发展规律的认识。[②] 总体看来,国外学者一方面看到中国共产党思想建设的继承性,认为中国共产党从总体上仍然是一个以马克思主义为理论旗帜的政党,和西方政党有着根本性的差异,另一方面国外学者存在夸大党在不同时期的指导思想之间差异的倾向,如认为邓小平理论意味着对毛泽东思想的否定,[③]"三个代表"重要思想反映了党的指导思想的精英化,科学发展观对"三个代表"重要思想的精英化倾向进行纠偏,"四个全面"的提出意味着告别"三个代表"。这一倾向固然反

---

① 何塞·雷纳尔多·卡瓦略:《中共一百年:建设伟大国家 捍卫世界和平》,《光明日报》,2021年6月10日。

② 郭云:《国外共产党人感悟中共百年理论创新》,《中国社会科学报》,2022年2月15日。

③ [美]莫里斯·迈斯纳:《毛泽东与马克思主义、乌托邦主义》,张宁、陈铭康等译,中国人民大学出版社,2005年。

映了党在思想建设上的不断调适,但也说明一些国外学者不明白马克思主义"不是教条,而是行动指南"①这一辩证法。

(二)组织建设

中国共产党是世界上最大的政党,拥有数量庞大的党员和从中央到基层的组织系统。党的力量来自组织,组织使力量倍增。中国共产党历来重视组织建设。早在延安时代,毛泽东就提出要建设一个思想上政治上组织上完全巩固的党。组织建设一直是党的自身建设的重要内容。组织建设的内容包括领导体制建设、基层组织建设、干部队伍建设、党员队伍建设等。改革开放以来,党不仅没有在市场经济大潮的冲击下衰朽,相反还表现出对市场经济的强大驾驭能力,取得了举世瞩目的执政绩效。一些国外研究者抛弃了党没有发生任何改变的陈旧观念,试图从党组织自身的变革来寻找原因。

关于领导体制建设。国外学者普遍认为,党的十八大以来中国共产党强化了各项领导制度的顶层设计,尤其是推动自上而下的领导机制变革,进而完善党的领导方式,使其变得更加科学高效。有学者认为,当前习近平领导下的中国共产党希望自上而下改革这个国家,改善国家治理。党的十八大以来的各项体制机制的改革在中国有着不同寻常的意义,意味着中国共产党正在为经济和社会体制改革搭建舞台,预示着中国领导层打算从顶层设计入手逐步完成改革任务。同时他指出,这些步骤将提供充足的时间,以确保下一批改革措施(2020—2035 年)能够持续实施。② 有学者通过考察中国共产党领导体制的发展变化后认为,中国共产党的领导方式与社会诸因素之间存在很强的关联,中国共产党保持执政地位并具有强大生命力是因

---

① 《列宁全集》(第 32 卷),人民出版社,2017 年,第 111 页。

② Berger B., All That Xi Wants: China's Communist Party is Trying to Reform the Country from the Top Down, *Deutschen Gesellschaft für Auswärtige Politik*, 2018(5).

为中国共产党始终根据变化了的形势寻求新的工作机制、制度性规定、政策措施、政治规范来解决内在缺陷与不足。① 还有学者指出,中国共产党通过强调分级指挥,强化顶层设计和指挥监督,增强了其领导能力。习近平推动的重大改革有力地证明,领导层要拥有一个强大的指挥中心,必须拥有明确的自上而下的指挥权。事实上,中国的治理意味着既要由国家权力主导,又要在高度复杂的制度环境中与中国社会的企业、集体和个人行动者合作。而从党的十九大后中国政治体制的变化来看,中央显然打算通过精简政治体制结构,赋予党的机构更多的权力,来提高其"初始指导"能力。②

关于基层组织建设。随着"党领导一切"的不断强化,党在不同领域中的组织覆盖和工作覆盖("双覆盖")的重要性日渐凸显。有学者探讨了市场化改革条件下农村党支部所发生的变化,即农村先富阶层担任村党支部书记。他认为,这一现象是诸多因素共同作用的结果。其一,党的自身调适。党根据市场经济所带来的社会经济变化调整了自身与新涌现出来的先富阶层的关系,将后者整合进基层治理结构,鼓励他们带领群众致富和为农村社区服务,以期增强党在农村基层社区的代表性和号召力。其二,来自农村社区网络的支持。这些致富能手因其能力和对社区发展做出的贡献而赢得了威望。其三,致富能手希望通过被体制吸纳维护和扩充自身的经济利益、赢得政治和社会声望、保护家族利益等。他指出,致富能手担任村支书,反映了党所具有的弹性和适应能力,政治边界得以拓展,党的社会支持基础得以夯实,农村基层治理质量得以提升。③ 也有学者分析了社区党组织如何解决

---

① Li C., *Chinese politics in the Xi Jinping era: Reassessing collective leadership*, Brookings Institution Press, 2016.

② Schubert G., Alpermann B., Studying the Chinese policy process in the era of 'top – level design': The contribution of 'political steering' theory, *Journal of Chinese Political Science*, 2019, 24(2).

③ Xiaojun Y., "To Get Rich Is Not Only Glorious": economic reform and the new entrepreneurial party secretaries, *The China Quarterly*, 2012, 210.

与社区居委会之间因为争夺控制权而产生的摩擦。社区党组织是自上而下产生的权威,而居委会则是自下而上产生的权威。这种双重政治结构容易产生竞争和摩擦。为解决这一问题,中国共产党采用了社区党组织书记担任居委会主任的"一肩挑"办法,从而化解了两种不同路径的权威之间的冲突。① 国外学者的研究表明,尽管在市场转型中遭遇困难和挑战,党通过调适,依然保持了基层党组织在基层治理中的领导地位。

关于干部队伍建设。同样引起西方学者关注的是中国共产党对干部队伍建设的加强,这方面的研究可分为以下几个路向:

其一,不少学者开始反思中国共产党组织人事方面的变化,以及干部人事控制与政治稳定之间的关系。有学者认为,中国共产党干部任命制的重要特点是政党独掌权力,这套制度旨在维护中国共产党的执政地位。干部任命制的功能是选拔中国共产党所需要的既有能力而又对中国共产党忠诚的领导人。② 其他学者的研究也印证了干部任命制在维系中国共产党的执政地位上所起的重要作用,表明干部任命制是中国共产党控制领导选拔与任命的主要工具。③

其二,有学者将注意力投向更为技术层面的干部考核与责任制度。有学者指出,干部责任制是中央用来指引地方官员的工具,通过这一制度,中央把它优先关注的问题传达给地方,让地方领导承担责任。干部责任制以干部任命制为基础,二者共同构成党政治控制的来源。④ 也有学者探讨了干

---

① Brødsgaard K. E., Yongnian Z., *Bringing the party back in: how China is governed*, Eastern Universities Press, 2004, p. 233.

② 吕增奎:《执政的转型:海外学者论中国共产党的建设》,中央编译出版社,2011 年,第 202 ~ 219 页。

③ Chan H. S., Cadre personnel management in China: the nomenklatura system, 1990 - 1998, *The China Quarterly*, 2004, 179.

④ 吕增奎:《执政的转型:海外学者论中国共产党的建设》,中央编译出版社,2011 年,第 184 ~ 201 页。

部责任制的不足：一是"软指标"的实施缺乏保障；二是考评结果失真；三是考核对某些干部激励不足；四是考核容易引起反制措施（counter strategy）。①

其三，党校系统的干部培训成为近年来国外学者观察中国共产党干部队伍建设的一个新焦点。有学者总结了改革开放以来干部培训的演变趋势：中央集权化和市场化。干部培训的市场化和中央集权化并不矛盾。市场化让地方党政部门在选择本地和外地的培训供给方时有了更多的选择，尤其是在现代管理技能等与意识形态关联不大的课程上。② 也有学者专门研究了党校系统的干部培训，认为全国的党校系统是一个至关重要的设计，通过这一系统，中国共产党保持对全国所有干部的控制。③ 国外学者对干部队伍建设的研究反映了中国共产党在市场经济条件下的适应能力，同时也为新时代加强和改善干部队伍建设指出了方向。

关于党员队伍建设。党员是党的组织细胞。改革开放以来，中国共产党党员队伍发生了革命性变化。具体说来，随着市场化改革的深入，社会结构发生根本性变化，这一变化亦影响到党员结构。国外学者的研究更加关注党组织对社会精英的吸纳，这方面的研究可分为以下几个方面：

首先，党对新社会阶层采取吸纳战略首先是扩大党的社会基础所需。有学者认为，中共通过将"财富纳入权力"的做法吸收了私营企业主入党，并建立与新兴社会阶层的连接机制，从而保证政权的稳定。其他学者也有类似观点，认为中国共产党迫切需要私营企业主对其经济发展纲领的支持，而公开吸收他们入党并承认他们是执政党的组成部分是获取他们支持的最佳

---

① Heberer T., Trappel R., Evaluation processes, local cadres' behaviour and local development processes, *Journal of Contemporary China*, 2013, 22(84).

② Pieke F. N., Marketization, centralization and globalization of cadre training in contemporary China, *The China Quarterly*, 2009, 200.

③ ［美］沈大伟：《中国共产党：收缩与调适》，吕增奎译，中央编译出版社，2012年，第5页。

办法。①

其次,吸纳策略也是党应对组织衰落所采取的对策。有学者指出,改革开放后,中国共产党的基层组织出现衰落,突出表现在农村基层党组织软弱涣散、流动党员难以管理、非公企业中党组织覆盖率下降、发展新党员速度下降。由此,中国共产党被迫向新社会阶层敞开大门。②

最后,吸纳策略源于新社会阶层要求入党的压力。有学者指出,党对新社会阶层的吸纳建立在党对经济资源和政治权力的控制之上。尤其是私营企业主其入党的动机是追求能够增加自己财富的权力。在中国,权力集中于党手中。他们没有像在民主国家一样去支持新的政党以促进自己的利益,而是选择更加可行的途径,即入党。③ 对于新社会阶层入党的影响,有学者分析道,新社会阶层入党增加了党的"包容性",扩大了执政的社会基础,增强了党的控制能力。④

(三)纯洁性建设

中国共产党纯洁性建设是党的建设一项长期重要任务。党的十八大把纯洁性建设与执政能力建设、先进性建设共同定位于党的建设的主线。近些年来,国外学者开始重视对中国共产党自身建设党的纯洁性建设的研究,以其显性的或者隐性的方式,体现在如下两方面。

第一,党的纯洁性建设与党的反腐败工作。反腐败斗争是中国共产党始终高度重视的问题,也是长期以来国外学者关注中国共产党纯洁性建设

---

① 吕增奎:《执政的转型:海外学者论中国共产党的建设》,中央编译出版社,2011年,第156~168页。

② Dickson B. J., *Red capitalists in China：The party，private entrepreneurs，and prospects for political change*, Cambridge University Press, 2003.

③ 吕增奎:《执政的转型:海外学者论中国共产党的建设》,中央编译出版社,2011年,第156~168页。

④ Pei M., *China's trapped transition：The limits of developmental autocracy*, Harvard University Press, 2006, p. 7.

的要点之一，尤其是党的十八大以来，国外学者纷纷将目光投向了习近平的"反腐新政"。有学者指出，党的十八大以来的反腐败工作不仅持续时间更长、影响范围更广，而且还改变了中国共产党和中国政府激励机制的结构，减少了官员的腐败机会和反腐败执法中的结构性障碍。这意味着中国共产党正不断朝着制度化反腐和善治迈进。① 也有学者同样指出，2012 年底开始的反腐运动是中国共产党历史上历时最长、强度最高、手段最严、打击面最广的整治内部腐败的行动，把欺压人民、滥用特权、生活腐化的官员送进了监狱，得到了民众的广泛支持。② 也有一些国外学者以"纪委"的角色定位为切入点，剖析了党的十八大以来反腐败工作取得显著成效的原因。有学者指出：中国共产党调整、完善国家权力运行制约和监督机制，使地方"纪委"较之前更加独立于地方党委和政府的举措，推动了党的十八大以来"打虎拍蝇"的反腐败工作向前发展。③ 也有学者认为，党的十八大以来反腐败工作比之前更加有效、更加有力的原因在于"这次反腐败主要是由中纪委来主导，中纪委成为唯一的反腐败运动权力中心，改变了原来无人负责的情形"④。

第二，党的纯洁性建设与党的治国理政方略。新时代中国共产党治国理政的实践经验一直为国际社会所津津乐道，越来越多的国外人士期待从中获得关于本国发展和世界进步的启迪。一方面，国外学者普遍认为中国共产党强大的治国理政能力源于对群众路线的坚守，中国共产党是真正代表人民利益的政党，能够将人民的力量汇聚成奔腾澎湃、强劲浩荡的"中国

---

① Manion M., Taking China's anticorruption campaign seriously, *Economic and Political Studies*, 2016, 4(1).

② Pei M., assessing xi jinping's anti - corruption fight: Views from five scholars, *Modern China Studies*, 2017, 24(2).

③ Guo X., *Controlling corruption in the party: China's central discipline inspection commission*, Critical Readings on the Communist Party of China (4 Vols. Set). Brill, 2017, pp. 1179 – 1214.

④ 郑永年：《未来三十年：新时代的改革关键问题》（修订版），中信出版社，2018 年，第 100 页。

力量"①。有国外共产党人指出,中国共产党是一个真正的"人民政党",这凸显了马克思主义的政党属性。中共始终以全心全意为人民服务作为自己的宗旨,坚持以人民为中心,一切为了人民,一切依靠人民,初心不变,本色不改。正如邓小平所言,在中国"党离不开人民,人民也离不开党,这不是任何力量所能够改变的"。中共无论在中国革命、社会主义建设还是改革开放时期,始终洞察民意,把握民心,强调党与人民的血肉联系,走群众路线,一直展现出浓厚的人民情怀。② 另一方面,国外学者认为中国共产党强大的治国理政能力源于中国共产党的自我革新能力。有学者指出,中国共产党之所以能取得出色的执政成绩,积极适应不断变化的国内外环境,关键在于中国共产党能够坚守马克思主义执政党本色,坚持马克思主义基本原理的正确理论同中国社会现实实践相结合,从而不断推进马克思主义中国化进程。③也有学者认为全面从严治党不仅是中国共产党根据自身性质提出的内在要求,而且是根据内外环境提出的客观要求。随着中国国力日益强盛,内有"中等收入陷阱",外有"修昔底德陷阱",这些都考验着中国共产党的政治智慧。中国共产党开展的群众路线教育实践活动,直面中国共产党面临的"四大危险",将"打铁还需自身硬"作为治国理政的突破口。④

(四)党内法规建设

作为马克思主义政党,中国共产党自成立以来就非常重视加强以民主集中制为根本原则的组织制度建设,逐步建立了以党章为统领,包括党的领导、党的自身建设在内的一系列制度,这些制度为党夺取社会主义革命、建

---

① 阿尔贝托·莫雷诺·罗哈斯、楼宇:《百年征程 百年荣光——中国共产党为社会主义奋斗的光荣之路》,《世界社会主义研究》,2021年第7期。

② 金英君、唐海军:《国外一些政党及政要如何看待中国共产党百年》,《当代世界与社会主义》,2021年第3期。

③ [苏]尤里·塔夫罗夫斯基、高媛:《伟大征程,伟大斗争——百年中国共产党仍然在路上》,《国外社会科学》,2021年第3期。

④ 罗斯·特里尔:《新一轮"赶考",历史关口风高浪急》,《学习时报》,2016年9月5日。

设和改革的胜利发挥了重大作用。党的十八大以来，以习近平同志为核心的党中央高度重视党内法规建设，党内法规建设力度空前加大。国外学者对此予以极大关注，他们从跨文化视角认识中国共产党的党内法规制度建设。

视角一：中国共产党加强党内法规建设，适应国内外形势的新变化，得到中国人民的广泛欢迎。国外学者认为，党的十八大以来中国共产党没有选择西方政治模式与政党制度，而是坚持立足中国特点，拒绝照搬西方，充分发挥中国特色政党制度的优势，领导中国取得了巨大成就。有学者指出，党的十九大报告中有关中国共产党党内工作的论述，是针对当前复杂的政治环境以及对中共各种新的考验而提出的。[①] 有学者认为，近年中国社会在全球化条件下变得越来越复杂，这自然需要一个新的管理体系，尤其是中国共产党党内管理需要进行新改革。为此，中国共产党通过《关于新形势下党内政治生活的若干准则》《中国共产党党内监督条例》等加强党内纪律和党内监督的文件。[②] 有学者表示，中国共产党通过加强党内法规建设宣示的勇于自我革命的坚定决心，确保了中国共产党的各项建设能够取得显著成效，确保其能够得到人民群众的拥护。[③]

视角二：中国共产党加强党内法规建设，以"从严治党""量化治党"的风格，督促党政干部按照党的指向发展。一些学者强调中国共产党党内法规制度的"单向监管"作用，认为党内法规制度会尽量量化、细化对党政干部的要求，从而让他们的行为、思想受到精准监管和督促。有学者对《党政领导干部选拔任用工作条例》《公开选拔党政领导干部工作暂行规定》《中国共产

---

① 菲律宾国际问题专家：《十九大报告以问题为导向具有现实意义》，国际在线，https://news. cri. cn/20171026/33688623 − 7976 − dc3e − 40be − cf7dec1ff452. html。

② 外媒：《六中全会成中共历史里程碑 明确党的新核心》，《参考消息》，2016 年 10 月 30 日。

③ 《自我革新不断创新——世界眼中的中国共产党执政之道》，新华网，http://www. xinhuanet. com/2018/06/29/c_1123055486. htm。

党地方组织选举工作条例》《中共中央关于加强党的执政能力建设的决定》《中共中央关于加强和改进党的作风建设的规定》等规章制度进行了分析,指出中国共产党关于党员干部任命、党的组织建设的规章制度意在矫正之前考评、任用干部和基层组织建设等方面存在的缺陷,使干部考评制度、组织建设制度等更加细致和科学化。① 也有一些学者认为,党内法规制度在中国政治中并不只是通过"单向监管"发挥作用,还有"指引"的作用。有很多党员干部并非出于被监管的压力而接受党内法规制度的约束,而是主动将其视为一种"参考"。这些干部依照党内法规制度所规定的条件和业绩充分展现个人的行政能力,最终得以晋升。②

　　视角三:中国共产党加强党内法规建设,逐步规范国家法律法规的互动机制,实现依法治国的战略部署。在国外学者看来,西方传统上把政党规范与国家制度分离开来,但中国共产党却表现出与西方不一样的理念,它把国家制度、国家战略努力嵌入党本身之中,使自己的党内法规制度与国家战略相契合,使党内法规具有国家战略意义。Cho 研究了中国的依法治国战略与中国共产党党内法规之间的发展关联。他通过对 1979—2007 年党内法规制定的活跃期进行统计分析,发现党内法规建设与完善是中国共产党全面落实依法治国的战略性举措。③ 也有学者从加强治国理政能力的视角研究中国共产党党内法规建设,指出中国共产党党内法规的发展演变在很多方面旨在落实国家治理体系与治理能力现代化战略。④ 持同样观点的学者不在少数,他们指出,通过一系列规章制度,中国共产党领导下的各政府部门紧

---

　　① 　[美]沈大伟:《中国共产党:收缩与调适》,吕增奎译,中央编译出版社,2012 年,第 202～204 页。

　　② 　Heberer T., Trappel R., Evaluation processes, local cadres' behaviour and local development processes, *Journal of Contemporary China*, 2013, 22(84).

　　③ 　Cho Y. N., China's" Rule of Law Policy and Communist Party Reform, *Asian Perspective*, 2016, 40(4).

　　④ 　[美]沈大伟:《中国共产党:收缩与调适》,吕增奎译,中央编译出版社,2012 年,第 196 页。

密协作，高度组织化，从而实现了宏伟的政治、经济目标。①

　　总体而言，随着中国共产党制度建设进程的加快，国外学界开始更加关注这一领域，从而增进了对中国共产党的了解。同时，对国内学界来说，掌握国外研究动向有利于从跨文化的角度丰富我们自身的党的建设制度研究，也有助于我们根据国外研究的进展，寻找与国际社会沟通、交流的共鸣之处，从而进一步把握研究和建设的方向与重点。但是我们还必须保持自己独立的立场和思路。办好中国的事情，关键在党，关键在党要管党、全面从严治党。勇于自我革命，是我们党最鲜明的品格，也是我们党最大的优势。党的十八大以来，以习近平同志为核心的党中央，把全面从严治党纳入"四个全面"战略布局，以自我革命的勇气，破藩篱、立规矩、去顽疾、建制度、转观念、正风气，系统推进党的组织制度、干部人事制度、基层组织建设制度、人才发展体制机制改革，为推进党的建设和组织工作注入强大动力。

　　全面深化改革，关键在党，核心是加强和改善党对全面深化改革的领导。党的十八届三中全会指出："全面深化改革必须加强和改善党的领导，充分发挥党总揽全局、协调各方的领导核心作用。"②此后，习近平反复强调这一根本性要求。在庆祝改革开放40周年大会上，习近平深刻总结了改革开放40年积累的九大方面宝贵经验，其中第一条就是"必须坚持党对一切工作的领导，不断加强和改善党的领导"③。当前，全面深化改革踏上了新征程、进入了新阶段，每走一步都不是轻而易举的，未来必定会面临这样那样的风险挑战，甚至会遇到难以想象的惊涛骇浪。这就需要充分认识加强和改善党对全面深化改革领导的客观必然性，从而增强认识自觉、思想自觉和

　　① Schurmann F., *Ideology and organization in communist China*, Univ of California Press, 1966, pp.15–31.
　　② 《中国共产党第十八届中央委员会第三次全体会议文件汇编》，人民出版社，2013年，第78页。
　　③ 习近平：《在庆祝改革开放40周年大会上的讲话》，人民出版社，2018年，第22页。

行动自觉。从国际形势来看,金融危机深层次影响在相当长时期依然存在,新的增长动力尚未形成,单边主义、保护主义愈演愈烈,全球治理体系深刻变化,国际秩序和规则博弈不断加剧,传统安全威胁和非传统安全威胁交织,人类面临恐怖主义、网络安全、重大自然灾害等共同挑战。世界面临百年未有之大变局,变局中"危"和"机"同生并存。在日益复杂的国际形势下,推进全面深化改革,必须加强和改善党对全面深化改革的领导。从国内方面看,经济、政治、文化、社会、生态文明体制深刻变革,改革已进入"涉险滩"的深水区和"啃硬骨头"的攻坚期。事业发展、改革逻辑需要在全面深化改革中发挥党的"定盘星"作用,牢牢把握全面深化改革的领导权和主导权。正是在这个意义上,习近平反复强调,改革开放任务越繁重,越要加强和改善党的领导,越要确保党始终成为中国特色社会主义事业的坚强领导核心。我们党要破除一切不合时宜的思想观念和体制机制弊端,突破利益固化的藩篱,进一步凝聚改革共识,推动深化改革再出发。

第五章　他者视域下中国未来改革战略研究之历史地位

　　他者视域下中国未来发展战略研究是现实经验与理论视角双向交流的产物。国外学者擅长使用理论框架，对于社会科学研究方法的运用比较娴熟，这就使得他们的研究具备相对浓厚的学理色彩。他们在研究议题的设置上有着自身的特色。他们对全面深化改革的一些举措进行了肯定，也提出了一些对中国未来改革具有参考价值的观点。但是用西方社会科学的理论来研究中国问题，有可能掉入理论陷阱，得出有悖于经验事实的结论。地域、语言等客观条件的限制增加了他们获取资料的难度，因此在资料的使用上存在欠缺，其研究成果也呈现不均衡性。

第一节　借鉴意义

　　总的来看，国外学者对中国改革与发展四十多年进行了较为全面、细致且有深度的研究，他们以"旁观者"和"局外人"的研究身份，观察中国的多元化视角和风格,采用的多种研究方法与理论范式,研究中凸显的问题意识与现实关怀,存在的问题和局限都对于我们了解和把握海外当代中国研究的整体状况,研究和反思中国特色社会主义理论和实践具有一定启发和借鉴意义。

一、具有明确的问题意识与突出的现实关怀

回顾国外学界关于当代中国研究的变化,不难从中看出,意识形态因素对这一学科的影响已经逐渐削弱并为现实因素所取代。注重对当代中国现实问题的研究是这一研究领域的一个重要特征,因此国外的中国研究不可避免地受到其研究对象——中国社会发展变化的影响,这也是国外的中国研究在发展历程中体现出的一大特征。伴随着中国社会和经济的转型、发展,中国不断取得经济建设成就,在国际社会中的地位也不断提升,国外的中国研究也受到这些巨大变化,并鲜明地反映出从最初的"刺探敌情"心态,到今天面对中国的和平崛起,国外研究者们不再抱有一致的偏见,而是纷纷发表各自不同的看法。正如德国的中国学家托马斯·夏尔平所明确指出的,"20 世纪 70 年代以后的中国研究,不论是在美国,还是在其他西方国家,大都是在经济利益的主导下进行的"①。也就是说,中国经济的快速发展、国力的日益强大,使西方国家为了探索中国发展奇迹,从中国崛起中谋求其所带来的利益,不得不摘下之前的有色眼镜,重新以较为客观的角度正视中国,认识中国的真实现状。也就是说,正是中国的改革开放和经济发展本身,引起了学者们的研究热情,催化了国外关于当代中国研究领域中的种种变化发生,使中国全面深化改革研究这一领域成为一片热土,并不断蓬勃

---

① 何培忠:《30 年海外当代中国研究的嬗变》,《中国社会科学报》,2013 年 9 月 6 日。

发展。

但与此同时,我们应该辩证地看待国外学者的问题意识与现实关怀:要辨别什么是真问题,什么是假问题,什么是客观事实,什么是主观臆造,要深刻认识这些问题背后的种种理论预设,挖掘这些问题背后的真正内涵。正如朱云汉等学者所说,"许多欧美的中国问题专家,很自然地会以西方历史经验所孕育的世界观作为分析的起点,作为问题意识的起点"①。在西方世界观中,诸如市场经济、"三权分立""普世价值"等往往被视为人类社会通向现代化之路的必然终点,因此国外学者经常以此作为寻找问题的出发点。例如,他们对中国经济自由化的影响、中产阶级对中国共产党的满意度等问题的研究,背后都有着经济自由化可能会引发政治自由化、不断壮大的中产阶级可能发展成政治改革主要推动力量的理论预设。由此可见,部分国外学者对中国研究的问题意识源自西方政治、社会、文化、意识形态的影响以及西方理论的建构,而不是对中国实际问题的考察或者实际情况的反思,这样就容易导致对中国一些现实问题的夸大和误导。此外,还有一些学者把问题意识看成是专门挑毛病、找问题,甚至刻意扩大一些发展过程中不可避免的矛盾、问题及其产生的负面影响,结果导致满眼问题、一团漆黑,进而对中国的发展做出极其负面的评价甚至不惜歪曲事实。对于这种极具意识形态偏见的问题意识我们应当提高警惕,深入挖掘这些问题背后的理论预设,并对其进行理性、客观的剖析,而对于那些歪曲史实且造成一定影响的错误观点则要做出针锋相对、有理有据的分析和批判。这也启示我们,在学术研究中选择研究对象时既不能局限于西方的时髦理论和问题,也不能为了问题而问题,而是应该培养正确的问题意识,扎根中国的实际,真正从实际出

---

① 朱云汉、王绍光、赵全胜:《华人社会政治学本土化研究的理论与实践》,台北桂冠图书出版社,2002 年,第 11 页。

发来发现问题、解决问题,实现学术研究和社会现实相统一。①

二、善于运用多种社会科学的理论和范式开展跨学科研究

理论框架是强有力的分析工具,可以帮助我们创造性的思考,起到连接信息和概念的作用。很多学者使用威权主义理论来分析中国特色社会主义,并根据实际情况对理论加以拓展,得出了诸如"咨询型权威主义""碎片化权威主义""弹性权威主义"等次生概念。不少学者使用合法性理论来分析中国特色社会主义民主政治,认为中国共产党执政的合法性建立在经济发展、政治稳定和民族主义之上,而腐败、贫富差距过大、意识形态衰落等因素对中国共产党执政的合法性造成威胁。李鸿永、李成、臧晓伟等人采用技术官僚模式来分析改革开放以来的政治精英代际更替现象,认为改革开放以来中国政治发展经历了无与伦比的精英更替;狄忠蒲利用法团主义理论来分析改革开放以来新社会阶层的崛起,认为新社会阶层不一定会成为推动中国走向西方自由民主体制的力量;黎安友、沈大伟等人利用亨廷顿的适应性理论来分析中国在改革发展过程中所进行的政策和制度创新,得出了中国特色社会主义具有较强适应能力的结论。②

研究范式,按照托马斯·库恩的说法,是一个时期在某一学术领域内关于研究对象、问题、方法,以及结论所达成的共识,是所有研究要遵循的典范。总体而言,国外学者十分重视中国研究范式的构建,他们把研究范式视为一种理论体系和分析框架,因此也就成为一个特定学派的标志,其成功与否往往决定一个学派的社会影响力。反之,如离开了某种范式,也就难以进

---

① 付正:《〈中国季刊〉视域下的中国改革与发展(1978—2018)》,中共中央党校 2019 年。
② 王敏:《改革开放以来中国共产党的建设——海外学者的视角》,中共中央党校 2019 年。

入学术主流,就有"失范"的危险。按照美国中国学家何汉理和沈大伟等人的分析,1949 年后国外学界的中国研究大致可以分为三代:20 世纪 50 年代初至 60 年代中期为第一代,学者们的研究重点为新的政党及其国家制度、领导人和意识形态,其研究视角往往打上冷战的烙印;60 年代中期至 70 年代末为第二代,学者们更加重视对精英政治、党的组织结构以及运作方式的研究,与以往截然不同的新范式开始形成;80 年代至今出现了第三代学者,他们集中研究改革开放以来的中国共产党和中国政治,主要课题为当代中国的政治经济改革,旨在探讨中国共产党执政的持久性和调适性。[①] 这期间,学者们形成了不同的分析范式,并对跨学科、比较研究以及历史研究等方法表现出浓厚的兴趣。不同范式和方法,为我们提供了一个站在世界看中国的新视角,也为我们提供了一种新的思想话语,对于我们突破自身的视域盲点,拓展国内研究视野、推动学术创新具有积极意义。尽管如此,对于海外中国研究范式自身内在的局限性和不足也不容忽视,诸如适用性问题、政治性问题、理论性问题、倾向性问题等问题都值得我们警惕。[②]

三、从"中观""微观"视角提出一些有参考价值的观点

20 世纪 80 年代以来,从事当代中国研究的学者们逐渐摆脱"西方中心观"的影响,倾向于从中国社会内部而非西方来探寻中国社会变迁的动因。为了搞清楚中国发展的实际情况,他们纷纷到中国的农村和城市进行实地考察,开展区域性或地方史研究,获取了丰富的一手资料。伴随着获取信息和资料便捷性的提升,国外学者的研究取向也相应发生了变化,逐渐从占主

---

① Harding H., The study of Chinese politics: toward a third generation of scholarship, *World Politics*, 1984, 36(2).

② 管永前:《海外中国共产党研究的基本范式》,《国外社会科学》,2021 年第 2 期。

导地位的宏观性研究转向中观和微观研究；在研究方法上越来越多地借助社会科学中的田野调查、统计等定量方法，更多地着力于挖掘出数据背后所体现的本质联系，量化研究的兴起推进了相关研究的深化。

基于"中观""微观"视角，国外学者对中国问题的研究范围还是比较广泛的，涉及中国特色社会主义的性质、特征、道路、市场经济、民主政治等多方面问题，在一些问题上提出了独到和富有启发的见解。例如，他们认为中国在改革开放后取得的巨大成就是与毛泽东时期包括新民主主义革命时期所奠定的社会经济基础分不开的，其为当今中国经济高速发展提供了良好的物质和精神保障。"国家直接调控"也是社会主义市场经济的一个重要特征，即不能完全放任市场，应该加强国家的宏观调控，防止经济的大起大落。七十多年来中国的发展始终强调坚持以马克思主义为指导，释放社会主义制度活力；大力弘扬本国优秀传统文化，凝练核心价值观，形成了"中国特色"；等等。尽管来自不同的社会和文化背景，但国外大多数学者对中国特色社会主义的评价和研究都尽量采取了相对客观的态度，他们对于中国特色社会主义的认识，为我们拓宽理论视野、从新的角度来把握中国现状、加深对中国特色社会主义的理解、深化中国特色社会主义理论体系研究提供了可资借鉴的思想资源，在一定程度上构成了国内的中国特色社会主义研究的参照系。

然而这种"中观""微观"研究也存在一定的局限性。虽然微观个案研究能够通过"解剖麻雀"的方式全面追踪事件的整个过程，清晰呈现"故事"背后的机制，但是个案研究得出来的结论容易受到所选案例的范围、地域差异性、所用资料的真实性等问题的限制，即对于复杂而庞大的中国来说面临着"典型性"的问题，容易产生"只见树木，不见森林"的效果，同时也容易因为研究内容过于细化和分散难以做出规律性和科学性的预判，其结论的可靠性和普适性也因而大打折扣。因此，如何既能"走入个案"细致入微地考察中国转型变迁的复杂图景,深入挖掘现象背后的内在机理,又能"跳出个案",从宏观上把握大的发展趋势,将宏观视野同微观透视结合起来是未来研究中需要解决的难点问题。

第二节　主要问题

总的来看,国外学者对中国发展的成绩、特色持肯定和认可的态度,但由于意识形态和价值观的差异性以及认知的局限性,部分学者的观点存在理解偏差、认识片面等情况。

一、基本态度:呈现"捧杀"和"棒杀"两个极端

他者视域下中国未来改革战略研究的基本态度是指,国外学界在认识、分析和探讨有关中国未来改革战略的理论和实际问题时所持有的态度倾向。虽然国外研究中不乏全面客观的探讨与分析,但也有不少学者的态度呈现两个极端,一个是"捧杀",一个是"棒杀",对全面认识中国未来发展产生了不利的影响。

那些持"捧杀"态度的学者认为,随着中国经济及其国力的增长,中国的崛起将成为不争的事实,中国不但不会崩溃,而且要代替美国,成为世界的领导者。但中国的崛起与历史上其他大国的崛起有着本质的区别,将给世界带来完全不同于西方的贡献。这类观点虽然看到中国崛起是大势所趋,但又错误地认为中国崛起会代替美国,成为世界的统治者。例如,英国著名学者马丁·雅克著有《当中国统治世界:中国的崛起和西方世界的衰落》一书,其中明确指出,西方研究中国的主流思潮都倾向于认为,中国将不可避

免地紧跟西方的脚步,发展成为一个西方式的国家。他完全不赞成这种说法,认为以这种思路理解中国是完全行不通的,这也是西方世界对中国的预言为什么总是错误的原因。马丁·雅克的观点是,"中国的崛起将意味着她的历史、文化、语言、价值、机制和企业将会逐渐影响全世界",而且"中国将从根本上推动世界变革,其深度远远超出过去两个世纪中任何新兴的全球大国"。① 持同样观点的国外学者不在少数。对于有些学者来说,本意也许并无"捧杀"中国模式之意,但是把中国抬高到如此程度,实际上是给中国未来发展带来了太大的压力,无形中宣扬了"中国威胁论"。对于有些学者来说,抬高中国的地位和意义,则纯粹是为了制造"中国威胁论",或者是宣扬"中国责任论"。

那些持"棒杀"态度的学者从西方思维出发,反映出对社会主义、共产主义的偏见和敌视,看不到中国特色社会主义不同于苏联模式的独特性,从苏东国家的崩溃来推断中国的前景。一方面,他们从所谓中国自身困境的角度分析,认为中国面临内部极大的不稳定性,既有的发展模式难以持续,而且政治形势也不令人乐观,这些无不使得中国经济处于崩溃边缘,世界诸大国需认真对待中国的倾覆。也有学者从苏联解体、东欧剧变中推导出"历史终结论",认为苏联解体、东欧剧变和资本主义取得冷战胜利的根源在于西式民主制度优于社会主义民主制度和其他非西方国家的各种民主制度,断言西式民主制度将成为"普世制度",而中国正在走上同苏联、东欧相同的道路。另一方面,他们从中国发展的外部环境角度分析,认为中国发展的外部环境日益恶劣,以美国为首的西方大国对中国的政策未来十年中将迎来一次质变:为了防止全球贸易体系的重大危机、中国的社会动荡以及美国的严

---

① ［英］马丁·雅克:《当中国统治世界:中国的崛起和西方世界的衰落》,张莉、刘曲译,中信出版社,2010 年,第 25、340 页。

重衰退或中美的军事对抗，跨国公司将从局部控制中国转向，通过发动一场全方位的经济进攻全面控制中国——控制银行和金融体系，控制关键的生产资料部门，控制中高端的国内消费市场，增加文化、娱乐、宣传和商业市场的份额——这样中国成为一个"世界大国"的努力将会遭遇失败。

在这些持"捧杀"和"棒杀"态度的学者中，既有因为自身的原因，没有能够看到中国未来发展的光明前景或者是没有看到中国未来发展的现实困境，但他们都是基于一种客观的态度出发去分析中国未来发展的。然而不能否认的是，其中的一些学者，其"捧杀"或"棒杀"是基于某种特殊的目的出发，包括宣扬"中国责任论"或者是诋毁中国形象等。不管是不是故意"捧杀"还是"棒杀"，对于研究中国未来发展来说，都是不科学的，对中国未来发展的分析应该一分为二，既要看到中国模式的优势，也要看到中国模式的弊端，并且不应该仅仅指出其优势和弊端所在，还要分析其内在的根源，这才是研究的正确之道。

二、基本立场：有意或无意带有意识形态的偏见

他者视域下中国未来改革战略研究的基本态度是指，国外学界在认识、分析和探讨有关中国未来改革战略的理论和实际问题时所持有的价值取向。屁股的位置决定思考问题的方式。国外学者长期受西方价值观的影响，以及其本身所代表的利益集团等原因，加之较少前往中国了解中国的国情，或多或少会以其固有思维审视中国发展，这都会造成思考和评判问题的方式带有意识形态的偏见。

一方面，他们往往站在"西方中心论"的立场上看待中国的发展。迄今为止，西方主流观点普遍认为，随着国家现代化发展，任何国家最终都会像西方一样。部分学者站在"西方中心论"的立场上对中国改革发展进行分

析,试图用西方理论解释中国问题,这非常容易对中国发展模式及其研究产生误读。部分学者甚至以西方的经济学理论来进行分析,并给中国的发展模式冠以"国家资本主义道路",是向资本主义过渡等称号。归根到底,"西方中心论"既是过去殖民主义话语表达的历史延续,也是当前西方国家霸权思想的集中体现,既不利于发展中国家追求自身的发展和进步,也不利于构建平等、互利、共享的国际关系。"西方中心论"对于世界发展的一元化要求,既是其实行霸权主义、强权政治的主观目的,也是资本主义对抗社会主义的理论据点。尽管当前"西方中心论"的傲慢与偏见,受到了中国发展和多边主义的强烈冲击,但国外学者思想意识中隐含的西方中心主义倾向并未完全消退,也使得他们在认知中国未来发展时产生了天然的理论隔阂与认知脱节。

另一方面,他们总是习惯戴着有色眼镜来审视中国的发展成就。有些国外学者总是不愿改变和放弃原有的冷战思维,对中国总是体现出那么一种"以小人之心度君子之腹"的偏狭犹疑,对中国的种种质疑挑剔之声从未间断。改革开放以来中国受到各种质疑与污蔑攻击,涉及政治、经济、文化、军事等方方面面。譬如,在"中国模式"问题上,出于对中国特色社会主义制度挑战西方资本主义制度、中国的发展损害西方国家的利益的担忧,对中国模式竭力进行歪曲宣传,如攻击中国模式为"经济上搞资本主义+政治上的独裁",或"野蛮资本主义"和"权贵资本主义";作为"中国模式"问题的延续,对中国社会制度、意识形态和价值观进行攻击,污蔑中国反对自由、民主、平等、人权等"普世价值",把中国妖魔化为专制、暴政、侵犯人权的国家;轮番推出"中国威胁论""中国崩溃论""中国责任论",给中国角色定位。此外,国外学者还不时攻击中国的对外政策,污蔑中国对外搞殖民主义,宣扬中国掠夺资源、破坏环境、危害别国的生活方式和生活水平。正如学者郑永年所指出:中国虽然不再强调意识形态,但也抵挡不住西方仍是常用各种充满意识形态的概念,如"威权资本主义"和"威权民族主义"来形容中国,不断把中国再意识形态化。[①]

三、基本观点:存在对中国问题研究的种种误解

他者视域下中国未来改革战略研究的基本观点是指,国外学界基于特定的立场和视角,对中国未来发展的各个领域所形成的基本判断或主张。改革开放以来,中国特色社会主义建设取得了举世瞩目的伟大成就,然而无论是国内还是国外,无论是在学术界还是在社会上,关于中国发展成就的各种争议一直不绝于耳,尤其是一些国外学者存在着对中国种种误解和偏见。

一是否认中国特色社会主义制度的成就,认为虽然当代中国在经济上取得了飞速发展,稳居世界第二大经济体,但在中国特色社会主义制度下,经济的发展并没有能够转化为社会的全面进步,收入差距不断扩大,社会矛盾日趋尖锐复杂这样的事实同样也客观存在,中国特色社会主义制度并不能实现共同富裕、社会和谐的目标,中国特色社会主义制度确实有中国特色,但却少了社会主义的因素。二是承认当代中国经济社会的发展进步,这样的发展不可持续,随着中国与发达国家之间的差距越来越小,中国作为落后国家的后发优势将不复存在,人力资源优势也将逐渐消失,特别是随着中国民众日益增强的民主意识,面临的问题将越来越多,中国若不进行根本性变革,当代中国的发展终将不可持续。三是认为当代中国确实取得了飞速的发展进步,但却强调这样的发展成就并非得益于制度优势,因为中国特色社会主义制度不过是和中国国情相结合,更具中国特色的新自由主义制度而已,因而从根本上否定中国特色社会主义制度的性质。四是认为内在因

---

① 郑永年:《中国模式能够被围堵吗?》,《参考消息》,2009 年 9 月 10 日。

素确实是中国实现经济社会跨越式发展的根本原因。但是中国内部环境越来越表现出令人担忧的一面，那就是要想继续推动中国的快速发展，必将通过自己日益增强的经济实力、政治影响力以及军事实力推动中国走上霸权主义道路，这与中国所宣传的和平发展道路在根本上是矛盾的。以上种种误解和偏见，既包含着对中国特色社会主义性质的否定，也包含着对中国特色社会主义优势的质疑，甚至在根本上否定中国特色社会主义道路的存在。

结语：将改革进行到底

习近平指出："改革开放只有进行时没有完成时。没有改革开放，就没有中国的今天，也就没有中国的明天……改革开放中的矛盾只能用改革开放的办法来解决。"①党的十九大描绘了到 21 世纪中叶建成富强民主文明和谐美丽的社会主义现代化强国的新蓝图，这个新蓝图也是全面深化改革的新蓝图，将改革进行到底。

将改革进行到底，这是中华民族和中国共产党锐意创新、勇于变革的本色所决定的。我们中华民族自古就有变革的传统，"穷则变，变则通，通则久"。马克思主义传入中国之后，与中国革命、建设和改革开放的实践相结合，成为中国共产党人认识世界、改造世界的科学指南。我们党深刻认识到，实现中华民族伟大复兴，必须合乎时代潮流、顺应人民意愿、勇于改革开放，让党和人民事业始终充满奋勇前进的强大动力。

将改革进行到底，这是党的十九大提出的新目标所决定的。党的十九大提出了新的"两步走"战略目标，绘制了我国现代化建设的宏伟蓝图。中

---

① 《习近平谈治国理政》(第一卷)，外文出版社，2018 年，第 69 页。

华民族伟大复兴，绝不是轻轻松松、敲锣打鼓就能实现的。全党必须准备付出更为艰巨、更为艰苦的努力。实现伟大梦想，必须进行伟大斗争。我们党要团结带领人民有效应对重大挑战、抵御重大风险、克服重大阻力、解决重大矛盾，必须进行具有许多新的历史特点的伟大斗争，更加自觉地投身改革开放事业，坚决破除一切顽瘴痼疾，不断夺取改革开放新胜利。改革永远在路上，这是实现党对人民的承诺所决定的。中国特色社会主义进入新时代，我国社会主要矛盾已经转化为人民日益增长的美好生活需要和不平衡不充分的发展之间的矛盾。人民对美好生活的向往就是我们的奋斗目标，这是我们党对人民的庄严承诺。我们要解决好发展不平衡不充分问题，更好满足人民在经济、政治、文化、社会、生态等方面日益增长的需要，更好推动人的全面发展和社会全面进步，就必须坚持全面深化改革。

改革开放是一项长期的、艰巨的、繁重的事业，不可能一蹴而就，也不可能一劳永逸，需要久久为功，一代又一代人持续推进。改革开放已走过千山万水，但仍需跋山涉水，摆在全党全国各族人民面前的使命更光荣、任务更艰巨、挑战更严峻、工作更伟大。全党全国各族人民要更加紧密地团结在以习近平同志为核心的党中央周围，高举中国特色社会主义伟大旗帜，不忘初心、牢记使命，将改革进行到底。

参考文献

一、中文著作

1.《列宁选集》(第一卷),人民出版社,2012 年。

2.《列宁全集》(第 32 卷),人民出版社,2017 年。

3.《习近平谈治国理政》(第一卷),外文出版社,2018 年。

4.《习近平谈治国理政》(第二卷),外文出版社,2017 年。

5.《习近平谈治国理政》(第三卷),外文出版社,2020 年。

6. 习近平:《出席第三届核安全峰会并访问欧洲四国和联合国教科文组织总部、欧盟总部时的演讲》,人民出版社,2014 年。

7. 习近平:《在民营企业座谈会上的讲话》,人民出版社,2018 年。

8. 习近平:《在庆祝改革开放 40 周年大会上的讲话》,人民出版社,2018 年。

9. 习近平:《在庆祝全国人民代表大会成立 60 周年大会上的讲话》,人民出版社,2014 年。

10. 习近平:《之江新语》,浙江人民出版社,2007 年。

11.《中国共产党第十八届中央委员会第三次全体会议文件汇编》,人民出版社,2013年。

12.《中国共产党第十九届中央委员会第四次全体会议文件汇编》,人民出版社,2019年。

13.《中共中央关于全面深化改革若干重大问题的决定》,人民出版社、中国盲文出版社,2013年。

14.中共中央文献研究室:《习近平关于全面深化改革论述摘编》,中央文献出版社,2014年。

15.中共中央文献研究室:《改革开放三十年重要文献选编》(上),人民出版社,2008年。

16.中共中央文献研究室:《改革开放三十年重要文献选编》(下),人民出版社,2008年。

17.仇华飞:《美国的中国学研究》,中国社会科学出版社,2011年。

18.姜辉等编:《共同见证百年大党——百位国外共产党人的述说》(上册),当代中国出版社,2021年。

19.姜辉等编:《共同见证百年大党——百位国外共产党人的述说》(下册),当代中国出版社,2021年。

20.姜辉等编:《中国战"疫"的国际贡献和世界意义——国外人士看中国抗疫》,当代中国出版社,2020年。

21.解读中国工作室:《读懂中国——海外知名学者谈中国新时代》,天津人民出版社,2019年。

22.陆学艺、唐军、刘金伟:《中国社会建设与社会管理:探索·发现》,社会科学文献出版社,2011年。

23.吕增奎:《民主的长征:海外学者论中国政治的发展》,中央文献出版社,2011年。

24. 齐欣等编译:《世界著名政治家、学者论邓小平》,上海人民出版社,1999 年。

25. 王新颖:《奇迹的建构:海外学者论中国模式》,中央编译出版社,2011 年。

26. 周艳辉:《增长的迷思:海外学者论中国经济发展》,中央编译出版社,2011 年。

27. 朱云汉、王绍光、赵全胜:《华人社会政治学本土化研究的理论与实践》,台北桂冠图书出版社,2002 年。

二、中译文著作

1. [美]阿兰·G.格鲁奇:《比较经济制度》,徐节文、王连生、林泽曾译,中国社会科学出版社,1987 年。

2. [南非]达里尔·格雷泽、[英]戴维·沃克尔:《20 世纪的马克思主义:全球导论》,王立胜译,江苏人民出版社,2010 年。

3. [美]戴维·W.张:《邓小平领导下的中国》,法律出版社,1991 年。

4. [美]傅高义:《邓小平时代》,冯克利译,生活·读书·新知三联书店,2013 年。

5. [德]韩博天:《红天鹅:中国独特的治理和制度创新》,石磊译,中信出版社,2019 年。

6. [美]杰里米·里夫金:《同理心文明:在危机四伏的世界中建立全球意识》,蒋宗强译,中信出版社,2015 年。

7. [美]李侃如:《治理中国:从革命到改革》,胡国成、赵梅译,中国社会科学出版社,2010 年。

8. [美]罗伯特·劳伦斯·库恩:《中国 30 年:人类社会的一次伟大变

迁》,吕鹏等译,上海人民出版社,2008年。

9.[美]罗纳德·哈里·科斯、王宁:《变革中国:市场经济的中国之路》,徐尧、李哲民译,中信出版社,2013年。

10.[英]马丁·雅克:《当中国统治世界:中国的崛起和西方世界的衰落》,张莉、刘曲译,中信出版社,2010年。

11.[美]莫里斯·迈斯纳:《毛泽东与马克思主义、乌托邦主义》,张宁、陈铭康等译,中国人民大学出版社,2005年。

12.[美]塞缪尔·亨廷顿、[美]劳伦斯·哈里森:《文化的重要作用:价值观如何影响人类进步》,程克雄译,新华出版社,2010年。

13.[美]塞缪尔·亨廷顿:《文明的冲突与世界秩序的重建》(修订版),周琪、刘绯、张立平、王圆译,新华出版社,2010年。

14.[美]沈大伟:《中国共产党:收缩与调适》,吕增奎译,中央编译出版社,2012年。

15.[美]威廉·恩道尔:《目标中国:华盛顿的"屠龙"战略》,戴健、顾秀林、朱宪超译,中国民主法制出版社,2013年。

16.[美]谢德华:《中国的逻辑:为什么中国的崛起不会威胁西方》,曹槟、孙豫宁译,中信出版社,2011年。

17.[美]约翰·奈斯比特、[德]多丽丝·奈斯比特:《中国大趋势——新社会的八大支柱》,魏平译,中华工商联合出版社,2009年。

18.[美]詹姆斯·R.汤森、[美]布莱特利·沃马克:《中国政治》,顾速、董方译,江苏人民出版社,2010年。

19.战略与国际研究中心、彼得森国际经济研究所:《美国智库眼中的中国崛起》,曹洪洋译,中国发展出版社,2011年。

20.[美]张大卫:《中流砥柱各有千秋——周恩来与邓小平》,王宏周、杜淑英译,中国广播电视出版社,1988年。

三、中文论文

1.[美]彼得·诺兰:《处在十字路口的中国》,吕增奎译,《国外理论动态》,2005 年第 9 期。

2.陈鹤:《新世纪以来国外中共党史研究述评》,《党的文献》,2012 年第 2 期。

3.丁晓钦、谢长安:《国外马克思主义者对中国经济改革和发展的研究》,《海派经济学》,2014 年第 2 期。

4.付正、刘纯一:《海外视域下的中国贫困治理研究》,《当代中国史研究》,2021 年第 2 期。

5.付正:《〈中国季刊〉视域下的中国改革与发展(1978—2018)》,中共中央党校 2019 年博士研究生毕业论文。

6.付正:《海外视域下的中国治理研究》,《国外理论动态》,2021 年第 4 期。

7.管永前:《海外中国共产党研究的基本范式》,《国外社会科学》,2021 年第 2 期。

8.韩强:《中国的发展变化在于有了中国共产党的坚强领导——海外学者论中国共产党百年成功经验》,《一带一路报道》(中英文),2021 年第 4 期。

9.韩艳涛、许倩:《国外学者对中国经济体制改革的评价》,《经济纵横》,2008 年第 5 期。

10.何培忠:《30 年海外当代中国研究的嬗变》,《中国社会科学报》,2013 年 9 月 6 日。

11.侯且岸:《从学术史角度认知傅高义》,《国际汉学》,2021 年第 1 期。

12. 金英君、唐海军:《国外一些政党及政要如何看待中国共产党百年》,《当代世界与社会主义》,2021 年第 3 期。

13. 兰池:《国外学者关于全面深化改革研究的述论》,《科学社会主义》,2016 年第 6 期。

14. 李海、范树成:《国外学者政要纵论新时代的中国共产党》,《广西社会科学》,2019 年第 5 期。

15. 李海、贾绘泽:《国外学者论中国特色社会主义民主的优势与走向》,《毛泽东邓小平理论研究》,2015 年第 5 期。

16. 刘明明:《如何认识改革开放以来中国道路的性质——基于对国外学者不同视点的批判性分析》,《科学社会主义》,2018 年第 4 期。

17. 刘霓:《国外中国研究中的民生视角与社会治理》,《国外社会科学》,2016 年第 1 期。

18. 刘杉:《金融危机以来的西方当代中国研究》,《国外社会科学》,2012 年第 6 期。

19. 刘晓云:《国外高度肯定中国改革开放 40 年成就》,《红旗文稿》,2018 年第 21 期。

20. 刘晓云:《国外高度评价新时代中国生态文明建设成就》,《红旗文稿》,2020 年第 24 期。

21. 刘元贺、孟威:《中国经济改革前后的三十年的内在政治逻辑——从谢淑丽的解读谈起》,《社会科学论坛》,2012 年第 8 期。

22. 阮洁卿:《法国"中国中心"与当代中国研究(1958—)》,华东师范大学 2013 年博士研究生毕业论文。

23. 尚庆飞:《新世纪以来国外"中国问题"研究最新进展》,《南京政治学院学报》,2016 年第 1 期。

24. 帅颖、卢丽珠、佟斐:《国外学者中国文化强国建设问题研究述评》,

《思想理论教育导刊》,2014 年第 1 期。

25. 松田学、关明:《中国的经济改革会成功吗?——与苏联改革的比较及对今后的展望》,《中共中央党校学报》,1991 年第 12 期。

26. 孙健:《海外学者论新中国 70 年发展经验》,《红旗文稿》,2019 年第 5 期。

27. 田苗:《西式民主制度在全球范围内呈衰退趋势》,《求是》,2013 年第 17 期。

28. 王眉:《把中国模式解释好——郑永年谈中国的对外传播》,《对外传播》,2011 年第 1 期。

29. 王敏:《改革开放以来中国共产党的建设——海外学者的视角》,中共中央党校 2019 年博士研究生毕业论文。

30. 王绍光:《学习机制与适应能力:中国农村合作医疗体制变迁的启示》,《中国社会科学》,2008 年第 6 期。

31. 魏思齐:《不列颠(英国)汉学研究的概况》,《汉学研究通讯》,2008 年第 5 期。

32. 魏小萍:《国外学者关于社会主义市场经济体制焦点问题讨论述评》,《马克思主义研究》,2001 年第 1 期。

33. 吴筱筠:《新世纪以来美国关于中国特色社会主义经济的研究》,武汉大学 2014 年博士研究生毕业论文。

34. 肖贵清、郑云天:《国外中国特色社会主义制度研究论析》,《中共中央党校学报》,2014 年第 2 期。

35. 徐玉明:《国外中国特色社会主义研究述评》,《社会主义研究》,2014 年第 4 期。

36. 许少民:《全球参与者、身份困境与全球性大国——评〈中国走向全球:羽翼未丰的大国〉》,《国际政治研究》,2013 年第 3 期。

37. 许雨燕：《中国国家形象的国际认知差异及其原因分析》，《深圳大学学报》（人文社会科学版），2015 年第 5 期。

38. 薛念文、孙健：《近年来美国学者对中国共产党的肯定性评价越来越多》，《红旗文稿》，2017 年第 19 期。

39. 严振书：《转型期中国社会建设国内外研究述评》，《北京工业大学学报》（社会科学版），2010 年第 5 期。

40. 杨金海、吕增奎：《国外学者眼中的中国改革开放》，《上海党史与党建》，2009 年第 1 期。

41. 杨志军：《回归真实的中国政治世界——评李侃如的〈治理中国：从革命到改革〉》，《天津行政学院学报》，2011 年第 2 期。

42. 姚立兴：《海外学者对中国贫困治理经验的多维总结及其评析》，《当代世界与社会主义》，2022 年第 1 期。

43. 叶娟丽、王亚茹：《海外中国基层治理研究之述评——以十八大以来〈中国季刊〉的文献为样本》，《江苏社会科学》，2019 年第 6 期。

44. [法]伊利斯·埃勒·卡鲁尼：《中国后社会主义转型：作为文化变迁的制度变迁》，《马克思主义与现实》，2011 年第 4 期。

45. 张克：《海外学者视域中的中国国家治理研究——以政策试验治理机制为切入点》，《国外理论动态》，2019 年第 9 期。

46. 赵梅：《寻找学术与政策影响之间的平衡——访李侃如博士》，《美国研究》，2011 年第 2 期。

47. 周文华、董莹：《海外对中国改革开放以来生态文明建设的研究述评》，《国外社会科学》，2018 年第 6 期。

48. 周文华：《近来海外中国特色社会主义研究评介》，《新视野》，2014 年第 6 期。

49. 朱小蔓、张男星：《一位外国人眼中的中国教育改革——读俄罗斯学者妮娜·鲍列夫斯卡娅〈国家与学校——带入 21 世纪的中国经验〉一书》,《当代教育论坛》,2005 年第 24 期。

50. 朱政惠:《求真、求实、求新——巴斯蒂教授的中国学研究成就及其特点》,《学术研究》,2000 年第 11 期。

51. 祝大勇:《海外学者视野中的当代中国核心价值观研究》,清华大学 2016 年博士研究生毕业论文。

四、外文文献

1. Ana Lugo M., Raiser M., Yemtsov R., China's economic transformation and poverty reduction over the years: An overview, *KCG Policy Paper*, 2022(8).

2. Angresano J., China's development strategy: A game of chess that countered orthodox development advice, *The Journal of Socio - Economics*, 2005, 34(4).

3. Awan A. G., China's Economic Growth - 21st Century Puzzle, *Global Disclosure of Economics and Business*, 2013, 2(2).

4. Bell D. A., *The China Model: Political Meritocracy and the Limits of Democracy*, Princeton University Press, 2016.

5. Benedikter R., Nowotny V., *China's road ahead: Problems, Questions, perspectives*, Springer Science & Business Media, 2013.

6. Berger B., All That Xi Wants: China's Communist Party is Trying to Reform the Country from the Top Down, *Deutschen Gesellschaft für Auswärtige Politik*, 2018(5).

7. Bhalla A. S., Qiu S., Qiu S., *The Employment Impact of China's WTO Accession*, Routledge, 2003.

8. Brandt L., Whiting S. H., Zhang L., et al, Changing property - rights re-

gimes: a study of rural land tenure in China, *The China Quarterly*, 2017.

9. Bremmer I., Superpower or Superbust?, *The National Interest*, 2013 (128).

10. Breslin S., *Capitalism with Chinese Characteristics: the Public, the private and the International*, Asia Research Centre, 2004.

11. Breslin S., *The Political Economy of Development in China: Political agendas and economic realities*, Development, 2007, 50(3).

12. Brødsgaard K. E., *Yongnian Z. Bringing the party back in: how China is governed*, Eastern Universities Press, 2004.

13. Bromley D. W., Property rights and land in ex – socialist states, *Developmental dilemmas: Land reform and institutional change in China*, 2005.

14. Burkett P., Hart – Landsberg M., Thinking about China: Capitalism, socialism, and class struggle, *Critical Asian Studies*, 2005, 37(3).

15. Burns J. P., China's governance: political reform in a turbulent environment, *The China Quarterly*, 1989.

16. Carl Minzner, China After the Reform Era, *Journal of Democracy*, 2015, 26(3).

17. Chan H. S., Cadre personnel management in China: the nomenklatura system, 1990 – 1998, *The China Quarterly*, 2004.

18. Chaohui H., *The China Uniqueness – Dilemmas and Directions of China's Developmen*, Cozy House Publisher, 2004.

19. Chen A., How has the abolition of agricultural taxes transformed village governance in China? Evidence from agricultural regions, *The China Quarterly*, 2014.

20. Cho M. Y., *The specter of "the people": urban poverty in northeast China*, Cornell University Press, 2013.

21. Cho Y. N., China's Rule of Law Policy and Communist Party Reform, *Asian Perspective*, 2016, 40(4).

22. Deng Y., Yang G., Pollution and protest in China: environmental mobilization in context, *The China Quarterly*, 2013.

23. Diallo F., China's anti – poverty efforts: problems and progress, *The Institute for Security and Development Policy*, 2019.

24. Dickson B. J., Landry P. F., Shen M., et al, Public goods and regime support in urban China, *The China Quarterly*, 2016.

25. Dickson B. J., *Red capitalists in China: The party, private entrepreneurs, and prospects for political change*, Cambridge University Press, 2003.

26. Dickson B. J., Who wants to be a communist? Career incentives and mobilized loyalty in China, *The China Quarterly*, 2014.

27. Dittmer L., Three visions of Chinese political reform, *Journal of Asian and African Studies*, 2003, 38(4 – 5).

28. Duckett J., Challenging the economic reform paradigm: policy and politics in the early 1980s' collapse of the rural co – operative medical system, *The China Quarterly*, 2011.

29. Economy E. C., The Great Leap Backward – The Costs of China's Environmental Crisis, *Foreign Aff.*, 2007.

30. Economy E., Environmental governance: the emerging economic dimension, *Environmental Politics*, 2006, 15(02).

31. Elvin M., The environmental legacy of imperial China, *The China Quarterly*, 1998.

32. Gare A., China and the struggle for ecological civilization, *Capitalism Nature Socialism*, 2012, 23(4).

33. Garnaut R., Song L., Fang C., *China's 40 years of reform and development*: 1978 – 2018, ANU Press, 2018.

34. Garnaut R., Song L., Yao Y., et al, *Private enterprise in China*, ANU press, 2012.

35. Gilley B., Holbig H., The debate on party legitimacy in China: a mixed quantitative/qualitative analysis, *Journal of Contemporary China*, 2009, 18(59).

36. Gintel S. R., Fighting transnational bribery: China's gradual approach, *Wis. Int'l LJ*, 2013.

37. Goldstone J. A., The coming Chinese collapse, *Foreign Policy*, 1995(99).

38. Hansen M. H., Li H., Svarverud R., Ecological civilization: Interpreting the Chinese past, projecting the global future, *Global Environmental Change*, 2018.

39. Harding H., Has US China policy failed?, *The Washington Quarterly*, 2015, 38(3).

40. Harding H., The study of Chinese politics: toward a third generation of scholarship, *World Politics*, 1984, 36(2).

41. Harvey N., Le Monde diplomatique, *The International Encyclopedia of Communication*, 2008.

42. He B., Working with China to promote democracy, *The Washington Quarterly*, 2013, 36(1).

43. Heberer T., Trappel R., Evaluation processes, local cadres' behaviour and local development processes, *Journal of Contemporary China*, 2013, 22(84).

44. Heilmann S., From local experiments to national policy: the origins of China's distinctive policy process, *The China Journal*, 2008 (59).

45. Heilmann S., Policy experimentation in China's economic rise, *Studies in*

comparative international development, 2008, 43(1).

46. Heng S. H., China's cultural and intellectual rejuvenation, *Asia Europe Journal*, 2008, 6(3).

47. Hillier S., Shen J., Health care systems in transition: People's Republic of China: Part I: An overview of China's health care system, *Journal of public health medicine*, 1996, 18(3).

48. Ho P., Edmonds R. L., *China's Embedded Activism: Opportunities and Constraints for a Social Movement*, New York and London: Routledge, 2008.

49. Hongying Wang, China's Long March Toward Economy Rebalance, *CIGI Policy Brief*, 2014(04).

50. Hu S., Confucianism and contemporary Chinese politics, *Politics & Policy*, 2007, 35(1).

51. Huang X., Four worlds of welfare: understanding subnational variation in Chinese social health insurance, *The China Quarterly*, 2015.

52. Huang Y., Bringing the local state back in: the political economy of public health in rural China, *Journal of Contemporary China*, 2004, 13(39).

53. Imbach J., Is Green the New Red: Cultural perspectives on ecological civilization, *Eurics*, 2020.

54. Ishwaran N., Hong T., Yi Z., Building an ecological civilization in China: Towards a practice based learning approach, *Journal of Earth Sciences and Engineering*, 2015.

55. Jahiel A. R., The organization of environmental protection in China, *The China Quarterly*, 1998.

56. John Wong, Zheng Yongnian, *The Nanxun Legacy and China's Development in the Post - Deng Era*, Singapore University Press, 2001.

57. Keliher M., Wu H., Corruption, anticorruption, and the transformation of political culture in contemporary China, *The Journal of Asian Studies*, 2016, 75(1).

58. Kitagawa H., Environmental policy and governance in China, Springer Japan, 2017.

59. Klimeš O., Marinelli M., Introduction: Ideology, propaganda, and political discourse in the Xi Jinping era, *Journal of Chinese Political Science*, 2018, 23(3).

60. Knight J., Shi L., Quheng D., Education and the poverty trap in rural China: Closing the trap, *Oxford Development Studies*, 2010, 38(1).

61. Kostka G., Nahm J., Central – local relations: Recentralization and environmental governance in China, *The China Quarterly*, 2017.

62. Kraus R. C., *The party and the arty in China: The new politics of culture*, Rowman & Littlefield Publishers, 2004.

63. Kurlantzick J., *Charm offensive: How China's soft power is transforming the world*, Yale University Press, 2007.

64. Kurlantzick J., *Democracy in retreat: The revolt of the middle class and the worldwide decline of representative government*, Yale University Press, 2013.

65. Lai H., *China's governance model: Flexibility and durability of pragmatic authoritarianism*, Routledge, 2016.

66. Lai H., *China's soft power and international relations*, Routledge, 2012.

67. Lang B., China's anti – graft campaign and international anti – corruption norms: Towards a "new international anti – corruption order"?, *Crime, Law and Social Change*, 2018, 70(3).

68. Leib, Ethan, and Baogang He, eds, *The search for deliberative democracy in China*, Springer, 2006.

69. Li C.,*Chinese politics in the Xi Jinping era*:*Reassessing collective leadership*,*Brookings Institution Press*,2016.

70. Liu C.,Chen L.,Vanderbeck R M,et al,A Chinese route to sustainability: Postsocialist transitions and the construction of ecological civilization,*Sustainable Development*,2018,26(6).

71. Liu G. S.,Beirne J.,Sun P.,The performance impact of firm ownership transformation in China: mixed ownership vs. fully privatised ownership,*Journal of Chinese Economic and Business Studies*,2015,13(3).

72. Mahoney J. G.,Interpreting the Chinese dream: an exercise of political hermeneutics,*Journal of Chinese Political Science*,2014,19(1).

73. Manion M.,Taking China's anticorruption campaign seriously,*Economic and Political Studies*,2016,4(1).

74. Marinelli M.,How to build a "Beautiful China" in the Anthropocene,The political discourse and the intellectual debate on ecological civilization,*Journal of Chinese Political Science*,2018,23(3).

75. Martin H. L.,Paul B.,China and Socialism: Market Reforms and Class Struggle,*Monthly Review*,2005.

76. McMillan J.,Naughton B.,How to reform a planned economy: lessons from China,*Oxford review of economic policy*,1992,8(1).

77. McNally C. A.,Sino – capitalism: China's reemergence and the international political economy,*World politics*,2012,64(4).

78. Meng X.,*Labour market reform in China*,Cambridge University Press, 2000.

79. Mertha A.,"Fragmented authoritarianism 2. 0": Political pluralization in the Chinese policy process,*The China Quarterly*,2009.

80. Miller J., *China's Green Religion: Daoism and the Quest for a Sustainable Future*, Columbia University Press, 2017.

81. Minas S., China's climate change dilemma: policy and management for conditions of complexity, *Emergence: Complexity & Organization*, 2012, 14(2).

82. Mingjiang L., China debates soft power, *The Chinese journal of international politics*, 2008, 2(2).

83. Mok B. K. M., Reconsidering ecological civilization from a Chinese Christian perspective, *Religions*, 2020, 11(5).

84. Newland S. A., Which public? Whose goods? What we know (and what we don't) about public goods in rural China, *The China Quarterly*, 2016.

85. Nolan P. H., China at the Crossroads, *Journal of Chinese Economic and Business Studies*, 2005, 3(1).

86. North D. C., *Understanding the process of economic change*, Princeton university press, 2010.

87. Nye J., What China and Russia don't get about soft power, *Foreign policy*, 2013, 29(10).

88. Nye J., Why China is weak on soft power, *The New York Times*, 2012.

89. Nye Jr J. S., How not to deal with a rising China: a US perspective, *International Affairs*, 2022, 98(5).

90. Nye Jr J. S., Jisi W., Hard decisions on soft power opportunities and difficulties for Chinese soft power, *Harvard international review*, 2009, 31(2).

91. Pei M., assessing xi jinping's anti – corruption fight: Views from five scholars, *Modern China Studies*, 2017, 24(2).

92. Pei M., *China's trapped transition: The limits of developmental autocracy*, Harvard University Press, 2006.

93. Piazza A.,Li J.,Su G.,et al,*China: Overcoming rural poverty*,The World Bank,2001.

94. Pieke F. N., Marketization, centralization and globalization of cadre training in contemporary China,*The China Quarterly*,2009.

95. Postiglione G. A.,*Education and Social Change in China: Inequality in a Market Economy: Inequality in a Market Economy*,Routledge,2015.

96. Ran R.,Understanding blame politics in China's decentralized system of environmental governance: actors, strategies and context,*The China Quarterly*, 2017.

97. Richard Baum,China's Road to "Soft Authoritarian" Reform,*U. S. - China Relations and China's Integration with the World*,2004,19(1).

98. Ross Garnaut,Ligang Song,*China : twenty years of economic reform*,The Australian National University Press,2012.

99. Schmitt E. A.,Living in an Ecological Civilization: Ideological Interpretations of an Authoritarian Mode of Sustainability in China,*CADAAD Journal*, 2018,10(2).

100. Schubert G.,Alpermann B.,Studying the Chinese policy process in the era of 'top - level design': The contribution of 'political steering' theory,*Journal of Chinese Political Science*,2019,24(2).

101. Schurmann F.,*Ideology and organization in communist China*,University of California Press,1966.

102. Schwartzman D.,China and the prospects for a global ecological civilization,*Climate and capitalism* (on - line),2019,17(09).

103. Shambaugh D. L.,*China goes global: The partial power*,Oxford University Press,2013.

104. Shambaugh D., The new strategic triangle: US and European reactions to China's rise, *The Washington Quarterly*, 2005, 28(3).

105. Shariatinia M., Masoudi H., China and International Orders, *World Politics*, 2019, 8(3).

106. Simões F. D., Consumer behavior and sustainable development in China: The role of behavioral sciences in environmental policymaking, *Sustainability*, 2016, 8(9).

107. Sinkule B. J., Ortolano L., *Implementing environmental policy in China*, Greenwood Publishing Group, 1995.

108. Suzuki S., Chinese soft power, insecurity studies, myopia and fantasy, *Third World Quarterly*, 2009, 30(4).

109. Teets J. C., Let many civil societies bloom: The rise of consultative authoritarianism in China, *The China Quarterly*, 2013, 213.

110. Tsang S., Consultative Leninism: China's new political framework, *Journal of Conte - mporary China*, 2009, 18(62).

111. Van Rooij B., Zhu Q., Na L., et al, Centralizing trends and pollution law enforcement in China, *The China Quarterly*, 2017, 231.

112. Vlchek A., Chinas Determined March Toward the Ecological Civilization, *MR online*, 2018, 16.

113. Walder A. G., Local governments as industrial firms: an organizational analysis of China's transitional economy, *American Journal of sociology*, 1995, 101(2).

114. Wang Y., Rees N., Andreosso – O'callaghan B. Economic change and political development in China: findings from a public opinion survey, *Journal of Contemporary China*, 2004, 13(39).

115. Wedeman A., Anticorruption campaigns and the intensification of corruption in China, *Journal of Contemporary China*, 2005, 14(42).

116. Womack B., Xi Jinping and continuing political reform in China, *Journal of Chinese Political Science*, 2017, 22(3).

117. Wong J., Zheng Y., *China After the Ninth National People's Congress: Meeting Cross – century Challenges*, World Scientific, 1998.

118. World Bank Group, *China – Systematic Country Diagnostic: Towards a More Inclusive and Sustainable Development*, The World Bank, 2018.

119. Xiaojun Y., "To Get Rich Is Not Only Glorious": economic reform and the new entrepreneurial party secretaries, *The China Quarterly*, 2012.

120. Xu C., The fundamental institutions of China's reforms and development, *Journal of economic literature*, 2011, 49(4).

121. Yanarella E. J., Lu C., Curating China's Pursuit of an Ecological Civilization: Chinese Eco – Cities and Urban Planning Exhibition Halls, *Sustainability: The Journal of Record*, 2018, 11(5).

122. Yanrui Wu, *China's Economic Growth: A miracle with Chinese characteristics*, Routledge, 2004.

123. Zeng L., Dai identity in the Chinese ecological civilization: Negotiating culture, environment, and development in xishuangbanna, southwest China, *Religions*, 2019, 10(12).

124. Zhang L., Li M., Acquired but unvested welfare rights: migration and entitlement barriers in reform – era China, *The China Quarterly*, 2018.

125. Zhao L., Huang Y., *Unemployment and Social Instability in China: will they run out of control?*, East Asian Institute, National University of Singapore, 2009.

126. Zhao S., Whither the China model: revisiting the debate, *Journal of Contemporary China*, 2017, 26(103).